# 系统化

*XITONGHUA*
*SIWEI XIEZUO JINJIE FANGLUE*

## 思维写作进阶方略

● 曾海玲 / 著

陕西师范大学出版总社

图书代号:ZW20N1335

**图书在版编目(CIP)数据**

系统化思维写作进阶方略 / 曾海玲著. —西安: 陕西师范大学出版总社有限公司, 2020.12
ISBN 978 – 7 – 5695 – 1668 – 5

Ⅰ. ①系…　Ⅱ. ①曾…　Ⅲ. ①作文课—教学研究—中小学　Ⅳ. ①G633.342

中国版本图书馆 CIP 数据核字(2020)第 096316 号

# 系统化思维写作进阶方略
XITONGHUA SIWEI XIEZUO JINJIE FANGLVE

曾海玲　著

| | |
|---|---|
| 责任编辑 / | 李　岩 |
| 责任校对 / | 杨　菊 |
| 美术策划 / | 陶安惠 |
| 版式设计 / | 吴鹏展 |
| 出版发行 / | 陕西师范大学出版总社 |
| | (西安市长安南路 199 号　邮编 710062) |
| 网　　址 / | http://www.snupg.com |
| 印　　刷 / | 陕西隆昌印刷有限公司 |
| 开　　本 / | 787mm×1092mm　1/16 |
| 印　　张 / | 17.5 |
| 字　　数 / | 320 千 |
| 版　　次 / | 2020 年 12 月第 1 版 |
| 印　　次 / | 2020 年 12 月第 1 次印刷 |
| 书　　号 / | ISBN 978 – 7 – 5695 – 1668 – 5 |
| 定　　价 / | 55.00 元 |

# 让写作成为孩子生活本身的需要与乐趣

李镇西

多年以前,我曾公开宣布不再为他人的著作写序,但是当我面对曾老师的小学作文教学成果,钦佩的同时,我觉得我应该向全国的语文教育同行推荐。

众所周知,写作教学是语文教育的一个难点,教师怕教、学生怕写的现状比较普遍。曾老师在写作教学中也曾感到棘手,但她没有回避,而是把难题当课题来研究。不仅自己研究,她还带领年轻教师一同研究,一研究就是 10 年,共写了 10 多本相关著作——这其实就是最好的专业成长。对一个一线教师来说,专注于一个领域认真研究,而且完成 100 多万字的书稿的确不是一件容易的事情,但她做到了。《系统化思维写作进阶方略》是送给一线教师的一本实实在在的易于操作的写作教学指南。

我认为这本书很有实用价值:

## 一、儿童化立场

课程是为学生学习服务的。这本书编写的角度很明确——站在学生学的角度来编写。过去我们常常习惯于站在教师教的立场想问题,把侧重点放在如何把知识点讲清楚讲明白,如何把写作的技巧传授给学生,如何提高教学效率,最大限度地让学生写出来并且符合考场标准,却很少去关心儿童的生活体验,关注儿童的表达需要,指导儿童写的过程,导致不少孩子害怕面对写作,不知道从哪里着手,写一些空话套话。应该说,这本书真正实现了从"教"到"学"的观念转变,书中内容的设计不仅关注到了"教什么",更关注了"怎么学"。学习的过程符合孩子的认知规律——每个项目从激发学习期待开始,逐步习得相关方法,进而经历一个完整的习得过程,然后进行多角度评价,再修改并形成自己的作品。每一个环节的设计都充分考虑了儿童的年龄特点、心理特点,都落在了实处,落在了儿童需要的地方。总之,这本书充分体现了以学定教、为儿童学习服务的思想!

二、项目化体系

近几年,项目化学习逐渐兴起,但是把项目化学习的理念运用到写作教学中,我还是第一次见到。曾老师设计的写作课程从一年级一直到六年级,一共有 12 个主题,每个主题下都有 6～8 个项目。每学期都有侧重点地围绕一个主题展开探究,通过一个一个具体的项目达成探究的目标。这样的一种组元方式,我认为比较科学。一方面,保证了相关主题的深入、全面、系统,带给学生一个整体的印象,而不是零碎的知识;另一方面,每个项目都有明确而具体的探究目标,学生学习有方向,评价有标准;更重要的是,这样一种项目化学习的思路,带给学生的不再是单一的知识,更有同伴间合作能力的提升、探究能力的提升、评价鉴赏能力的提升。学生面对的是更加真实的生活和学习体验,收获的是更加全面的成长过程和带得走的能力,受到的是全方位的教育,为今后的学习和发展奠定了良好的基础。

三、可视化过程

在日常的写作练习中,经常有学生不知道写什么内容,也不知道从哪里写起,究其原因,我认为主要是习作指导过程不扎实造成的。一方面,写作的内容学生没有经历过,或者经历过了也没有深刻的体验;另一方面,写作的知识、写作的技巧虽然懂得一些,但是比较零碎,孤零零地存在于大脑中,与实际写作内容无从关联,在这样的现状下,如果指导的过程不能落地,学生的写作便成了空中楼阁。如何让学生从不会到会,关键在于过程,要让学生在教师一步一步的指导下走一个来回,正所谓"在游泳中学游泳"。如果我们只是告诉学生如何审题、如何选材、如何使用修辞等,学生犹如隔岸观火,总是没有切身的体会。曾老师的写作指导非常具体,"导引""积累""练笔""评改""拓展"五个模块形成了一个完整的操作模型:通过"导引",让学生明确探究的目标,引发学习的期待;通过"积累",让学生从优秀的范文中习得具体的方法;通过"练笔",让学生一步一步经历写的过程;通过多角度、多层次的

"评改"，让学生学会鉴赏，进一步明确认知；最后通过"拓展"，把课堂学习与课外学习结合起来，从而对该主题形成更加丰富、立体的感知。特别是在"练笔"部分，过程的设计别具匠心，教师运用板块式的思路，把习得的过程变得一目了然，从而大大提升了可操作性和实用性。在示范案例中，每一个项目都有以上所述的五个模块，每一个模块都有明确的目标，指向性很强，可操作性很强，过程得到了强化，值得借鉴学习。

### 四、游戏化思维

游戏是孩子的天性！其实，不只是孩子，成年人同样喜欢游戏。这与游戏的特质是分不开的，那就是乐趣。然而学习毕竟不是游戏，如何激发学生的兴趣呢？

世界上最深的垃圾桶坐落在瑞典一个公园里。它看起来跟别的垃圾桶没有任何区别，当游客向里面扔垃圾时，会听到一种很奇特的声音：仿佛一个物体从很高的悬崖呼啸着坠落，最后"砰"的一声落地。最初，当听到垃圾长长的坠落声音时，人们的脸上写满了惊讶和疑惑，后来随着巨大的垃圾落地声，他们由惊讶、疑惑变为惊喜和微笑。再后来，很多人为了感受这种乐趣，竟然四处找垃圾丢进去。

丢垃圾成了一种乐趣带给我们哪些启发呢？如果我们能把必须做的事情变得像游戏一样引人入胜，一定会调动大家参与的热情，这就需要我们像游戏设计师一样去考虑问题。曾老师的教学思路巧妙地把游戏化思维和策略运用于其中，把枯燥的写作过程变成了快乐自主探究之旅，把做任务的痛苦体验变成了清晰可见、充满乐趣的游戏过程，符合孩子的天性。

### 五、精准化定位

写作教学的根本目的是什么？当然是言语表达能力的提升，然而，言语表达能力提升的背后是思维的参与，所以思维的发展才是习作教学的第一要务。曾老师的这本写作教学指南，课程目标非常明确，除了系统梳理了相关写作知识，更重要的是结合学生的思维特征、年龄特征和心理特征，在不同的年段安排了不同的内容，从而发展了学生的思维。例如，一年级学生刚入学通过听记含有时间顺序的故事，能够培养学生的顺序逻辑；接下来在孩子还分不清现实与想象的年龄培养想象思维……到了高年段，学生开始有了独立的思考，就重点培养批判性思维。

过去我们把学生的写作当成教师的"教学任务"，而曾老师将它变成了孩子的生活本身，让学习成为真实的生活。我以前说过的"生活语文化，语文生活化"就是这个意思。曾老师的可贵在于，她将理念不但变成了实践，而且变成了课程。

　　法国思想家卢梭说:"大自然希望儿童在成人以前,就要像儿童的样子。"从这本书来看,曾老师正是基于这样一种立场,站在儿童的视野,尊重学习的规律,运用儿童喜欢的方式,去引领儿童提升思维的能力和言语表达的能力以及持续发展的动机。看到这样的课程设计出自一位小学语文教师之手,我由衷地为她的钻研精神、问题意识和顽强的毅力所打动,也真诚地希望这本写作指南能为一线的语文老师带去智慧的锦囊!

# 运用系统化思维
# 创新实践小学习作内容体系

2019 年 9 月统编语文教材全面铺开使用,全新的内容选择和呈现方式让人眼前一亮。关于"习作",全国小语会名誉理事长崔峦老师在"好课我来上"全国展示活动中这样说道:"基于联系生活,加强语用的理念,教材重视解决读写失衡、学用脱节的问题,用打组合拳的办法,加强语言文字的运用,加强与生活的联系。一是增加随文的和每一个单元的词、句、段运用的练习;二是设计口语交际系统,重视功能性交际;加强普通单元的习作指导;三是创编'习作单元'。习作单元由'课文''交流平台''初试身手''习作例文''习作'几个部分组成,让学生经历悟—得—练—再悟—作的过程。"崔老师的评价言简意赅地道出了统编小学语文教材在"习作"这一领域所做的努力。然而,作为一个一线语文教师,在具体实践的过程中,在享用这些改革成果的同时,我仍然感受到一些困惑存在,仍然感受到习作教学之痛。

"习作之痛"原因何在? 追根溯源,任何一门课程都需要解决这样几个根本问题:

1.从内容上来说,要解决"教什么"的问题。

2.从策略上来说,要解决"怎么教"的问题。

3.从结果上来说,要解决"教会了什么"的问题。

从根本上来说,还要解决持续学习的内动力问题。显然,统编教材在这些方面做了深入的探究,特别是在"教什么""怎么教"方面做了很大程度的改进。应该说,这些精心设计的内容为我们的教学和研究提供了很好的帮助。

站在不断完善的角度,在实操的过程中,我们还可以做哪些补充和修改? 还有没有别的路径可走? 带着这样的思考,我深入细读了统编语文教材所有的"习作内容",下面我将站在"教什么"的角度,把自己认真细读小学习作内容后的发现和相关思考呈现出来,与大家一同探讨。

**一、多元视角下的小学习作内容**

一直以来,不少一线教师不知道如何有效运用教材中的习作内容,就如著名语文课程专家王荣生所说:我国中小学写作课基本上就是"你写吧"的写作活动。面对统编版教材在习作方面的改进,在感慨习作课程进一步得到重视的同时,我也特别希望借助新的教材彻底改变"教师怕教,学生怕写"的课程现状。一番细读之后,我认真统计了一下,统编版小学语文教材设计的习作训练约62次,其中纪实类习作35次(写事15次,写景5次,写物7次,写人8次),想象类习作12次,应用类习作14次,自主表达1次。以下内容是我从不同的角度进行归纳整理,再结合自己的教学和研究实践产生的一些粗浅思考。

(一)整体了解不同文体所占的比例

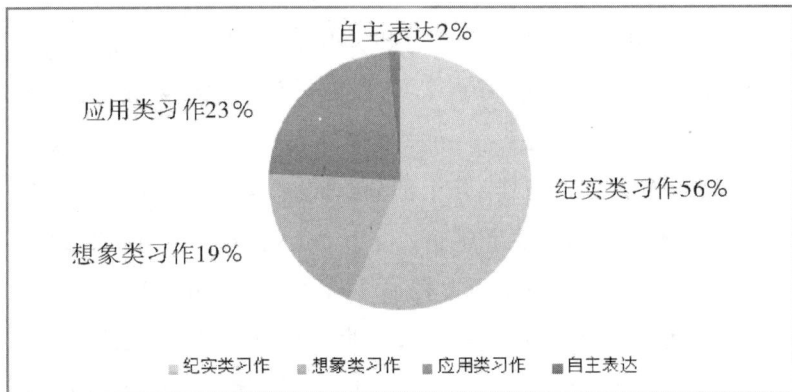

通过这一组数据不难发现,统编小学语文教材的习作内容以纪实类为主,且相比以往的教材,更加重视想象和应用,也就是说,习作内容与学生的思维发展、生活实际联系得更加紧密。

看到这些改变的同时,我也产生了一些思考:

1. 以上四个类别的习作内容是否囊括了小学阶段学生应该掌握的全部内容?内容范围是否恰当?

2. 以上各种文体的比例分配是否科学合理? 编排的线索是什么?

也许这些问题在教材编者看来,是有明确规划的,但站在一个小学老师的视野里思考:这些数据是怎么形成的? 先有分类规划,再选择合适的年段放进去? 还是先选好阅读教材的文本,再根据文本特点去设计? 细读教材之后,有一点发现是很明确的,那就是在我们的教材中,所有的习作内容都是跟在阅读内容之后的,而阅读

内容是以人文性主题建构起来的。以三年级上册第一单元为例:这一单元的三篇阅读文章为《大青树下的小学》《花的学校》《不懂就要问》,口语交际的内容是《我的暑假生活》,而习作的内容是《猜猜他是谁》。很明显,在习作前面的阅读内容中,前两篇是散文,第三篇和口语交际是写事,而后面的习作内容是写人,前后内容之间唯一的联系是都跟学校生活有关。如此,前面的"读"实际上很难直接为后面的"写"服务。站在这个角度思考:以人文主题为线索建构起来的习作内容是否能体现语言发展的规律? 或者说最终的文体分类数据是否带有一定程度的偶然性? 一直以来,在我们的语文教材中,习作都是跟在"阅读"的后面,成为它的附庸;或者说,我们的语文教材一直以语言理解为核心,重"阅读"轻"表达"。倘若换一种思路,以言语表达为线索来组织教材内容,我们的语文教材会呈现什么样态? 学生的表达能力是否能获得更大程度的提升? 带着这些思考,我进一步深入到教材中。

(二)分年段了解习作主题与内容梯度

统编教材为了强化习作能力的培养,在三年级到六年级的八册教材中均增加了习作单元,而且每一册都有明确的习作主题:

| 三年级上册 | 把观察所得写下来 | 三年级下册 | 发挥想象写故事 |
|---|---|---|---|
| 四年级上册 | 把一件事情写清楚 | 四年级下册 | 学习按游览的顺序写景物 |
| 五年级上册 | 运用说明方法介绍一种事物 | 五年级下册 | 运用描写人物的方法表现一个人的特点 |
| 六年级上册 | 从不同的方面或选取不同事例表达中心意思 | 六年级下册 | 选择合适的内容写出真情实感 |

设置习作单元,并在每个主题中设置了"课文""交流平台""初试身手""习作例文""习作"这几个板块,这些变化让我们充分感受到了统编教材对"习作"有了前所未有的重视,教学的可操作性显而易见地得到了增强。然而,当我们把一册书所有单元的习作内容放在一起研究时,一些新的思考又产生了:

1.在每一册教材中,除了习作单元之外,其他单元所有的习作内容是不是都跟这个主题相关? 如果无关,或者关联不大,其指导、迁移的意义何在?

2.八个习作主题是从什么角度建构的? 它们之间存在一定的梯度吗?

仔细分析了每一个单元的阅读与习作内容,再把每一个单元的习作要求进行横向比较之后,我发现阅读对于习作而言,其指导性和针对性还是不够明显;而习作单元的"写"同样也没有密切地与其他单元的"写"关联起来。也就是说"读"与"写"之间,单元与单元之间,都是相对孤立的存在。以五年级上册为例:习作单元的习作内容是《介绍一种事物》,这显然是状物作文,而其他单元,如《"漫画"老师》《二十年后的家乡》《缩写故事》《我想对您说》等,与本学期设置的习作主题"运用说明方法介绍一种事物"并不相关。或者说,看起来我们每一册教材中都安排了明确的习作主题,但实际上只在一个单元有体现,那么在实操的时候也就很难真正发挥所谓"习作主题"在这一册教材中的强化和迁移作用。

此外,六年级的两个习作主题"从不同方面或选择不同事例表达中心意思"和"选择合适的内容写出真情实感",跟前面的三、四、五年级的六个主题似乎不是从一个角度出发来设计的。在我平时的教学实践中,对这两个要素的落实都是放在写事和写人时进行的。事实上,我们不可能在四年级教学生写事和在五年级教学生写人时,回避这两个基本要素,而一直等到实施六年级的教学时再去落实。

(三)分主题了解习作内容与目标要求

从体裁分布情况来看,62 次习作中,除了自主表达只有一次,其余每种体裁从三年级到六年级都有一定的体现,下面以写人习作为例,进一步了解每个年级的习作要素和目标要求。

| 册次 | 目标要求 | 习作内容 |
| --- | --- | --- |
| 三年级上册 | 选择一个同学,想一想他有哪些特别的地方,用几句话或一段话写一写 | 猜猜他是谁 |
| 三年级下册 | 根据一些表现人物特点的词语想一想可以用来形容哪些人,然后选一个人写一写,写完后取个题目,用上表示人物特点的词语 | 身边那些有特点的人 |
| 四年级上册 | 想一想自己的家人和哪些动物比较像,什么地方像,每天生活其中感觉怎么样? 给家里的每个人都写上一段话 | 小小"动物园" |
| 四年级下册 | 介绍自己的外貌、性格、爱好特长及其他情况,选择最想介绍的几个方面结合事例写下来 | 我的"自画像" |
| 五年级上册 | 想想自己的老师在外貌、性格、喜好等方面有什么突出的特点,选择一两件能突出其特点的具体事情来写 | "漫画"老师 |

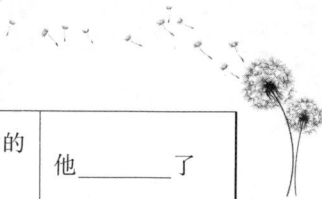

| 五年级下册 | 把题目补充完整,把事情的前因后果写清楚,把人物当时的表现写具体,反映出人物内心 | 他_____了 |
| --- | --- | --- |
| | 选择一个人,运用学过的描写人物的方法,具体地表现人物特点 | 形形色色的人 |
| 六年级上册 | 回忆当时的人、事、场景,把事情写具体,融入真挚的情感 | 有你,真好 |

细读了"写人"主题在不同年段的内容和要求之后,我思考了如下问题:

1. 每个年级上、下册之间,年级与年级之间,在目标要求上是否体现了明显的梯度?

2. 关于写人,心理描写作为一个重要因素,在三至六年级的所有内容中都没有涉及,是否需要增补进来?

3. 关于写人的一系列要素,用四年的时间跨度来完成,会不会因战线太长,而最终只留下一些零散的知识体验?

我以为,关于"写人习作",涉及的相关要素,无外乎是抓住外貌、语言、动作、心理、神态,写具体,写出特点,写出真情! 这些内容我们不可能指望通过一次习作就能够全部解决,但是把它们分散在三到六年级四个学年里,时间跨度长了些。实践证明,每学期进行一次"写人习作"练习,会带给学生重复训练之感,也不利于留下完整的印象。

(四)分单册了解每册书中具体内容安排

在内容安排上,除了上文所说的在每册书中都有一个习作单元,且有明确的主题,其余的单元又安排了哪些具体的内容呢? 以三年级上册为例,八个单元的习作内容如下:

| 第一单元 | 猜猜他是谁(写人) |
| --- | --- |
| 第二单元 | 写日记 |
| 第三单元 | 我来编童话(童话) |
| 第四单元 | 续写故事(写事) |
| 第五单元 | 我们眼中的缤纷世界(观察)——习作单元 |

| 第六单元 | 这儿真美(写景) |
|---|---|
| 第七单元 | 我有一个想法(建议书) |
| 第八单元 | 那次玩得真高兴(写事) |

在以上八个单元中,第五单元是习作单元,训练的主题是"观察"。站在"体裁"这一角度审视每一个单元的内容,我发现三年级上册的八个单元涉及了七种体裁。在这册书的第一个单元,习作要素就是"体会习作的乐趣",而整本书对习作的要求也只是停留在"说清楚"的层面。那么,在习作的起始年级,从习作乐趣的角度出发,这样的设计是否还有改进的空间?

1. 刚接触"习作"的学生,面对每单元一变的体裁,会不会产生畏难情绪,或者消化理解跟不上变化节奏?

2. 在实施以上八个单元的习作内容时,该如何引导学生真正体会到习作的乐趣?

这一册习作指导单元的主题是"观察",关于"观察",著名教育家苏霍姆林斯基有一句名言:"观察对于儿童之必不可少,正如阳光、空气、水分对于植物之必不可少一样。"苏霍姆林斯基认为观察是思考和识记知识之母。统编教材把"观察"放在三年级上册,显然也是充分认识到"观察"的重要意义。走进这个单元,我发现习作例文的两篇文章中,一篇旨在引导学生仔细观察,另一篇旨在引导学生从不同的方面进行观察;习作交流板块也在引导学生进行多感官观察。再看其他七个单元的内容,似乎都与观察有些关联,但从中似乎又很难学到观察的方法。显然,这一册教材并没有真正围绕"观察"做文章,学生也没有机会经历长时间的、系统的观察,那么,观察的习惯、观察的乐趣自然也就无从充分体会。如果作者在编排这一册的内容时,始终围绕"观察"来进行,密切联系学生的生活实际,一个单元强化一个观察要素,层层深入,在巩固中不断提升,一个学期下来,收获一定会更加丰富、立体。如此,与一册教材设计七种体裁相比,习作的难度可能会低一点,学生的兴趣激发自然也就有所体现。

如此分类别、分层次深入细读之后,我发现:统编教材中习作内容的安排,看起来有一定的体系,但实际上带给学生的仍然是比较零散的知识和记忆,纵观三到六年级每一个文体的具体要求,我发现在一定程度上存在重复、无序的现象,也就是说还没有真正实现系统化。

那么,还是这些内容,还是这些习作要素,我们还可以做出怎样的安排和设计呢? 从系统化思维出发,我试着分年级重构小学阶段所有的习作内容。

**二、系统化思维下的创新实践**

说到习作内容的系统化,事实上从语文独立设科以来,无数的语文教育先驱都有过实践,从邰爽秋、张志公、朱作仁、叶圣陶……一直到吴立岗、陆继椿等等,可以说写作教学系统化的主张连绵不绝。

然而,究竟什么才是真正的系统化? 首先,我们要明确一个概念——"系统"。"系统"是由两个或者两个以上的元素结合而成的有机整体,但"系统"的整体不等于其局部的简单相加——不仅要考虑系统的构成元素,更要考虑元素之间的联系。

以此类推,我们要教学生学"写人",然而我们把写人的一些要素分散在各个年级,而且没有明确的梯度关系,是很难让学生建构一个系统的认知的。基于这样的思考,我试图依据皮亚杰的认知发展理论,根据学生在不同的年段思维发展的不同优势,来设置相应的主题,在一个相对集中的时间段,用系统化的思维重新安排相关习作要素,让单元与单元之间形成一定的联系和梯度,带给学生一个完整的记忆。

下面我把自己在习作教学中的一些具体实践及思考呈现出来,与大家讨论。

(一)聚焦习作主题

为了更好地体现知识的完整性,我试着缩短统编教材同一主题"习作"的时间跨度。经过试验,我从一年级开始,依据学生的年龄和思维特点,用学生能够接受的方式来搭建言语表达的平台,开展主题学习。

我这里所说的"主题",准确地说是一种更加宽泛意义上的"主题"。在低年段(一、二年级),"主题"的含义侧重于基本的习作策略(听、看、想、体验),旨在为三年级开始真正的习作做好铺垫;到了三至五年级,"主题"的含义则具象到某一种体裁,意在建立"文体"意识,掌握相关文体的表达特点和表达方法;到了六年级,学生已经有了扎实的基本功,我们设置的"综合"和"生活"两个主题意在培养学生的综合实践能力,引领其进一步获得自我认知。从某种程度上来说,这也是对学生社会角色的一种自我唤醒,体现了培养"社会的人"这一核心价值。以下是我根据统编教材内容和进度安排设置的小学六个年级各学期相关"主题"的内容框架:

| 一年级上学期 | 听记习作 | 一年级下学期 | 体验习作 |
|---|---|---|---|
| 二年级上学期 | 看图习作 | 二年级下学期 | 想象习作 |
| 三年级上学期 | 童话习作 | 三年级下学期 | 观察习作 |
| 四年级上学期 | 游戏习作 | 四年级下学期 | 记事习作 |
| 五年级上学期 | 写人习作 | 五年级下学期 | 描景习作 |
| 六年级上学期 | 综合习作 | 六年级下学期 | 生活习作 |

我的设计不仅体现在主题学习的时间跨度上,体现在起始年级的差异上,还体现在六年级的选材范围上。经过五个学年的扎实训练之后,六年级时我把还没有训练到的体裁拿出来训练,上学期的主题,我将其定为"综合",其中设计了说明文、课本剧、科幻小说、小古文、诗歌、议论文、研究报告等体裁;到了下学期,我设计了活动策划书、竞选演讲稿、书评、影评、我的自传等探究项目,这样的内容设计既夯实了习作的基础,又让习作真正走向社会,走进生活,走向交际与交流,最终成为学生生活的一部分。

与一般情况下"为完成写作任务而写作"的练习不同,这样的内容更具有现实意义。以六年级下学期为例,我设计的 8 个项目的具体内容是这样的:

| 第 1 个项目 | 特约评论员 | 第 2 个项目 | 带你看世界 |
|---|---|---|---|
| 第 3 个项目 | 超级演说家 | 第 4 个项目 | 金牌策划人 |
| 第 5 个项目 | 请听我建言 | 第 6 个项目 | 我是主持人 |
| 第 7 个项目 | 毕业不散场 | 第 8 个项目 | 生命的历程 |

从这 8 个项目的名称可以看出:在这些习作内容里,学生就是社会中的一分子,他们在社会上扮演着各种各样的角色,而当他们成为各种角色之时,表达就是一种生活,表达就是一种需要,表达就是在解决真实而有意义的问题。这样的学习活动与项目化学习理念相吻合,也符合中国学生发展核心素养中的"社会参与"这一价值取向。

(二)细化探究项目

在我的构思中,从一年级到五年级,每个学期的习作探究都是围绕一定的主题来展开的。每个主题之下,设置具体的探究项目。前面的一些项目是单项练习,意在夯实一个个习作要素;最后一个项目是综合实践,旨在全面锻炼,形成综合能力。以四年级"记事习作"为例,我希望用以下 8 个项目带给学生关于"记事习作"的完整体验:

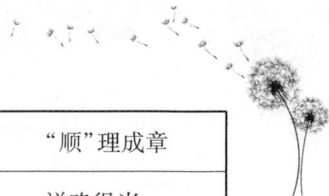

| 第 1 个项目 | 叙事完整 | 第 2 个项目 | "顺"理成章 |
|---|---|---|---|
| 第 3 个项目 | 精雕细琢 | 第 4 个项目 | 详略得当 |
| 第 5 个项目 | 围绕中心 | 第 6 个项目 | 选取典型 |
| 第 7 个项目 | 以情动人 | 第 8 个项目 | 雁过留痕 |

从上表各个项目的名称可窥一斑:这 8 个项目紧紧围绕"记事"这一主题展开,项目与项目之间呈递进关系。实践证明:在这样的框架思维指引下,学生对"记事习作"的相关知识与能力点的了解更加清晰,对相关主题的认知更为完整。

(三)明确探究目标

传统的习作教学,为了应对考试,往往在一次习作中既要求学生写好开头,又要求学生写好结尾,更需要围绕中心,写出真情实感……面面俱到之下,往往面面都不到。为了减轻学生的畏难心理,提升每一个习作要素的目标达成度,在我设计的每一个项目中,学生只需完成一个具体目标。项目与项目之间,互相关联,逐步提升,体现一定的梯度和螺旋上升的态势。仍然以四年级下学期的"记事习作"为例,上面的 8 个项目对应着如下 8 个探究目标和具体内容:

| 项目 | 探究目标 | 项目作品 |
|---|---|---|
| 第 1 个项目 | 把一件事写完整 | 《今天我值日》 |
| 第 2 个项目 | 按一定顺序写 | 《童年趣事》 |
| 第 3 个项目 | 把事情经过写具体 | 《精彩的辩论会》 |
| 第 4 个项目 | 详略得当,重点突出 | 《我是小厨神》 |
| 第 5 个项目 | 围绕中心组织材料 | 《走,我们去春游》 |
| 第 6 个项目 | 学会取舍素材 | 《最难忘的时刻》 |
| 第 7 个项目 | 写真事,表真情 | 《那一次,我很_____》 |
| 第 8 个项目 | 学会整理记录大事、要事 | 《学校大事记》 |

(四)把"读"与"写"关联起来

中国有一句名言"读书破万卷,下笔如有神",大致意思是:书读得多了,自然就会写出很好的文章来。事实上很多人读过很多书,但依然不会"写"。虽然"读"是"写"的前提,"读"是输入,"写"是输出;但并不是"读"得越多,就一定"写"得越好,也就是说所有的"读"并不能完全转化为"写",二者之间没有必然的联系,"读"与

"写"之间需要架起一座桥。

为了把"读"和"写"真正关联起来，让"读"更好地为"写"服务，我们在学生每一次下笔"写"之前，都围绕"写"的具体目标精心安排四篇经典文章，以引导学生从中感受经典文本的魅力，潜移默化地受到润泽熏陶。仍然以四年级下学期"记事习作"为例，除第 8 个项目的综合实践学习之外，围绕前面的 7 个项目的探究目标，我选取了如下一些例文供学习阅读：

| 第 1 个项目 | 《看戏》《生命的价值》《捅马蜂窝》《酿》 |
|---|---|
| 第 2 个项目 | 《激动人心的时刻》《枣核》《种树"种到"联合国》《长途跋涉的肉羹》 |
| 第 3 个项目 | 《一张假钞》《大王杏的记忆》《童年的馒头》《喝得很慢的土豆汤》 |
| 第 4 个项目 | 《童年的小河》《米粽之忆》《爆米花飘香的童年》《童年捉蝉》 |
| 第 5 个项目 | 《有一种怀疑叫作爱》《幽默风趣的马克·吐温》《童年乐事》《卓越的科学家竺可桢》 |
| 第 6 个项目 | 《第八个女儿》《偷了豆饼回家》《垃圾堆上的阅读》《一筐苹果》 |
| 第 7 个项目 | 《爸爸的花儿落了》《呼兰河传》《六个馒头》《走在每一位母亲的情怀里》 |

在每一篇阅读例文之后，我都根据相关文本的具体特点设计了诸如"想一想""说一说""听一听""写一写"等简单的小练习，意在通过阅读使学生习得表达方法，锻炼其思维能力，为后面的"写"提供支架策略。例如，在第 5 个项目"围绕中心组织材料"的例文《幽默风趣的马克·吐温》后面，我围绕项目目标，设计了如下小练习：

【填一填】

文章围绕马克·吐温的幽默风趣选取了哪些素材？请完成下面的思维导图。

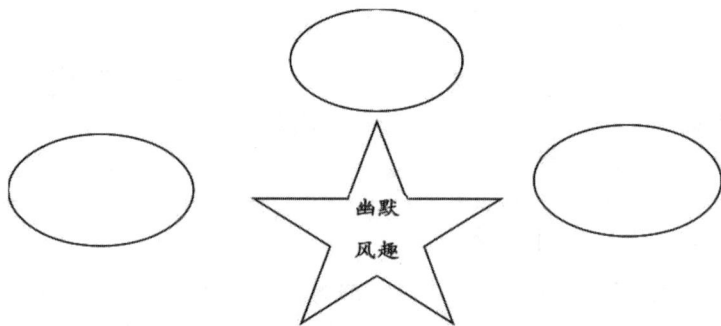

在完成"阅读"和"练笔"之后，我还在每一个项目的后面，为学生安排了相关主题的"拓展阅读"。其目的在于进一步丰富阅读积累，形成更加系统的认知。

(五)让"思维"和"语言"相统一

习作教学的根本目的到底是什么?学习几种基本文体的写作方法、写作技巧?培养口头和书面表达能力?当然不只是这些,正如叶圣陶老先生所说"思维的发展才是习作的第一要务"。因为只有思维能力得到真正的锻炼,语言表达的深度和广度才能得到提升。为此,我在运用系统化思维建构习作内容体系时,一直把思维的训练放在首位,且根据思维在不同年段的发展优势,有针对性、有侧重地培养学生的思维能力。以一年级上学期"听记习作"为例,我们透过以下6个项目及探究目标、支架策略来培养学生的顺序逻辑。

| 序号 | 项目名称 | 探究目标 | 支架策略 | 项目作品 |
|---|---|---|---|---|
| 项目1 | 我和标点交朋友 | 1. 认识逗号、句号、省略号、感叹号、问号并知道其用法<br>2. 了解文章的基本格式,如题目居中间、开头空两格,并能把听到的故事内容按正确格式写下来 | 听记可以无限循环的故事 | 《我的故事讲不完》 |
| 项目2 | 精彩故事开始啦 | 1. 学习按照"开始—后来"的时间顺序讲述一件事情<br>2. 能按正确的格式把事情写完整 | 听记"开始—后来"时间顺序的故事 | 《奇妙的天空》 |
| 项目3 | 又是美好的一天 | 1. 学会认真倾听并关注文章的表达顺序<br>2. 能按照"早—中—晚"的时间顺序有条理地讲述一天中发生的事情 | 听记"早—中—晚"时间顺序的故事 | 《太阳的一天》 |
| 项目4 | 春夏秋冬魔法师 | 1. 能按照"春—夏—秋—冬"的顺序讲述四季的变化<br>2. 积累描写春、夏、秋、冬的词语 | 听记"春—夏—秋—冬"时间顺序的故事 | 《再见》 |
| 项目5 | 然后呢?然后呢? | 1. 能够按照事情发展的先后顺序讲述故事<br>2. 能记录听到的主要内容,在倾听中学习关注并记忆重要信息 | 听记"先—后"发展顺序的故事 | 《秋姑娘的信》 |
| 项目6 | 做个勤劳小蜜蜂 | 制作采蜜本 | 开展综合性学习实践 | 《我的采蜜本》 |

　　以上内容是我对统编版小学语文教材中有关"习作内容"的一些个人理解,以及我在统编版"习作内容"的基础上,不断思考,运用系统化思维对相关内容进行整合后的一些实践和体会。"剖析"与"整合"行为本身不针对任何人和任何事,我重新整合并创新的内容也不一定就完全科学、适用于所有学生。这一系列思考和实践的动力,源自多年来我对习作课程的钻研历程,更源自我对世界的一种认知方式。在我的视野里:世间万物的本质是一个有机的系统,而框架则是对这个系统的一种简化体现,建构的系列框架不仅仅体现系统的构成元素,还体现系统内部各元素之间的有机联系。我希望用这样一种思想,或者说这样一种认知事物的方式,让任课的教师和参与学习的学生在第一时间清晰地知道自己要探究的目标是什么,这个目标包含哪些构成要素;然后在框架的指导下进一步明确自己将通过哪些渠道去达成,进而有方向、有步骤地开展主动学习;最终完成系统化的知识积累和系统化的思维建构,从而更全面地把握事物的本质,更有效地提升认知能力。

（此文发表于《中小学教材教学》2020 年第 12 期,有改动）

# 项目化学习和游戏化思维下的习作进阶课程

在多年的教学生涯中,我经常面对一个尴尬的局面——学生厌恶习作,害怕习作。我从 2009 年开始钻研小学生习作课程,2014 年出版了一本 10 万字的童话习作教材;2017 年我的"小学语文名师工作室"挂牌,我带着来自深圳市福田区 17 所学校的 40 位语文老师进一步钻研。过程中,从研究"教什么""怎么教",到站在学习者的角度,研究"学什么""怎么学""学到了什么",以及"如何让学生产生持久的学习动力"……2019 年我们编写的 12 册共计 130 余万字的《项目化习作进阶课程》陆续出版。

## 一、关于项目化学习

我们的课程中有一个关键词——项目化学习。

如何开展项目化学习?

下面我从一个案例说起。前不久,我观摩了一位教师执教小学四年级的语文课《乡下人家》。教师首先从中心句入手,抓住重点词语朗读感悟;进而引导学生研读文中的一个景点;接下来迁移学法,小组合作学习其他景点,最后完成小练笔《我们的校园》。

看起来,这是非常优秀的一节语文课,正如课后大家点评的那样:有知识,有方法,重视了朗读,扎扎实实地进行了语言文字训练。的确,这就是我们常见的语文课的样态。如果站在教师教的角度,或者站在教材内容的角度,用传统的眼光来看,这无疑是一节有语用意识的优秀课例。然而,正如日本著名教育家佐腾学所说的那样:"当今社会,那些看起来'很会教'的老师,从今后来看是不合格的。"很多的课堂看起来一派繁荣,热闹极了,既有小组合作,又有语言文字训练,但热闹繁荣的背后往往有着传授"罐装知识"的嫌疑和虚假形式的味道。新课程一直主张"自主、合作、探究",那么,真正"自主、合作、探究"的课堂应该是怎样的?

在接下来的评课环节,我对这节课进行了重构,重构后的流程是这样的:

1. 明确本节课的探究任务——学校来了一个参观团,作为学校的小主人,要向客人介绍我们的校园环境。

2. 分小组合作探究——如何介绍我们的校园。在形成初步探究成果的基础上,进一步引导:还有没有更好的策略? 然后带着问题,到课文《乡下人家》中去发现作者的写作方法。比如:在介绍景点时按一定的时间和空间顺序,在描写景物时用了比喻、拟人等修辞手法;再比如,作者没有面面俱到,而是选取了一些有特色的景点介绍;作者介绍景点时融入了自己的深厚情感,等等。

3. 完成思维导图或参观路线图——选取校园中的几个景点,小组讨论每个景点的特别之处,画出思维导图或参观路线图,然后依据思维导图或参观路线图在小组内逐一进行讲解。

4. 完成作品《我们的校园》——在逐一讲解的基础上,完成对校园环境的描写,并请同学、老师、家长进行评价,提出改进意见,进而到平台上发表自己的作品。

重构后的学习流程有着怎样的价值取向呢?

1. 让探究目标明确具体。

2. 让探究内容基于真实问题。

3. 让探究学习与现实生活相联系。

4. 让探究进程清晰可见。

5. 让探究结果变成可发表的作品。

其实,这一切改变的背后,就是站在学生学的角度来设计学习活动,让学生在一个真实问题所产生的内驱力中,用类似于专家解决问题的方式,让学生经历一个真正的探究过程,一个完整的习得过程,并通过支架的搭建、资源的整合,主动发现或生长出新的知识经验。

毫无疑问,项目化学习翻转了课程实施的过程。

**二、关于游戏化思维**

我们的课程设计运用了"游戏化"思维。

什么是"游戏化"? 说到"游戏化",必然先要说说"游戏"。当今世界,游戏的力量不容小觑,每一天、每一分、每一秒,地球上各个角落都有无数的人在玩各种游戏,

备受大家欢迎的网络游戏之一的《魔兽世界》每年带来约 20 亿美元的价值,游戏的玩家从小学生到拥有博士学位的人,各个文化层次都有。

游戏化并不意味着把所有事情都变成游戏,而是把游戏引人入胜的特质抽取并运用到工作或者学习中来,帮助我们从必须做的事情中发现乐趣,并通过让流程有趣,从而产生吸引力,最终调动大家积极参与。把游戏化元素用于习作课程,是由课程本身的特点决定的,也是从人性的特点出发的。对小学生而言,一次习作动辄三五百字,先不谈如何下笔成文,仅仅是几百字的书写也是考验耐性的事情。在这样的任务面前,传统的胡萝卜加大棒并不能真正激励学生的学习动机。那么,如何运用游戏化策略改变现状?

以建立游戏化评价体系为例,我把"发表习作、修改习作、评价习作"设计成游戏活动,让学生通过做任务获取相应的点数,然后通过点数的积累换取虚拟世界和现实生活中的徽章,通过徽章获得现实生活中的奖励;并通过积分排行榜的不断变化引导学生持续关注自己在团队中的状况。如此,为学生建立了一个真正的习作圈,激发了学生参与和持续的动力。

无疑,基于游戏化思维的评价过程翻转了单一的、乏味的课程评价体系。

### 三、基于"项目化"和"游戏化"思维的课程设计

基于"项目化"和"游戏化"思维的习作课程会呈现什么样态?下面从课程目标、课程内容、实施策略、评价体系四个维度来做具体介绍。

(一)课程目标

习作课程的核心目标到底是什么?在《叶圣陶教育演讲》一书中,叶老先生在跟北师大女附中语文教师讲话的提纲中这样说道:"说与写均是一种技能,是运用语言文字的技能,可是究到根底,却是思考的技能。思考不是凭空的,必须凭借语言才能思考。思考放在脑子里,拿不出来,必须成为定型的语言才拿得出来(就是说出来或写下来),这种思考的技能谁都要练好,否则交际与交流经验以及实际工作都会有所妨碍。咱们教语文,必须认清此要点。"从叶老先生的文字里可以清楚地知道,习作教学首先要训练学生的思维。

根据皮亚杰的认知发展理论,儿童思维能力的发展是有一定顺序的,每个儿童都要经历"表象思维—具体思维—形式思维"这一发展过程,而且随着年龄的增长,不同的思维能力在不同的年龄阶段具有不同的发展优势。项目化习作进阶课程顺

应了这样一种规律,并结合苏联教育家维果茨基"最近发展区"理论,有针对性地、有侧重点地提升学生的思维水平。例如,在一年级,我们通过听记"早—中—晚"及"春—夏—秋—冬"时间顺序的故事等,培养学生的顺序逻辑;接下来,在学生还分不清现实与想象的年龄,重点培养学生的想象思维,通过想象习作、童话习作,引导儿童与自己的无意识心理进行对话,从而填补对客观事物认识的空白;在中高年段,通过写人、写景、写事等内容培养学生的归纳、判断、推理、演绎能力;最后通过研究报告、学校大事记、人物传记、书评、影评等内容去培养审辩式思维。

从叶老先生的讲话中还可以得知:思维能力的发展要凭借语言文字,而语言文字的功能是服务于交流和交际。因此,我们的课程以语用为出发点,提取生活中的真实问题或者创设真实的情境引导学生探究。例如,在六年级下学期设置了"课本剧""活动策划书""毕业演讲稿"等探究项目,让习作真正走向社会,走进生活,走向交际交流。

(二)课程内容

传统教材中的习作内容是以人文性为主题来建构的,以部编版三年级上册八个单元的习作内容为例,"猜猜他是谁""写日记""我来编童话""续写故事""我们眼中的缤纷世界""这儿真美""我有一个想法""那次玩得真高兴",内容涉及了日记、童话、记事、写人、写景、观察、建议等诸多文体,单元与单元之间,文体与文体之间,都是独立的存在。纵观三至六年级的习作主题:"观察与想象""写事与写景""状物与写人""围绕中心意思写,表达真情实感"……虽然有了明确的主题,但是"读"和"写"只在人文性方面相关联,输入与输出缺乏紧密联系,"读"也就不能有效地服务于"写",导致的现状就是三年级开始写人,四年级仍然在写人,六年级还在写人,内容重复、无序、零碎。从语言表达的角度来看,这样的内容架构缺乏系统性、规律性和实用性,不利于方法迁移,总体上很难体现螺旋上升的语言发展线索,更无体现思维发展的规律。正如上海特级教师邓彤所说,当前习作教学整体上"无物、无招、无效"。针对这样的现状,我们的课程除了翻转实施过程和评价体系,更对内容体系进行了重构。

项目化习作进阶课程以学期为单位,每个学期设一个主题,小学六个学年共12个主题,内容涉及听记、体验、想象、童话、游戏等。与部编版教材最大的不同在于,我们从一年级开始,就用学生能够接受的方式,搭建语言与思维发展的平台,把习作与真实的生活关联起来。

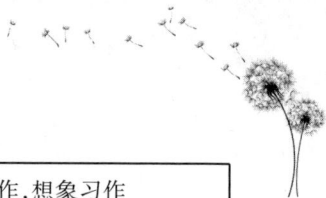

由 12 个主题组成的内容框架如下:

| | |
|---|---|
| 一年级:听记习作,体验习作 | 二年级:看图习作,想象习作 |
| 三年级:童话习作,观察习作 | 四年级:游戏习作,记事习作 |
| 五年级:写人习作,描景习作 | 六年级:综合习作,生活习作 |

每个主题下面设计 6~8 个探究项目,先做分解练习,再完成综合实践活动。以三年级上学期"童话习作"为例,8 个探究项目是这样的:

1. 花草树木会说话

2. 奇思妙想排行榜

3. 放大镜下看童话

4. 我的故事不一样

5. 一波三折真奇妙

6. 玩具世界真疯狂

7. 给你讲个悄悄话

8. 童话城堡我来啦

以上 8 个项目对应着 8 个明确的探究目标:

1. 运用拟人手法,赋予万物以生命

2. 展开合理想象,学会写完整的故事

3. 认真观察细节,学习将文章写具体

4. 抓住事物特点,赋予形象鲜明的个性

5. 巧妙构思,编织精彩的故事情节

6. 突出语言、动作或神态描写,让文章更生动

7. 将道理寓于故事之中,让读者从中受到启迪

8. 开展综合性实践,创编童话集

(三)操作模型

为了达成以上探究目标,每一个项目都由下面五个模块引领:

1. 导引——用儿童化的语言,从学习内容和学习方法两个维度出发,让学生明确探究目标,并激发其学习期待。例如三年级上册童话习作的第一个项目"花草树木会说话",导引是这样的:

你喜欢童话故事吗?那里面一定有你喜欢的童话人物吧?是美丽的白雪公主,

七个善良的小矮人，还是可爱的米老鼠？让我们张开想象的翅膀，经历一次美妙的童话之旅！

你瞧，小星星在玩滑梯，常春藤在树上写诗，太阳是个技术高超的粉刷匠……认真阅读，你会发现：在童话的王国里，不论是花草树木，还是各种小动物，所有的一切都像人一样有快乐、悲伤，会说话、做事。本单元，我们将要学习续编童话，希望同学们能运用拟人手法，赋予事物生命的活力。

2. 积累——结合项目要素精选一些文质兼美的例文，辅以简单的听、说、读、写训练，充分发挥"例子"的作用，从而为达成项目目标起到铺垫的作用，也把"读"和"写"真正地关联起来，让"读"为"写"服务。例如，在童话习作的第一个项目"花草树木会说话"中，我们选择了张秋生的《玩滑梯的小星星》《太阳，你是粉刷匠吗》《常春藤的诗》以及雨雨的《春风轻轻走过》这样几篇例文帮助学生建立童话中的"拟人"概念，如此，学生在美好的阅读和巧妙的读后小练习中悄然触摸到了本项目的重点训练要素，为后面的练笔奠定良好的基础。

3. 练笔——带学生经历一个真正的、完整的、真实的写作过程，让习作变得更简单，更有趣，更加可视化。以一年级上学期"听记习作"为例，听记的内容就是一个可以无限循环的小故事："从前有座山，山上有座庙，庙里有个老和尚在给小和尚讲故事：从前有座山，山里有座庙……"

听记这个故事的目的只有一个：让学生发现自己的第一次习作可以写得很长很长，让第一次习作带给孩子的体验就如同犹太人让刚懂事的孩子舔食书上的蜂蜜一样，很甜很甜。

4. 评改——评改分为两个层次。在第一个层次，明确每个项目的评价要素，以表格的形式来呈现，用五个星级来衡量，引导自评、同学评、老师评。如一年级"听记习作"的第一个项目"我和标点交朋友"，内容是这样设计的：

| 评价要素 / 评价主体 | 标点我会用 | 题目写中间 | 开头空两格 | 故事写完整 |
| --- | --- | --- | --- | --- |
| 自我评价 | ☆☆☆☆☆ | ☆☆☆☆☆ | ☆☆☆☆☆ | ☆☆☆☆☆ |
| 同学评价 | ☆☆☆☆☆ | ☆☆☆☆☆ | ☆☆☆☆☆ | ☆☆☆☆☆ |
| 老师评价 | ☆☆☆☆☆ | ☆☆☆☆☆ | ☆☆☆☆☆ | ☆☆☆☆☆ |

第二个层次是在教师的示范、启发下，学生尝试给他人的片段和习作写评语，并

在收到他人的反馈意见后,修改自己的习作。如此,两个梯次,多个维度,把评价与修改落到实处。

5.拓展——在每个项目的习作练习之后,为学生补充一个与主题内容相关的素材进行拓展阅读。例如"童话习作"主题为学生拓展了世界著名童话作家、童话作品等相关内容的介绍;"创编课本剧"项目为学生拓展了老舍、莎士比亚等相关作家及作品介绍。其目的在于,进一步丰富积累,让学生对该主题形成立体的、丰富的、系统的积累和认知。

(四)实施策略

仍然以三年级上学期"童话习作"为例,2019年4月我应邀到江苏上了一节示范课。这节课上,我以捷克的一部经典儿童文学作品为素材,截取了四段动画片,形成了四个学习内容:"交朋友""救朋友""告别朋友""想念朋友"。接下来让学生每看一段动画片做一个小任务:一是观察动画,写开头;二是观察动作,写过程;三是想象画面,话分别;四是观察景物,写思念。如此,紧扣年段核心训练要素——观察与想象,让四段动画片承载四个不同的价值功能,同时运用现代信息技术手段及时地予以评价。待四个任务完成,轻松一串,一个美丽的童话故事完成了,小组合作学习的内驱动力也形成了。这是该项目学习提供的其中一个策略,实际上我们为每个项目的实施都提供了具体的策略。例如"童话习作"主题8个项目对应的支架策略是:"续编童话""仿写童话""改写童话""看图编童话""听声音编童话""摆实物编童话""看词语编童话""创编童话集"。

在运用相关策略进行练笔的过程中,我们的探究过程着力体现以下四个特点:

1.凸显游戏化——运用游戏化的元素增强学习的参与性,激发持久的学习动机,帮助学生从学习中发现乐趣。

2.凸显任务式——把学习内容分解为明确的学习任务,让每个任务承载恰当的练习功能,并用积极的教学策略、评价手段,引导目标达成。

3.凸显交际性——把学生放在具体的、真实的交际情境中,让言语表达体现生活性、应用性,从而实现从"语言"到"言语"的真正转变。

4.凸显支架式——把"教程"变成"习程",通过支架策略引导学生自主学习,并不断触碰最近发展区,最终形成探究的能力、合作的能力和终身学习的动力。

(五)评价体系

课程评价除了要关注写作前、写作中、写作后的整个过程,体现多角度、多元化,

更重要的是如何引导学生参与,帮助其形成学习的驱动力。项目化习作进阶课程评价体系体现了三个走向:

1. 从纸质媒介走向网络平台——目的在于提供更多的评价操作便利,形成习作学习共同体。

2. 从完成作业走向发布作品——借助信息技术手段,把学生的每一次习作,都变成一个作品,在同学、老师、家长朋友圈中广泛传播,让学生从中收获多方面的肯定和鼓励。

3. 从浅层激励走向持久动机——通过游戏化元素,引导学生不断进级,不断关注自己在团队中的位置,不断收获成就感,从而有效激发其参与热情和持久的动机。

总之,我希望通过 12 个主题、94 个项目建构的项目化习作进阶课程达成以下五个目的:

1. 通过项目化的内容框架,形成以思维和语言发展为核心的知识与能力体系;

2. 通过可视化的过程引领,增强探究的可操作性和成效性;

3. 通过真实具体的任务情境,提升言语表达的交际性和应用性;

4. 通过游戏化思维和策略,增强参与的兴趣和学习的内驱力;

5. 通过整套习作课程的建构,让习作教学找到切实可行的载体,让教师教有所依,让学生学有所获,让习作教学从此不再是空中楼阁。

（此文发表于《人民教育》2019 年第 24 期,有改动）

# 系统化思维习作进阶课程实施案例

## 从听记开始，培养顺序逻辑

我们这里所说的"习作"，是一个练习的过程，是一个练习采集信息、构思情节、书面表达的过程。完成这个过程需要掌握相关的知识和一定的方法，更需要逻辑思维、语言表达等综合能力。

对于一个从幼儿园步入小学的一年级学生来说，"习作"是一个非常陌生的词语，能否对一年级学生进行习作练习？可能不少人都会质疑。因为这个时期的孩子才刚刚开始识字，词语储备不足，更不要说句子和篇章了，而且，现行的语文课本中，习作是从三年级才开始起步的。经过反复思考与实践，我们认为在一年级进行习作训练是可行的。对于一年级的学生来说，习作的关键，首先在于激发兴趣，这其中又包括学习语言、运用语言、创造语言和分享语言的兴趣。入学前，学生已经能够流利地运用口头语言，甚至不少家庭、幼儿园也让孩子接触了一定的书面语言。在这样的前提下，在义务教育的起始阶段，创设有趣的学习平台，采取学生能够接受的方式，增加言语表达的机会，我们认为是很有必要的，能够起到规范语言表达、提升思维能力的作用，也为今后更加高质量的言语表达要求奠定良好的基础。

为此，在一年级上学期，我们立足于学生的思维特点和认知能力，以听记为主题，着重激发学生的表达兴趣，培养学生有序表达的能力。

## 什么是听记习作

所谓"听记习作"，从字面上来看，它包括"听""记""习作"三个要素。听什么、记什么呢？对一年级的学生来说，所谓"听记习作"，就是听他人朗读一篇完整的文章，再根据自己的记忆，把所听到的内容完整地表达出来。

选择这样一种方式进行起始年段的习作训练，降低了传统习作的难度，符合儿童的年段特点和实际学情。在这样的训练中，学生不必审题、选材，更不必为布局谋篇而绞尽脑汁；过程中，只需用心倾听，适当记录，就能完成习作内容，而且不必追求与原文一致，只需根据需要记下重点内容即可，有一定的灵活性。从某种程度上来说，这样的听记，也是一种语言复述，只不过不是口头复述，而是书面复核。而复核本身，就是在完成语言的积累。

当然，我们实施听记习作，绝不只停留在"认真听""用心记"的层面上，培养学生的思维，才是我们的终极目的。为此，我们针对一年级学生的年龄特点、思维特点，在听记习作的过程中，一方面渗透相关的习作知识，例如第一单元的习作，我们就将几种常见标点符号的运用和文章的基本格式等相关知识渗透其中，并通过"排一排，圈一圈，连一连，记一记，说一说，练一练"等方法夯实训练点；另一方面，我们把有序地表达作为思维训练的重点，引导学生关注表达的顺序，如"早—中—晚"顺序、"春—夏—秋—冬"顺序等，让学生在简单的"听、说、读、写"训练中，有计划、有梯度地达成习作目的。

# 为什么要实施听记习作教学

## 一、从心理发展的角度来思考

小学一年级是儿童成长过程中的一个非常重要的阶段，这个阶段的孩子刚刚结束幼儿园的快乐生活，还处于对学校生活的适应阶段。他们天真活泼，充满童真，对所有新鲜事物都感到好奇，但注意力集中的时间比较短，还没有形成独立的思考意识，喜欢模仿他人。这个阶段的儿童身上还存在着从幼儿园延续下来的学习习惯——特别喜欢听故事，也特别喜欢模仿他人讲故事。听记习作在内容的选择上，就是针对这一阶段孩子的年龄特点和心理特点，选择了他们认知范围内的一些故事作为听记的素材，在老师绘声绘色的讲述后，让学生模仿着讲，然后在口头表达的基础上，再写下来。用这样的方式进行言语表达训练，孩子乐于接受，并容易产生学习的兴趣。例如第一单元的习作，题目是《我的故事讲不完》，具体内容是这样的："从前有座山，山上有座庙，庙里有个老和尚在给小和尚讲故事：从前有座山，山上有座庙，庙里有个老和尚……"为什么选这个故事？主要目的只有一个，那就是这个故事可以一直循环地讲下去,学生想写多长就可以写多长。我们通过这样一种体验让学生体会到:习作原来很简单,自己的第一篇习作就可以写得很长很长。

## 二、从语言发展的角度来思考

《义务教育语文课程标准(2011年版)》和小学语文课本中的习作都是从三年级开始的,但是在一、二年级也有相关内容出现,只是以"写话"的形式出现,要求更低一些,比如提出对写话有兴趣,留心周围事物,写自己想说的话,写想象中的事物;在写话中乐于运用阅读和生活中学到的词语;根据表达的需要,学习使用逗号、句号、问号、感叹号。对于一年级的学生来说,表达仍然以口头语为主,但已经开始向简单的书面语过渡。

我们的课程中,在一年级就正式提出了"习作"的概念,我们一方面强调积累,让学生先阅读经典文本,感知优美的语句,积累一定的书面表达知识,如常见的标点、重要的词语等;另一方面注重训练的形式,从听老师讲故事到模仿老师讲故事,最后把讲的故事写下来。我们用这样的方式,一方面降低了学习的难度:讲述这一过程可以帮助孩子记忆故事内容,不能完全记住的地方可以学着组织语言,在发展口头语言的同时发展书面语言。另一方面,这样的方式也比较贴近孩子语言表达的实际情况。

## 三、从思维发展的角度来思考

俄国教育家乌申斯基说:"语言乃是思维的有机的创造,它扎根于思想之中,并且从思想中不断地发展起来;所以谁要想发展学生的语言能力,首先应该发展他的思维能力,离开了思维,单独地发展语言是不可能的。"可见,习作教学的首要目标就是要训练学生的思维,而思维的发展在不同的年段有着不同的侧重点。

根据著名认知心理学家皮亚杰的观点,儿童的思维发展分为四个阶段:感知运动阶段(0~2岁)、前运算阶段(2~7岁)、具体运算阶段(7~12岁)、形式运算阶段(12~15岁)。刚踏入小学一年级的学生,其思维水平还处于前运算阶段。这一时期,儿童对物体永久性的意识巩固了,动作大量内化。随着语言的快速发展和初步完善,儿童频繁地借助表象符号(语言符号和象征符号)来代替外界事物,重视外部活动。儿童开始从具体动作中摆脱出来,凭借象征格式在头脑里进行"表象性思维",将头脑中的事物和动作内化,这里的内化并不是简单地全部接受,而是形成一个影像或者副本,并在自己的大脑中再次建构。

在听记习作这个主题中,我们充分尊重孩子的认知规律,在听记练习的同时侧重培养学生的顺序逻辑思维能力,引导学生关注表达的顺序,会用一些表达顺序的词语,如"先""再""然后"等,让他们把听到的有趣故事能够用自己的语言讲下来,并且按一定的逻辑顺序写下来。我们希望用一个学期(6个项目)的阶梯训练,形成一定的顺序逻辑。

# 怎样实施听记习作教学

## 一、探究目标

一年级的学生识字较少,根据具体情况,我们在一年级设计了6个项目的习作任务,这6个项目分别是:

1. 我和标点交朋友

2. 精彩故事开始啦

3. 又是美好的一天

4. 春夏秋冬魔法师

5. 然后呢? 然后呢?

6. 做个勤劳小蜜蜂

其中,前5个项目是单项练习,最后一个项目是综合实践。

以上6个项目对应的探究目标如下:

1. 认识逗号、句号、省略号、感叹号、问号并知道其用法;了解文章的基本格式,如题目居中、开头空两格,并能把听到的故事内容按正确格式写下来。

2. 学习按照"开始—后来"的时间顺序讲述一件事情;能按正确的格式把事情写完整。

3. 学会认真倾听并关注文章的表达顺序;能按照"早—中—晚"的时间顺序有条理地讲述一天中发生的事情。

4. 能按照"春—夏—秋—冬"的顺序讲述四季的变化;积累描写春、夏、秋、冬的词语。

5. 能够按照事情发展的先后顺序讲述故事;能记录听到的主要内容,在倾听中学习关注并记忆重要信息。

6. 制作采蜜本。

## 二、实施路径

1. 激趣导读。

激发兴趣是一件事情的重要开端。

"亲爱的小朋友,很高兴认识你!我是标点符号小精灵。你愿意和我交个朋友吗?在我们标点符号王国里,生活着许许多多有趣的小精灵。它们有的感情丰富,有的慢条斯理,有的干脆利落,有的总爱问为什么,有的似乎有说不完的话……我就是爱问为什么的小问号。你是不是也想问:标点符号是什么?它们长什么样子?它们都有什么本领……我最喜欢跟爱思考的人成为好朋友!走吧,我带你走进我们的标点符号王国去看看。"这是第一个项目"我和标点交朋友"的导引。我们通过优美、生动、有趣的语言,将本项目的学习内容和学习方法呈现出来,激发起孩子们开始学习的欲望,并对后面的正式学习任务做到成竹在胸。

2. 美文积累。

听记习作的关键是听记内容的选择。针对性强、生动有趣、词句优美的听记素材,可以帮助学生形成良好的语感,为学生提供句段模仿的机会,降低一年级学生习作学习的难度。

以第三个项目"又是美好的一天"为例,这个训练要点是按照"早—中—晚"的时间顺序讲述发生的故事。我们选择了《太阳》《上学堂》《谁在唱》《太阳公公奔跑忙》四篇优美有趣的文章作为听记素材进行听记训练,通过"听一听,圈一圈"儿歌中表示时间的词语,"听一听,写一写"儿歌中表示时间的词语,"听一听,说一说"早上、中午、晚上是谁在唱歌,"听一听,画一画"早上、中午、晚上的不同景色,反复强化积累,使学生慢慢内化成有序而生动的语言表达方式,为后面的口头表达和书面表达奠定基础。

3. 实战练笔。

站在学的角度,关注从口头表达过渡到书面表达这一过程,我们将此环节用板块式的结构呈现出来,让学生经历一个清晰的习得过程。几个内容板块练习之下,孩子在不知不觉中就完成了本项目的习作任务。

例如第二个项目"精彩故事开始啦",我们以"看日出"为题材训练学生按照"开始—后来"的时间顺序有条理地讲述一件事情。通过"听一听,排一排""听一听,圈一圈""听一听,填一填""听一听,写一写"四个板块层层递进,孩子们一边听一边记,边活动边学习,不知不觉就把"看日出"的内容有顺序地记录下来了,当我们尝试着把记录的内容串联起来,一篇习作也就完成了。

4. 问诊评改。

此环节包括"评一评自己的习作""改一改自己的习作""评一评同学的习作"三个层次的内容。"评一评自己的习作"以表格的形式呈现,在清晰的评价要素指引

下,由自己、同学、老师从三个不同的角度用星级来衡量作品的质量。如第一个项目中,我们用四个要素引导大家进行评价:

| 评价要素<br>评价主体 | 标点我会用 | 题目写中间 | 开头空两格 | 故事写完整 |
|---|---|---|---|---|
| 自我评价 | ☆☆☆☆☆ | ☆☆☆☆☆ | ☆☆☆☆☆ | ☆☆☆☆☆ |
| 同学评价 | ☆☆☆☆☆ | ☆☆☆☆☆ | ☆☆☆☆☆ | ☆☆☆☆☆ |
| 老师评价 | ☆☆☆☆☆ | ☆☆☆☆☆ | ☆☆☆☆☆ | ☆☆☆☆☆ |

"改一改自己的习作",是经过多方评价反馈之后,引导学生发现问题,再次审视自己的作品,并进行修改的过程,旨在进一步明确习作要求,养成修改文章的习惯。

"评一评同学的习作"里面包括四个内容:两个片段和两篇习作。其中,老师先评价一个片段和一篇习作,接下来由学生试着评价一个片段和一篇习作。此举一方面是迁移运用上面学到的评价要素,另一方面也是一个吸收学习他人优点的过程,更是一个走向审美鉴赏的过程。

5. 拓展延伸。

在每个项目的具体练习之后,我们为学生补充一个与本专题相关的内容进行拓展阅读,例如在第一单元,我们针对本项目的练习重点,为学生补充了《标点符号歌》,让学生通过阅读儿歌,对标点符号的外形和作用有进一步的体会。又如第三个项目的重点是"早—中—晚"的表达顺序,习作之后,我们为学生拓展了描写早上、中午、晚上的相关词语,目的是进一步丰富积累,帮助学生更好地表达。

总之,通过五个听记练习项目和一个综合项目(制作采蜜本),为学生提供言语表达的机会,更提升他们思维的水平。

### 三、支架策略

在上面的实施路径中,我们介绍了"五个模块"实操模型,其实我们在依据这个模型进行教学的过程中,还给每个项目设计了具体的支架,以帮助探究目标的达成。以上介绍的 6 个探究目标对应的支架策略如下:

1. 听记可以无限循环的故事;

2. 听记"开始—后来"时间顺序的故事;

3. 听记"早—中—晚"时间顺序的故事;

4. 听记"春—夏—秋—冬"时间顺序的故事;

5. 听记"先—后"发展顺序的故事;

6. 开展综合性学习实践。

以上课程内容,乍看起来,有一定难度,但经过几次练习之后,学生的进步显而易见。选择这样一个主题,选择这些内容,只为达成一个目的,那就是用学生能够接受的方式,去实现思维与表达的同步提升,为学会习作奠定基础。

附:

## 项目化习作进阶课程"听记习作"内容纲要

| 序号 | 项目名称 | 探究目标 | 支架策略 | 项目作品 |
|------|----------|----------|----------|----------|
| 项目1 | 我和标点交朋友 | 1. 认识逗号、句号、省略号、感叹号、问号并知道其用法<br>2. 了解文章的基本格式(如题目居中间、开头空两格)并能把听到的故事内容按正确格式写下来 | 听记可以无限循环的故事 | 《我的故事讲不完》 |
| 项目2 | 精彩故事开始啦 | 1. 学习按照"开始—后来"的时间顺序讲述一件事情<br>2. 能按正确的格式把事情写完整 | 听记"开始—后来"时间顺序的故事 | 《奇妙的天空》 |
| 项目3 | 又是美好的一天 | 1. 学会认真倾听并关注文章的表达顺序<br>2. 能按照"早—中—晚"的时间顺序有条理地讲述一天中发生的事情 | 听记"早—中—晚"时间顺序的故事 | 《太阳的一天》 |
| 项目4 | 春夏秋冬魔法师 | 1. 能按照"春—夏—秋—冬"的顺序讲述四季的变化<br>2. 积累描写春、夏、秋、冬的词语 | 听记"春—夏—秋—冬"时间顺序的故事 | 《再见》 |
| 项目5 | 然后呢?然后呢? | 1. 能够按照事情发展的先后顺序讲述故事<br>2. 能记录听到的主要内容,在倾听中学习关注并记忆重要信息 | 听记"先—后"发展顺序的故事 | 《秋姑娘的信》 |
| 项目6 | 做个勤劳小蜜蜂 | 制作采蜜本 | 开展综合性学习实践 | 《我的采蜜本》 |

▶ **课程实施案例展示**

## 项目1 我和标点交朋友

### 导引

　　亲爱的小朋友,很高兴认识你! 我是标点符号小精灵。你愿意和我交个朋友吗? 在我们标点符号王国里,生活着许许多多有趣的小精灵。它们有的感情丰富,有的慢条斯理,有的干脆利落,有的总爱问为什么,有的似乎总有说不完的话……

　　我就是爱问为什么的小问号。你是不是也想问:标点符号是什么? 它们长什么样子? 它们都有什么本领……我最喜欢跟爱思考的人成为好朋友! 走吧,我带你走进我们的标点符号王国去看看。

### 积累

### 1. 带雨的花(节选)

金　波

我是您不听话的孩子,我偷偷地跑出了家。

穿过树林,走过小桥,在明亮的湖岸上,我尽情地玩耍。

我忘记了您,也忘记了家,请原谅我,妈妈。

【圈一圈】

在上面这一段话中,你看到了哪两种标点符号? 快把它们圈出来吧。

### 2. 老祖母的牙齿

曾妙容

时间真是恶作剧,爱在老祖母的牙齿上开山洞;风儿更顽皮,在那山洞里钻来钻去。嘘! 嘘! 嘘! 老祖母的话儿半天才说一句:去! 去! 去! 逗得我们笑嘻嘻。

你发现了什么新的标点符号吗？把你的发现告诉你的小伙伴。

## 3. 不学写字有坏处

方素珍

小虫写信给蚂蚁，他在叶子上咬了三个洞，表示我想你。蚂蚁收到他的信，也在叶子上咬了三个洞，表示看不懂。小虫不知道蚂蚁的意思，蚂蚁不知道小虫的想念，怎么办呢？

【说一说】
你知道上面这段文字一共有几句话吗？你是怎么知道的？

## 4. 半半歌

张秋生

有个孩子叫半半，起床已经七点半。鞋子穿一半，脸儿洗一半，早饭吃一半，课本带一半，上学路上半半跑，光着一只小脚板。

【讲一讲】
接下来会发生什么事情呢？请你接着往下讲。

练笔

## 我的故事讲不完

[板块一]认标点
今天我们请来了学习小伙伴——青蛙，它要给大家表演写诗呢！你们想知道它写了什么吗？快来读一读吧，读后试着完成后面的练习哦！

### 青蛙写诗

张秋生

下雨了，雨点儿淅沥沥，沙啦啦！

青蛙说:"我要作诗啦!"

小蝌蚪游过来说:"我来给你当个小逗号。"

池塘里的水泡泡说:"我来给你当个小句号。"

荷叶上的一串水珠说:"我们可以当省略号。"

青蛙的诗写成了:"呱呱,呱呱,呱呱呱。呱呱,呱呱,呱呱呱……"

1. 连一连。

小青蛙写诗,谁来帮忙了? 它们分别长得像谁? 请你连一连。

          小蝌蚪               句号

          水泡泡            省略号

        一串水珠           逗号

2. 认一认。

小青蛙写诗需要小伙伴的帮助,小朋友写文章也需要标点符号小精灵来帮忙,先来认识几个标点符号小精灵吧!

一个圆圈是句号(。),完整句子后面跑。

小逗号(,)像蝌蚪,要在句号前面走。

一竖一点感叹号(!),发出感叹要用到。

小问号(?)像金钩,爱问问题问不休。

省略号(……)六圆点,省略话语在其间。

再把这五个标点符号写一遍:

|  |  |  |  |  |
|---|---|---|---|---|
|  |  |  |  |  |

3. 辨一辨。

请你做个小法官,判断下列句子中的标点符号用得对不对,对的请打"√"。

(1)我有一只可爱的小狗。                    (    )

(2)今天。我吃了一个大芒果,              (    )

(3)明天要上学吗?                       (    )

(4)轰隆隆……打雷啦!                   (    )

4. 试一试。

下面的句子应该加上什么标点符号呢? 请你来猜一猜,并把合适的标点符号写在"□"中。

(1)绿绿的荷叶长得又圆又大□小鱼把它们当雨伞□

（2）燕子□燕子□你为什么飞得那么低呀□

5. 比一比。

写一个你喜欢的句子,加上恰当的标点符号,然后和同学交流一下,看看谁的标点符号用得对。

| | | | | | | | | | |
|---|---|---|---|---|---|---|---|---|---|
| | | | | | | | | | |

| | | | | | | | | | |
|---|---|---|---|---|---|---|---|---|---|
| | | | | | | | | | |

**[板块二]懂格式**

通过前面的学习,相信你已经会用标点符号啦,但是只会用标点符号还不能开始写文章哦,因为书写的时候,格式一定要正确。

先认真读一读下面这段短文,仔细观察文章的题目和开头分别写在什么地方,再去和同伴交流一下自己的发现吧。

### 美丽的花园

星期天,我和妈妈来花园游玩。我发现花园里的花儿真多呀,颜色鲜艳,非常美丽！绿油油的小草也很美丽,它们聚在一起像是给大地铺上了一层绿色的毛毯。我非常喜欢来到这里！

**[板块三]听记故事**

文章题目写在第一行居中的位置,文章开头从第二行空两格的地方开始写,你都记住了吗？现在请你认真听老师或者家长讲故事,听完后,按正确的格式写下来,还要用上标点符号哦。

### 我的故事讲不完

从前有座山,山上有座庙,庙里有个老和尚在给小和尚讲故事:从前有座山,山上有座庙,庙里有个老和尚在给小和尚讲故事:从前有座山,山上有座庙……

| | | | | | | | | | | | | | | |
|---|---|---|---|---|---|---|---|---|---|---|---|---|---|---|

**一、评一评自己的习作**

根据下面表格中的四个要素评价一下自己的习作,然后再请同学和老师进行评价。

| 评价要素 ／ 评价主体 | 标点我会用 | 题目写中间 | 开头空两格 | 故事写完整 |
|---|---|---|---|---|
| 自我评价 | ☆ ☆ ☆ ☆ ☆ | ☆ ☆ ☆ ☆ ☆ | ☆ ☆ ☆ ☆ ☆ | ☆ ☆ ☆ ☆ ☆ |
| 同学评价 | ☆ ☆ ☆ ☆ ☆ | ☆ ☆ ☆ ☆ ☆ | ☆ ☆ ☆ ☆ ☆ | ☆ ☆ ☆ ☆ ☆ |
| 老师评价 | ☆ ☆ ☆ ☆ ☆ | ☆ ☆ ☆ ☆ ☆ | ☆ ☆ ☆ ☆ ☆ | ☆ ☆ ☆ ☆ ☆ |

**二、评一评同学的习作**

先看看老师是怎么点评的,接下来自己试着评一评。从片段开始,再到完整的文章,让我们学会欣赏同学的习作。

## 1.我家的小花园(节选)

在我家阳台上,妈妈种了很多花。那里有粉红的杜鹃花,有火红的月季花,有白色的菊花……这么多的花,把我家阳台装扮成了美丽的小花园。

【老师点评】

这位同学知道一句话没说完用",",说完后用"。",很多很多的花,数不过来就用"……"。而且他还知道文章题目写在第一行中间,文章开头从第二行空两格的地方开始。看来,标点符号和格式难不倒他啦!

## 2.我的故事讲不完(节选)

从前有座山,山上有座庙。庙里有两个和尚,一个老和尚和一个小和尚。老和尚在对小和尚讲故事。

**【学生点评】**

（提示：上面的片段格式对不对？）

_____

_____

_____

## 3.云姑娘

　　天上的云姑娘喜欢穿五颜六色的衣服。早上,云姑娘穿着一身白色的衣服。傍晚,云姑娘穿着红红的衣服。快下雨时,云姑娘会穿什么颜色的衣服呢?

**【老师点评】**

　　这个小朋友的眼睛很明亮哟,他发现了云姑娘穿衣的秘密,还知道有问题就用"?"来表示。

## 4.我的故事讲不完

　　从前有座山,山上有座庙,庙里有个老和尚,还有一个小和尚。老和尚在对小和尚讲故事。老和尚讲的是:从前有座山,山上有座庙,庙里有个老和尚,还有一个小和尚,老和尚在对小和尚讲故事。老和尚讲的故事是:从前有座山,山上有座庙,庙里有个老和尚,还有一个小和尚,老和尚在对小和尚讲故事。老和尚讲的故事是……

**【学生点评】**

_____

_____

_____

　　**三、改一改自己的习作**

　　检查一下:习作题目是不是写在第一行中间?文章开头空两格了吗?逗号、句号、问号、感叹号、省略号出现在合适的地方了吗?认真读一读自己的文章,如果有不正确的地方,修改一下吧。

## 标点符号歌

句号(。)是个小圆点,用它表示说话完。

逗号(,)小点带尾巴,句内停顿要用它。

顿号(、)像个芝麻点,并列词语点中间。

冒号(:)小小两圆点,要说话儿写后边。

问号(?)好像耳朵样,表示一句问话完。

叹号(!)像个小炸弹,表示惊喜和感叹。

分号(;)两点拖条尾,并列分句中间点。

引号("")好像小蝌蚪,内放引文或对话。

话里套话分单双,里单外双要记牢。

省略号(……)六个点,表示意思还没完。

破折号(——)短横线,表示解说、话题转。

书名号(《》)两头尖,书、刊名称放中间。

圆括号( ),方括号[ ],注解文字放里边。

学标点,并不难,多看多用才熟练。

## 主题2 体验习作

# 在体验中学习，尊重习得规律

"文章千古事，得失寸心知。"古往今来，天下文章都与作者的体验息息相关，不可分割。比如，唐代诗人王之涣在登上鹳雀楼后，看到夕阳傍山而下、黄河奔流向海，写下了"白日依山尽，黄河入海流"；宋代诗人苏轼以不同的角度看庐山，看到了截然不同的气势，于是有了"横看成岭侧成峰，远近高低各不同"的千古名句；当巴里在肯辛顿公园的时候，看到几个孩子拿树枝盖房子，拿泥巴做点心，扮仙女、扮海盗，玩得很开心，由此萌发创作游戏式童话剧的想法，于是有了《彼得·潘》……叶圣陶先生曾说过："生活如泉源，文章如溪水，泉源丰富而不枯竭，溪水自然活泼地流个不歇。"可见，写作离不开生活，离不开学生的亲身体验。

## 什么是体验习作

**一、体验习作的定义**

1. 体验的内涵。

体验，最先起源于杜威所说的经验。杜威认为经验有两种不同的方式，一种是"有经验"，一种是"认识经验"，前者是对生活事件的即时接触，后者是对这个事件的继时解释。因此，体验也有两个层面：一个是原始体验，即通过随机反思所产生的体验；另一种是第二手体验，也就是通过系统性思维的干预而产生的"反思性"体验。

台湾学者李坤崇做了比较明晰的解释，他认为体验是指与真实情境与环境的种种事物接触而产生的经验。

2003 年，张爱民在《体验，联结生活与作文间的桥梁》中提出："体验是指少年儿童通过自身经历和实践获得真实体会和感受，形成知识和能力的一种内在活动。"

总之，体验就是通过自身实践之后所获得的认知或感悟的一种心理过程。

2.体验习作的内涵。

2006 年,上海大学中文系李白坚教授在他的访谈录里说,体验习作就是"在课堂上先'演示'一个具有科学性、趣味性、系统性的'生活场景'吸引学生激情参与,诱导他们观察生活场景的细节,用心获得真切的体验,并用简略的文字驾驭摄取,然后再记叙成文"。

2007 年,陈敏在《我与我的"体验作文"教学》中提出:"'体验作文'是指教师通过在课堂上创设一个个具有科学性、趣味性和系统性的'生活场景'来吸引学生参与,在体验中产生写作兴趣,激发习作乐趣,从而轻松地学写作文。"

2004 年,冯长宏在《"体验作文"与"作文体验"——写作课程改革的思考与实践》中将体验习作分为"生活体验作文""活动体验作文"和"阅读体验作文"。

# 为什么要实施体验习作教学

## 一、激发情感体验

《义务教育语文课程标准(2011 年版)》在写作部分的教学建议里指出:"写作教学应贴近学生实际,让学生易于动笔,乐于表达,应引导学生关注现实,热爱生活,积极向上,表达真情实感……为学生的自主写作提供有利条件和广阔空间,减少对学生写作的束缚,鼓励自由表达和有创意的表达。"

体验习作正是如此,教师通过创设儿童感兴趣的教学情境,引导学生参与其中,从而引导并激活、唤醒学生的生活体验,重视学生真实的内心感受和情感体验,鼓励学生抒发自己的真实情感。

## 二、调动个体积极性

英国著名教育家怀特海在《教育的目的》一书中写道:"通过直接经验获得的知识是智慧生活的首要基础。在很大程度上,通过书本学习得到的通常是第二手知识,因此永远不具有那种亲身实践的重要意义。"美国教育家杜威也提出"做中学"为核心的实用教育思想,认为学校教育的作用就是交流、传递和发展经验,而学生在活动中自主地去体验、尝试、改造,学生主体获得了经验,使学习变得更加有效。

在体验习作的教学中,教师根据学生的年龄特点和身心发展的程度来组织教学或创设情境,让学生得到尊重和解放,成为学习和活动的主人,从而天性得到了释放。这样就真正意义上做到了"以学生为主体",把学生放在教学的中心,让学生学会自主思考,充分调动了学生的个体积极性和主动性,也让学生的体验更加深刻,更加真实。

### 三、抒发真实情感

莎士比亚说:"一千个观众眼中有一千个哈姆雷特。"这句话强调的是艺术作品对于不同受众的多义性。的确,观众的视角、阅历不同,就会有不同的体验和感受。在体验习作教学中,教师通过创设生动具体的场景,让学生获得体验与感悟。而学生原有的体验和情感基础是不同的,这就决定了不同的学生在同一活动或情境中将会获得不同的体验或感受,有的是新鲜形成的,有的是积累沉淀的。而体验作文就是鼓励学生直面自己的内心世界,将这些催化的真实感触或原始沉淀的体验付诸笔下。

## 怎样实施体验习作教学

通过一个一个的项目,逐步引导学生从中习得相关知识与能力,最终获得自主发展的能力是我们进行教学的初衷。

### 一、探究目标

在体验习作这个主题中,我们一共安排了 8 个探究项目,前面 7 个项目是单项练习,最后一个项目是综合练习。这 8 个项目分别是:

1. 学会打电话
2. 魔幻文具秀
3. 百变七巧板
4. 创意树叶画
5. 图形魔法师
6. 镜子里的我
7. 情绪过山车
8. 我的日记本

以上 8 个项目对应的探究目标主要体现在以下几个方面:

1. 能把打电话的主要内容写清楚,并懂得使用礼貌用语。

在通信技术日益发达的今天,打电话是一项最基本的生活技能,孩子们也有一定的生活体验。在这个项目的学习中,我们基于生活,又高于生活,一方面,让孩子了解打电话的一般程序,学习把主要内容说清楚,同时引导孩子在打电话的过程中使用礼貌用语。

2. 能按从头到脚的顺序写出所拼的文具图。

一支铅笔,一块橡皮,一把尺子,这些都是孩子们上学的必备文具,有时候也是孩子们手中简单的玩具。利用这些文具,去引导孩子大胆想象,拼出有趣的文具人,然后按照从头到脚的顺序说一说,让孩子在实践中想象,在想象中学会表达。

3. 能用七巧板拼出自己喜欢的图案,并把拼图的过程写下来。

七巧板是一种古老的中国传统智力玩具,也是孩子们十分喜爱的一种玩具。它由七块板组成,却可以拼成许多图形。这个项目的学习,主要是通过七巧板玩具,激发孩子的想象力,并引导孩子按步骤把拼图的过程写下来。

4. 能用不同颜色、不同形状的树叶巧妙拼成不同的图案,并把拼的过程写下来。

金秋时节,一片片叶子从树上掉下来,各种颜色,各种形状,带给人丰富的想象。孩子们总是在不经意间就拾起几片,快乐嬉戏。在这个项目的学习中,我们启发孩子大胆想象,把手中的树叶拼成各种有趣的物体或者一个画面,然后再把拼图的过程写下来。这个项目的创设,符合孩子的天性,降低了表达的难度,发展了孩子的语言。

5. 能发挥想象,把简单的图形加上几笔变成新的图案,然后写下来。

进入小学一年级,学生在生活中以及数学学习中已经认识了一些基本的图形,如圆形、正方形、三角形、长方形等,我们以这些熟悉的图形为基础,引导学生通过添加笔画的方式来形成新的图案,这项动手实践活动可以培养学生的想象能力。

在体验的基础上引导学生把过程写下来,符合低年级学生的认知规律。

6. 认识自我,能通过照镜子,有顺序地描述自己的样子;积累描写外貌的词语。

"认识你自己!"这是镌刻在古希腊神殿上的著名箴言。每个个体从出生开始,就在和外面的世界进行对话和互动,自觉不自觉地都在探寻自我乃至世界万物的秘密。在这个项目的学习中,我们用照镜子的方式,引导孩子一方面发现自我,认识自我,进而尊重差异;另一方面学会按一定顺序把自己的特点介绍出来,进行言语表达的训练。

7. 认识自我,能按照体验的过程把自己的心情变化过程写出来。

在上一个项目的学习中,学生主要是从外貌上认识自我。在这个项目的学习中,我们的探究任务是对上一个项目的延续,即通过一个有趣的活动让学生进一步了解自己的情绪。游戏前心怀期待,游戏中紧张不已,游戏后或如愿以偿,或失落而归,学生的心情是不断变化的。在体验的过程中,学生通过感受心情的变化,学习了更加生动的表达。

8.认识自我,学会通过写日记记录美好的生活。

练习表达首先要激发孩子的兴趣,然后很重要的是培养坚持表达的习惯。而记日记就是一种很好的方式。这个项目的学习,一方面引导学生了解日记的一般格式,另一方面引导学生通过日记来记录自己每天所遇到的、所做的事情,或者是自己的感受和思考。

**二、支架策略**

1.创设情境,激发兴趣。

心理学认为,情境是"事物发生并对机体行为产生影响的环境条件",是"对人有直接刺激作用、有一定的生物学意义和社会意义的具体环境"。在体验习作的教学中创设情境,就是把孩子在生活中常见的一些文具、玩具等运用到学习中,把习作教学中深奥晦涩的一些概念隐含在情境中,让学生在愉悦的心境中学习,从而激发他们的写作欲望。

2.留心观察,体验生活。

只有留心观察身边的事物,真正体验生活,才有源源不断的写作素材。我们的习作就是源于体验,每一个项目的学习都是建立在体验的基础之上,一定让学生经历一个真实的体验过程,在获得深深的行为烙印的基础上进行习作,这就避免了无话可说、空洞无物,同时也符合学生的年龄特点和思维水平特点。

3.关注顺序,训练思维。

在一年级上学期,我们着重训练了按一定的顺序进行表达,学生借助一定的时间词,在听的基础上达成了训练目标。一年级下学期,我们仍然以有序表达为主要训练目标,但在难度上有一定的提升,即通过各种实实在在的体验,让学生在做的基础上记录体验的过程,并适当展开想象。

4.关注自我,认识自我。

习作的根本目的是发展思维、发展语言。但站在培养完整的人的视角,我们除了完成学科教学的任务,更要全方位育人。在体验习作这一主题之下,我们主要是通过三个具体项目,引导孩子认识自己的外貌特点,了解自己的情绪变化,学会记录自己生活中的点点滴滴,把掌握学科知识和技能与孩子的自我认知相结合,把单项练习与综合实践相结合,赋予课程更多的育人功能。

总之,这个主题的重点训练项目仍然是学会按一定顺序进行表达,但基于学生的年龄和思维特点,我们把习作训练放在了实实在在的体验基础之上,而且选择的体验活动都比较贴近学生的生活,易于操作,又有一定的趣味性,既丰富了学生的生活体验,也激发了学生动手、动笔的乐趣,培养了一定的想象能力,还在练习表达的同时,引导孩子关注自己,关注周围,形成一定的自我认知和生活认知。

## 附:

### 项目化习作进阶课程"体验习作"内容纲要

| 序号 | 项目名称 | 探究目标 | 支架策略 | 项目作品 |
|---|---|---|---|---|
| 项目1 | 学会打电话 | 能把打电话的主要内容写清楚,并懂得使用礼貌用语 | 介绍打电话的一般程序 | 《喂喂喂》 |
| 项目2 | 魔幻文具秀 | 能按从头到脚的顺序写出所拼的文具图 | 巩固"有序表达" | 《搭搭乐》 |
| 项目3 | 百变七巧板 | 能用七巧板拼出自己喜欢的图案,并把拼图的过程写下来 | 突出拼的步骤 | 《变一变》 |
| 项目4 | 创意树叶画 | 能用不同颜色、不同形状的树叶巧妙拼成不同的图案,并把拼的过程写下来 | 突出巧妙创意 | 《魔术贴》 |
| 项目5 | 图形魔法师 | 能发挥想象,把简单的图形加上几笔变成新的图案,然后写下来 | 充分发挥想象 | 《添一添》 |
| 项目6 | 镜子里的我 | 认识自我,能通过照镜子,有顺序地描述自己的样子;积累描写外貌的词语 | 认识独特的自己 | 《照一照》 |
| 项目7 | 情绪过山车 | 认识自我,能按照体验的过程把自己的心情变化过程写出来 | 体会心情的变化 | 《抽奖啦》 |
| 项目8 | 我的日记本 | 认识自我,学会通过写日记记录美好的生活 | 开展综合性实践 | 《写日记》 |

## 项目5 图形魔法师

### 导引

小朋友,我来了,我是"圆形" ⬤,不要看我长得这么圆,我可是有名的魔术师哟!你看我会变成 ☀,我还能变成 ☺,有意思吧?我还有两个朋友,也很厉害哟。你看他们也来了, ▲ 这是"三角形", ■ 这是"正方形",我们都是好朋友。

我们都喜欢变魔术。你只要在我们身上添上几笔,我们就会变变变: ✏ 、 💧 ,有意思吧?来,大胆发挥你的想象,拿起你的笔,试着添一添,看看他们还会变成什么,是甜甜的雪糕?戴着帽子的女巫?还是……

### 积累

## 1. 这是什么形状

[日]秦好史郎 杨文／译

骨碌,骨碌。妈妈给小酷和小玛好大好大的一张纸。

"咱们画画吧。"小酷说。

"画什么东西好呢?"小玛问。

骨碌,骨碌,骨碌,小酷先画了一个圆形。

"咦,那个圆形是什么呢?"

"我告诉你,这是圆圆的太阳。"

下面轮到小玛画了,她唰唰唰画了一个三角形。

"咦,那个三角形是什么呢?"

"我告诉你,这是三角形的苹果树。"

"那么,我画个方形吧!"小酷说。

"再画上三角形的屋顶,就变成了房子。"小玛接着画。

"画好多好多的东西吧。""画吧画吧。"

三角形加圆形变成了鱼。方形加圆形变成了汽车。嘟嘟——

圆形加三角形变成了向日葵。圆形加三角形再加方形变成了小猫。喵喵——

终于在好大好大的纸上画出了小镇。最后,小酷和小玛把三角形和方形剪下来,做成了一架飞机。

"做好了!""我们出发吧!"

"哇——好大好大呀。""我们画得真多。"

小酷和小玛看到了他们的家。"啊,是妈妈在那里!"

"吃点心了!"听到妈妈的声音。

"好香啊。""吃点心,吃点心!"

桌上有蛋糕和橙汁。

"这里也有圆形和三角形呢。""我们吃吧!"

(选自绘本故事《这是什么形状》,北京少年儿童出版社)

【变一变】

小酷和小玛的想象力丰富吗?你是不是也想和他们一起玩"图形变变变"的游戏呢?


## 2.三角形滴溜溜

[日]得田之久  李丹／译

红色三角形、绿色三角形,噗噗蹼! 哎呀呀,变成草莓了。

黄色三角形、橘色三角形,滴溜溜,转转转! 哎呀呀,变成雨伞了。

绿色三角形、黑色三角形,蹦呀蹦! 哎呀呀,变成青蛙了。

黄色三角形、红色三角形、黑色三角形,咚咚咚——哎呀呀,变成狐狸了。

弯弯的三角形,摇来又晃去。哎呀呀,变成幽灵了。

颜色多又多,三角形闪闪亮!哎呀呀,变成了圣诞树。一闪一闪亮晶晶。

（选自《形状变变变》系列绘本故事,希望出版社）

**【想一想】**

哇,简单的三角形可以变成好多可爱的形象呢! 发挥你的想象把你喜欢的形状加一笔变成其他有趣的形象吧!

## 3.圆形骨碌碌

[日]得田之久　李丹／译

黄色的圆、白色的圆、红色的圆,骨碌、骨碌、骨碌碌。哎呀呀,变成了糯米团。

紫色的圆、紫色的圆,骨碌、骨碌、骨碌碌。哎呀呀,变成了大葡萄。

绿色的圆、黑色的圆,扭呀扭。哎呀呀,变成了毛毛虫。

红色的圆、黑色的圆,小小步子走不停。哎呀呀,变成了瓢虫。

黑色的圆、白色的圆,骨碌、骨碌、骨碌碌。哎呀呀,变成了大熊猫。

颜色多又多,圆形飞呀飞。哎呀呀,变成蝴蝶了。蝴蝶翩翩飞。

（选自《形状变变变》系列绘本故事,希望出版社）

**【画一画】**

不同的圆形可以变换组合成不一样的小动物、小食物呢,你学会了吗? 可以在下面的方框中画一画哦。

## 4. 一起玩形状游戏

[英]安东尼·布朗　余治莹／译

象小妹很喜欢画画。大熊哥哥也喜欢画画。有一天，大熊哥哥实在想不出来画什么。他说："象小妹，我画什么好呢？"

象小妹在纸上画了一个形状，递给了大熊哥哥。象小妹说："大熊哥哥，试试看，把这个形状画成一样东西。"大熊哥哥看了看形状，开始画了起来。他把这个形状画成了一只小狗。

"象小妹，现在轮到我了。"大熊哥哥说。他也画了一个形状，递给了象小妹。象小妹把它画成了一条鱼。大熊哥哥叫出来："哇！好大的一条鱼！"

现在又轮到象小妹了。同样的，她给大熊哥哥画了一个形状。大熊哥哥想了一会儿，然后画出了一头猪。"好滑稽哦！"象小妹大笑了出来。

大熊哥哥又画了一个形状——象小妹把它画成了一个有趣的小矮个。

象小妹递给大熊哥哥一小片包装纸。"啊！我想到了，这个看起来像什么？"大熊哥哥说。他马上画了起来。"猴子！"象小妹说，"他看起来脸皮很厚。"

大熊哥哥从口袋里掏出一根小树枝，递给象小妹，"我很好奇，这个可以做成什么？"象小妹说："啊哈！我想到了。"象小妹把它变成了一只蝴蝶。"好可爱！"大熊哥哥说，"做得太棒了！"

象小妹和大熊哥哥很喜欢形状游戏，每天都玩得很开心。

（选自绘本故事《一起玩形状游戏》，北京联合出版公司）

【讲一讲】

如果给你一个圆形、一个三角形、一个正方形，让你给每个图形添几笔，变成另外一个图形，你会变成什么呢？可以先在纸上画一画，再给你的同伴讲一讲哦。

练笔

## 图形新发现

今天我们将举行一场特别的魔术秀，只要你完成以下几个步骤，就能成为一名小小魔术师，你准备好了吗？

**[板块一] 画图形**

1. 数学课上，你认识了哪些图形？请你画下来。

2. 生活中也有很多有趣的图形，例如圆形的钟面、三角形的魔方、正方形的桌面，你还知道哪些图形？请你写一写。

_____

**[板块二] 添笔画**

图形不仅在生活中应用广泛，而且还具有百变的魔力哦！请你给下面三个图形各加上几笔，看看它们分别会变成什么。如果能再给它取一个响亮的名字，那就更棒了！

图形作品名字：_____ ○

图形作品名字：_____ □

图形作品名字：_____ △

**[板块三]仿例子**

魔术师的本领不仅在于变变变,还在于高明地向观众介绍自己的作品。下面的小妙招,我们可以来学一学,仿照着写一写。

我的图形作品真有趣!首先,我给圆形加了一笔。哈哈,它变成了一个轻飘飘的大气球!神气的气球说:"我的本领最大,我的肚子越大,装的东西越多!"

我的图形作品真有趣!首先,我给圆形加了一笔。哈哈,它变成了_____ _____! _____说:"_____"

接着,我给正方形加了一笔,它就变成了一只风筝!瞧,它边往上升边说:"我的本领最大,只要风一吹,我就能飞得很高很高!"

接着,我给正方形加了一笔,它就变成了_____! 瞧,_____ _____说:"_____"

然后,我给三角形添上了神奇的一笔。它就变成了一个指示牌!它沉稳地说:"我没有什么本领,我牢牢地扎根在这里,迷路的人看到我就能找到方向!"

最后,我给三角形添上了神奇的一笔。它就变成了_____! 它说:"_____"

**[板块四]新创意**

请选择几个你最感兴趣的图形,发挥你的想象,把它们组成一个新的物体,然后按顺序写下来,要让大家都能感受到你独一无二的创意哦。

（作文格稿纸）

![评改]

## 评改

**一、评一评自己的习作**

请你根据下面表格中的四个要素评价一下自己的习作，然后再请同学和老师进行评价。

| 评价要素<br>评价主体 | 能大胆想象 | 能按照从头到脚的顺序介绍 | 语句通顺 | 标点正确 |
|---|---|---|---|---|
| 自我评价 | ☆☆☆☆☆ | ☆☆☆☆☆ | ☆☆☆☆☆ | ☆☆☆☆☆ |
| 同学评价 | ☆☆☆☆☆ | ☆☆☆☆☆ | ☆☆☆☆☆ | ☆☆☆☆☆ |
| 老师评价 | ☆☆☆☆☆ | ☆☆☆☆☆ | ☆☆☆☆☆ | ☆☆☆☆☆ |

先看看老师是怎么点评的,接下来自己试着评一评。从片段开始,再到完整的文章,让我们学会欣赏同学的习作。

## 1. 神奇的图形魔术师(节选)

深圳市福田区福南小学　罗哲羲

圆形最先站出来,得意地说:"在我里面画上两只眼睛、一个鼻子、一张嘴,哈哈,我就是一幅脸部图案。"接着他靠近三角形,又说:"你站在我头上,就能当我的帽子了。"

三角形笑嘻嘻地说:"我最喜欢跟兄弟们叠罗汉,变成一棵大树,不过就要委屈长方形站在我们脚下当树干了。"

正方形不甘示弱,也站出来说:"我最擅长拼房子了,三角形在我上面当屋顶,圆形做我的窗户,长方形就是大门。"

哇,在大家七嘴八舌的讨论声中,小鱼、小鸟、小汽车、轮船、火箭、坦克、桌子、椅子、台灯、花朵、皇冠等都被拼出来了呢!

【老师点评】

罗哲羲同学的想象力可真丰富,圆形、三角形、正方形依次发言,各种各样的形状一个接一个地被拼出来,真有趣!

## 2. 神奇的正方形(节选)

深圳市福田区福南小学　黄子峰

我们生活中也离不开正方形,给它添上几笔,就会变成各种图案的地砖。和三角形、圆形这两位好朋友一起,还能变幻出各种有趣的造型来呢!添个三角形做屋顶,画个正方形变墙壁,加个小圆形当窗户,这样就变成一间既美丽又温暖的房子了。

【学生点评】

(提示:他有没有发挥想象,将正方形变得不一样?)

_____

_____

_____

## 3. 神奇的圆

深圳市福田区福南小学　连珂欣

大家好,小朋友们都叫我"圆形",我是一个普通的圆形,我没有脚,但我在生活中无处不在,我是幸福快乐的象征,每当大家张嘴大笑时,嘴就会变成圆形,它能定格我们的幸福和喜悦。

我喜欢变魔术,在头顶上加两个半圆,在脸上添几条细线,我就变成日常生活中大家经常接触的闹钟。我的作用非常大,每天都按时叫我的小主人上学,还时常提醒他珍惜时间,不要浪费每一分每一秒,宝贵的时间可以用来做更多有意义的事情。

我跟生活中不同的形状碰撞之后会变成不同的物体,我有一个好朋友,它叫"长方形",我可以跟长方形合作,变成一辆汽车,载着人们在马路上安全地行驶,可以带人们到祖国各地看美丽的风景。

这就是我,生活中随处可见的我,我的世界多么丰富多彩!

【老师点评】

连珂欣同学的想象力多丰富啊!圆形加上几条线可以变成闹钟,圆形还可以和正方形拼成一辆车,而且都大有作用。开动脑筋,生活中处处都是静待你发现的奥秘,每个人都是隐藏的画家哦!

## 4. 三角形变变变

深圳市福田区福南小学　廖佳烁

嗨!大家好!我是你们的好朋友三角形!最近我刚刚学会了一个新本领——大变身!下面我就给大家表演一下。仔细看,我要大变身啦!

变!看!我的身体后面变出一个小三角形,这是我的小尾巴。在我尖尖的嘴巴前面画三个排列着的小圆圈,就像我吐出的泡泡。你们猜猜,我变成了什么?现在的我变成一条在水里游来游去的小鱼啦！

我可不是一条普通的小鱼哦！海洋里的环保小卫士就是我！去年暑假的时候，有很多小朋友来到海边游玩。他们乱扔垃圾，乱丢杂物，污染了水质，导致我的很多伙伴都失去了生命！看到他们离开了我们，我很伤心！于是，我用自己的力量，把海洋里的垃圾都清理干净了，海洋里的水变回从前那样清澈、干净。从此海洋里再也没有同伴失去生命了！海洋家族知道是我清理了垃圾，都对我竖起大拇指说："你真是我们海洋的环保小卫士呀！我们爱你！"听完，我心里像吃了蜜一样甜！

以后，我要继续做海洋里的环保小卫士……

**【学生点评】**

（提示：他有没有发挥想象把三角形变得十分不一样呢？）

_____

_____

_____

### 三、改一改自己的习作

检查一下：你的作品是否足够有创意，能否按顺序把过程写清楚？习作的语句是否通顺、标点是否正确？请你带着自己的思考，重新读一读自己的习作，然后认真改一改，我们期待你的佳作哟！

**拓展**

## 推荐绘本阅读

## 1. 《我有一个想法》

[法]埃尔维·杜莱／著、绘　叶岱／译　浙江少年儿童出版社

什么是想法？想法是世界上最难捕捉的东西。它像风一样来去匆匆，又像乱麻一样难以整理。不过，在世界的每一个角落，我们都能发现它。只需要怀抱好奇，去寻找，去观察，去学习。然后，某一天……

创意大师杜莱用诗意灵动的语言和充满趣味的插图带领孩子去追溯创意的来

源,启发他们用形象思维解释抽象概念,鼓励他们在生活中勤观察、多思考。跟随杜莱的笔触,让你的想法和创意像水一样流动起来吧!

## 2.《我能变成什么》

[美]安·兰德／著　　[美]英格丽德·菲克斯达尔·金／绘

李海颖／译　　北京联合出版公司

三角形、正方形、圆形,各种形状和线条,它们一边提问,一边变成各种造型的东西。一个绿三角想变成一棵圣诞树、一叶帆、一顶帐篷、一只风筝,或者所有这些东西,可以吗?

这是一本挑战想象力和可能性,生动巧妙展示物理世界奇妙变化的书,打开你的"脑洞",尽情发挥你的想象力,看你能把它们变成什么!

## 以图画为媒介，打开认知窗口

一说到看图，很多人马上会联想到绘本。加拿大著名儿童文学学者佩里·诺德曼在《儿童文学的乐趣》中说："一本图画书至少包含着三个故事，一个是文字讲述的故事，一个是图画暗示的故事，还有一个是文字与图画相结合而产生的故事。"的确，好的图画书正是对想象空间的无限挖掘，它可以让我们自由地在现实与想象中随便穿梭，还能让故事从不会就此结束。在学生还分不清现实与想象的年龄，利用形象直观的图画，按一定的难易程度，有步骤、有计划地来引导学生观察，并为他们插上想象的翅膀，同时发展思维与语言，打开了解生活、认知世界的一扇窗，这是我们在二年级上学期安排看图习作的目的所在。

# 什么是看图习作

### 一、看图习作的定义

看图习作，顾名思义，就是让孩子们通过认真观察所提供的图画，展开合理的想象和联想，然后围绕图画的中心，精心构思，用自己的话有条理地把图画的内容及要表达的思想准确地反映出来。换句话说，就是实现由图画到语言文字的迁移。

张成厚认为看图习作作为一种写作方式，有着众多优点。图画直观形象，容易引起学生的兴趣，有助于学生的写作。而且在看图写作时，学生需要通过分析、综合、概括等思维活动来完成，这对学生思维的多向发展有积极作用。

周树华指出看图习作是一种很有必要的写作练习方式，因为学生通过"读图"可以受到教育启发，可以提高审美能力，可以丰富情感、愉悦心情，可以达到训练观察能力、思考能力和表达能力的目的。其次，他认为看图习作需要一定程度的想象，但习作不是想象出来的，而是看图写出来的，所以看图习作不可离开图，也不可囿于图。

## 二、看图习作的种类

看图习作的样式有很多,可根据不同的标准划分为若干类。

按写作对象来分,可分为看图记事、看图写人、看图状物、看图说理、看图写景等。

按表达方式来分,可分为记叙性的、描写性的、说明性的、说理性的等。小学阶段主要是训练记叙性的看图习作。

按图画的数量来分,可分为单图习作和多图习作。从图画信息含量来说,单幅图呈现的是一种静态的信息,信息含量较少,没有交代故事的发展和变化,需要学生充分调动想象力、创造力去理解补充。相对而言,多幅图则呈现一种动态的过程,图画内容较详细,所以单幅图更难,多幅图相对比较容易。

按呈现形式划分:

1. 最常见的看图习作,是根据一幅或几幅图来表达一个中心内容,有叙事的,有写人的,有写景的,也有状物的。

2. 第二种形式是补充画面,即在表达一个完整意思的几幅图中,故意缺少一幅,让我们根据已有的几幅画的图意,将缺少的那幅画的图意合理地想象出来,然后写一篇内容完整的文章。

3. 还有一种看图习作,就是对零散的图画动手排列、添加或剪贴组合后再习作。要靠我们先动手排一排、贴一贴或者画一画,然后再根据自己完成的图画作品写文章。

# 为什么要实施看图习作教学

看图习作是小学乃至所有写作训练的起点,看图习作能力的培养是小学语文教学内容的有机组成部分之一,通常我们把这样的练习安排在小学低年段进行。小学低年级学生识字量还比较少,少到难以完整表达自己的思想情感,在这个阶段,将孩子们喜欢的"图"作为素材来培养他们的表达能力,进而培养他们的思维能力,具有一定的科学性和针对性。

## 一、从课程标准的角度来考量

《义务教育语文课程标准(2011 年版)》中第一阶段(1~2 年级)的目标是:"对写话有兴趣,写自己想说的话,写想象中的事物,写自己对周围事物的认识和感想。"目标重在培养学生的写作兴趣和自信心,兴趣是最好的老师,是获取知识的原动力,是激发学生动机、提高学生学习积极性的催化剂。学生只有对写话产生浓厚的兴

趣,才能写出精彩的语言。

看图习作是低年级习作练习的一种非常重要的形式,习作中的图画以鲜明的色彩和有趣的内容吸引学生的眼球,可以引起学生习作的兴趣,让学生乐于参与。此外,图画是生活的场景,看图习作教学就是通过为学生模拟或创造生活场景,以习作内容为契机,引导学生捕捉生活中类似的场景,通过这样的训练逐步让学生学会为生活"拍照",学会了解身边的事,思考身边的事,从而打开认识世界的一扇窗。

**二、从语文素养的角度来思考**

1.提高观察力。

"看"是低年级语文写作教学要解决的第一个问题,要提高学生的看图习作能力,教师应当从培养学生的观察能力入手,促使学生看懂图画,明确图画内容包含的具体意义。看图是手段、是基础、是突破口,习作是目的、是重点、是结果。

(1)整体观察。了解画面内容,首先需要从整体上把图画的内容看清楚,所以,观察的方法一般是先对图画的全貌进行观察,再按照一定的顺序观察,如由远及近、从上至下、按时间顺序、空间顺序等。尤其是面对多幅图,更需要看清图画的顺序,弄清图与图之间内容的关联,这样才能初步了解画面的内容。

(2)细节观察。一般来说学生拿到一幅图画观察时,往往特别注意图画中心部位的内容,而常常忽视绘画者巧妙设置、精心点缀的细小部分,如画面中人物的表情、动作乃至一些陈设及景物中的小小点缀。这些看起来微不足道的细节,有时候对看懂整个图意起着重要的作用。因此,在看图时,要引导学生注意细节,认真地思索作者在图上点缀这些细节的目的,领悟其中的奥秘。

(3)准确观察。画意就是思维的定向,每一幅画的设计和布局都有一定的目的,我们不仅要仔细观察画面的内容,还要认真思考画面所反映的中心思想。揣度画面的中心思想可以从三个方面入手:一是从图画的标题去看;二是从图画的文字说明去看;三是从画面所描述的人和事及其关系中去分析。

2.培养想象力。

想象是看图习作的核心要素,而且这种想象是紧紧围绕画意的。对于一幅幅无声而静止的画面,怎样让学生看出"动画"是一个难点。有些学生很认真地看图,并且把图的内容说清楚了,可是写出的文字却干巴巴的,这是因为他们忽略了另一个问题,那就是联想和想象。想象是架设在图画与思维之间的桥梁,是把静态的、呆板的图画变成动态的立体画的有效手段。看图时,我们可以根据生活实际和自己的经验来构思情节,可以将自己想象成画中的主角,将画面中的情景安排到现实生活中,从而使画面上的人物不仅有外貌、神态,还有动作、语言、心理活动,使画面上的景物有色彩、有声音,还可以根据需要,给人物设置不同的角色,增强文章的生动性。

可以说,没有想象,就写不出好的看图习作。细致的观察和合理丰富的想象是把握住看图习作的关键。这里的"合理"有两层意思:一是符合画意要求。作者的想象不能离开画意,更不能与画意相抵触,否则就像命题习作写得走题了。二是符合生活实际。经过如此想象与联想,图上那些静止的人物、景象就全都"活"起来了。

3. 提升逻辑思维力。

吕叔湘、朱德熙的《语法修辞讲话》中曾明确说:"要把我们的思想正确地表达出来,第一件事情是要讲逻辑。"可见,语言表达的基础就是逻辑。看图习作需要学生的观察力和想象力,按照一定顺序观察图画并最终形成文字,这对逻辑思维能力的提高有着十分重要的意义。在看图习作练习中,我们有意识地训练学生根据观察和想象到的内容,按照观察思路,运用已有的词汇进行意义建构。根据由易到难、由简到繁的原则,对图形先局部分说,分散难点,后整体总说。整个意义建构过程就是一个思维活动过程。学生通过分析、综合,认清事物间的关系,把握事物间的联系及其发展变化,最后构成一个整体。

# 怎样实施看图习作教学

看图习作的两个核心任务是"看"和"写"。要想顺利达成目标,首先是让学生了解图画里面的内容,但是由于知识储备不足,大多数时候,学生并不能完整或准确地接收图画信息。其次,即便学生很好地掌握了图画的大致含义,但鉴于语言表达能力有限,他们只能望"图"兴叹,无从下笔,或者即使下笔,也不知道如何把零散的语言连贯起来。教学实践证明,看图习作能力的提高绝不是一蹴而就的。我们深入研究看图习作教学的内容、看图习作的方法、看图习作练习的难易梯度,对于全面实现语文课程教学目标具有现实意义。

## 一、探究目标

根据学生的年龄和思维特征,以及一个学期的时间安排,我们以"看图"为主题,设计了 8 个具体项目,这 8 个项目分别是:

1. 图片串串烧

2. 故事连贯讲

3. 细节放大镜

4. 图片排排坐

5. 缺图猜一猜

6. 挑战单幅图

7. 想象飞画外

8. 小报来登场

以上 8 个项目对应着 8 个具体探究目标：

1. 学习从整体到局部的看图方法：先把几幅图连起来看，理解图意；再逐幅看，并给每幅图配上一两句话。

2. 学习运用关联词或者过渡句把几幅图表达的意思写连贯。

3. 学习把故事写生动，如根据画面内容合理想象人物的语言、心理等图画无法表达的内容。

4. 能根据排列混乱的图画理清故事的头绪，然后有条理地表达出来。

5. 能根据已有的几幅图，合理想象空缺图画的内容，然后表达一个完整的意思。

6. 学习看单幅图的方法：先整体看图，再看图中的主要人物（事物、景物），最后回看全图。

7. 能根据单幅图的意思大胆想象故事的开头、结尾等没画出来的情节，让故事合理、完整、生动。

8. 制作习作小报。

看图习作的教学指导应根据学生的生理、心理特点和实际理解能力，采取循序渐进、由简到繁的方式进行。学生看图习作真正成熟的标志是能较好地完成单幅图看图习作。因此，我们开展看图习作的意图是先训练多幅图，后训练单幅图，这也符合由易到难的原则，符合学生的认知规律。

**二、支架策略**

（一）练习写多幅图

1. 让学生先连续观察几幅图，引导他们按顺序、分层次，先把图画表达的大概情节抓住，有一个全面的认识，然后再逐幅看图，给每幅图配上一两句话。

2. 按顺序把几幅图的意思连起来讲一讲。学生表达时往往缺乏条理，内容前后不连贯，句与句之间关联性不强，为此，我们要展开有针对性的训练，专门引导学生学写开头与结尾，用关联词或者过渡句把图与图之间的意思写连贯，从而把故事写完整、写生动。

3. 根据排列混乱的图画理清故事的来龙去脉,将几幅顺序混乱的图按顺序重新排好,然后根据新的顺序,完整地、有条理地表达图画的意思。

4. 根据已有的几幅图,合理想象空缺图画的内容;再把几幅图连起来表达一个完整的故事内容。

(二)练习写单幅图

1. 学习观察单幅图的方法。先整体看图,再看图中的主要人物(事物、景物),然后看人物所处的环境,最后回看全图,并按一定的顺序把图画的内容表达出来。

2. 根据单幅图的意思大胆想象故事的开头、结尾等没画出来的情节,展开合理想象,让故事合理、完整。

(三)开展综合性实践活动

每一个项目的学习都有五个具体的模块,从明确探究目标、引发学习期待,到积累经典文章、习得相关方法,再到具体的练笔、评改等,应该说每一个项目都是综合性的学习。7 个项目过后,我们还安排了制作习作小报的练习,从欣赏范本到自己确定文本,再到插图美化,目的在于培养学生的综合实践能力,让学生体验到实实在在的成就感,从而产生进一步学习的动力。

总之,看图习作主题之下,我们一共为学生设计了 8 个具体的项目,在练习写的同时,更为学生整合了大量的绘本及图画,希望运用精美的图画、诗意的文字、过程性的指导,引领学生发展语言,发展思维,提升审美能力,带给学生愉悦的学习体验!

**附:**

### 项目化习作进阶课程"看图习作"内容纲要

| 序号 | 项目名称 | 探究目标 | 支架策略 | 项目作品 |
|---|---|---|---|---|
| 项目1 | 图片串串烧 | 学习从整体到局部的看图方法:先把几幅图连起来看,理解图意,再逐幅看,并给每幅图配上一两句话 | 练习写多幅图 | 《救救小鸭》 |
| 项目2 | 故事连贯讲 | 学习运用关联词或者过渡句把几幅图表达的意思写连贯 | 练习写多幅图 | 《小白兔种萝卜》 |

| 序号 | 项目名称 | 探究目标 | 支架策略 | 项目作品 |
|---|---|---|---|---|
| 项目3 | 细节放大镜 | 学习把故事写生动,如根据画面内容合理想象人物的语言、心理等图画无法表达的内容 | 练习写多幅图 | 《小狗的船》 |
| 项目4 | 图片排排坐 | 能根据排列混乱的图画理清故事的头绪,然后有条理地表达出来 | 练习写顺序杂乱的多幅图 | 《挑食的小猫》 |
| 项目5 | 缺图猜一猜 | 能根据已有的几幅图,合理想象空缺图画的内容,然后表达一个完整的意思 | 练习写内容不完整的多幅图 | 《过河》 |
| 项目6 | 挑战单幅图 | 学习看单幅图的方法:先整体看图,再看图中的主要人物(事物或景物),最后回看全图 | 练习写单幅图 | 《大海,我来啦!》 |
| 项目7 | 想象飞画外 | 能根据单幅图的意思大胆想象故事的开头、结尾等没画出来的情节,让故事合理、完整、生动 | 练习写单幅图 | 《下雨啦》 |
| 项目8 | 小报来登场 | 制作习作小报 | 开展综合性学习实践 | 《我的小报》 |

▶ 课程实施案例展示 ◀

## 项目3 细节放大镜

🔖 导引

玫玫没有写作业怎么办才好,她想到了哪些好主意?逃家小兔想变成什么,它想逃到哪里?米莉的帽子到底有多神奇,能变成什么?小真的长头发能有多长,怎么洗呢?

在这个项目的学习中,我们首先要学会观察图画细节,看看还有没有新的发现。然后再根据画面内容张开想象的翅膀,这样才能把静止的画面写活。现在就让我们带上"火眼金睛"开始看图吧!

积累

## 1. 我没有做作业是因为……（梗概）

[意]大卫·卡利／著　[法]本杰明·修德／绘　李一慢／译

"你为什么没做作业？"

一个快乐的寒假过去了，玫玫有点难过，她的作业还没写完呢！老师肯定会问："你为什么没做作业？"那可怎么办好呢？

聪明的玫玫想到了好几个主意:我没有做作业是因为一架从猴国来的飞机降落在我家院子里,我没有做作业是因为一个失控的机器人摧毁了我们家,我没有做作业是因为小精灵们藏起了我所有的铅笔……太好了,就这么办!

(选自绘本《我没有做作业是因为……》,北京联合出版公司)

【说一说】

这个有趣的故事还没结束呢,你能继续观察图片,发挥想象,然后按照下面的句式说一说吗?

我被外星人抓走了。

我和弟弟被马戏团给哄走了。

我遵医嘱吃了咳嗽药,却变成了这副模样。

我家的柴火用完了,我只好献出作业本来取暖。

我没有做作业是因为＿＿＿＿＿＿＿＿＿＿＿＿＿＿＿＿＿＿＿＿＿＿＿。

## 2．逃家小兔（节选）

［美］玛格丽特·怀兹·布朗／著　［美］克雷门·赫德／绘　黄迺毓／译

从前有一只小兔子，他很想要离家出走。

有一天，他对妈妈说："我要跑走啦!"

"如果你跑走了，"妈妈说，"我就去追你，因为你是我的小宝贝呀!"

"如果你来追我，"小兔说，"我就要变成溪里的小鳟鱼，游得远远的。"

"如果你变成溪里的小鳟鱼，"妈妈说，"我就变成捕鱼的人去抓你。"

（选自绘本《逃家小兔》，明天出版社）

【猜一猜】

猜一猜小兔和兔妈妈还会变成什么？

"如果你来追我，"小兔说，"我就变成_____。"

"如果你变成_____，"妈妈说，"我就变成_____

_____。"

# 3. 米莉的帽子变变变(梗概)

[日]喜多村惠／文·图　方素珍／译

米莉"买"了一顶神奇的帽子,帽子可以变成米莉想要的各种尺寸、形状或颜色,她唯一要做的是运用想象力。

米莉很开心地戴着新帽子,想象着它是一顶孔雀帽子。

米莉经过一家蛋糕店,停下来从窗户看进去,里面所有的蛋糕看起来好好吃哟!因此米莉有了一顶蛋糕帽子。

米莉经过一家鲜花店——她的帽子上插满了美丽的花朵。

米莉特别喜欢这顶神奇的帽子。

（选自绘本《朱莉的帽子变变变》,未来出版社)

**【说一说】**

米莉经过＿＿＿＿＿＿＿＿＿＿,她的帽子变成＿＿＿＿＿＿＿＿＿＿＿＿＿＿。

# 4. 小真的长头发

[日]高楼方子　季颖／译

小叶和小美留着长头发,她俩美得不行。小真呢,留的却是短短的妹妹头。

小叶和小美说:"我们的头发还能长长呢。"

"哼,能长多长?"小真问。

"长得啊,能盖过腰。对吧,小叶?"

"对,能到腰呢。"

"怎么,你们的头发才能长那么长? 我的啊,能长得更长呢!"小真说。

"嘿! 能长多长?"

"老长老长老长老长老——长! 说起那个长来啊……"

"要是从桥上把辫子垂下去,就能钓到鱼呢。挂上一点儿鱼饵,河里的鱼,不管什么样的,都能钓上来。还有呢……"

"要是从牧场的栅栏外面,把辫子嗖地一下甩过去,连牛都能套住呢。一下子就能套到牛角上,只要用劲拉啊拉的,一整头牛就是我的了。还有呢……"

"就是在露天地里,也能睡大觉。只要把头发像紫菜卷那样卷在身上,就成了暖腾腾的被子了。还有呢……"

"要是把右边的辫子和左边的辫子绷紧了拉在树上,家里洗的所有衣服就能

一次全晾完啦。在衣服晾干以前,我能读上十本书。妈妈还会对我说:'谢谢小真啦。"

"可是,那么长的头发,洗起来不是很麻烦吗?"小叶说。

"再说,怎么梳呢? 那么长的头发。"小美也说。

"这太简单了。当头发长到那么长的时候,我就已经有十个妹妹了。我只要悠闲地坐在椅子上就行了,十个妹妹会卖力地给我梳头的。好玩极了!"小真说,"抹上香波一揉,那泡沫啊,高得能够着云彩,好像一个大大的、大大的蛋卷冰激凌。唯一遗憾的是不甜。而且啊……"

"躺在岸边,让河水冲洗头发,头发就在水里轻轻地荡来荡去,好像海带一样。而且啊……"

"但是,那么长的头发,平时不是很碍事吗?"

"是啊。拖在地上不难受?"小叶和小美一起问。

"没关系。到那时我就把头发烫起来。于是,我的头发就会变成树林! 小鸟、松鼠、小虫子们,都来到这里,这座树林别提有多棒了。"

小叶和小美听得入了神,羡慕地说:"哦,这真是太好了。"

"哦,真是太好了!"

小真的头发快点儿长长就好了。

(选自绘本《小真的长头发》,南海出版社,有改动)

【填一填】

在小真的幻想中,一头很长很长的头发会帮助她解决很多事情。在这些幻想的场景中,还有一个小动物也时常陪伴在她身边。仔细观察其中的三个场景,它就是——_____。你能再仔细观察观察图片,并且填一填它是怎么陪伴小真的吗?

（选自绘本《小真的长头发》，新星出版社）

当小真的长头发把牛套住的时候，它＿＿＿＿＿＿＿＿＿＿＿＿＿＿＿＿＿＿。

当小真的长头发用来晾衣服的时候，它＿＿＿＿＿＿＿＿＿＿＿＿＿＿＿。

当小真的妹妹们帮她打理长头发时，它＿＿＿＿＿＿＿＿＿＿＿＿＿＿。

练笔

## 小狗的船

仔细观察下面的图画，然后按步骤完成练笔。

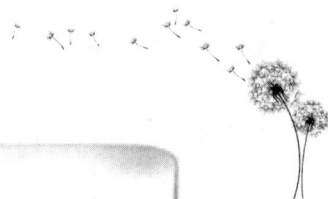

**[板块一]**懂图意

我知道图中的小动物是可爱的＿＿＿＿＿＿。故事讲的是＿＿＿＿＿＿＿＿＿

＿＿＿＿＿＿＿＿＿＿＿＿＿＿＿＿＿＿＿＿＿＿＿＿＿。

**[板块二]**看仔细

1.看一看:在什么时间? 什么地方? 谁在干什么?

2.填一填:雨声＿＿＿＿＿＿＿,小狗＿＿＿＿＿＿＿＿＿＿＿＿＿＿＿

走在上学的路上。

1. 说一说：雨越下越大,小狗遇到了什么困难？

2. 写一写：小狗_____地说："水太深了,书包_____。该怎么办呢？"

1. 笑一笑：小狗灵机一动,想到好办法：_____

_____。

2. 赞一赞：小鸟_____地说："小狗,你真_____！"

我_____地说："小狗,你真_____！"

**[板块三]编故事**

到你大展身手的时候啦！整理一下前面写的内容,把这个有趣的故事写到下面的习作格里吧。如果不知道怎么开头,这里还准备了几个开头任你选择哦！

**故事开头任你选：**

1. 哗哗哗,哗哗哗,下雨啦！……

2. 这是一只聪明的小狗。一天……

3. 上学了,天下着大雨。小狗……

|  |  |  |  |  |  |  |  |  |  |  |  |  |  |  |  |  |  |  |  |
|---|---|---|---|---|---|---|---|---|---|---|---|---|---|---|---|---|---|---|---|
|  |  |  |  |  |  |  |  |  |  |  |  |  |  |  |  |  |  |  |  |
|  |  |  |  |  |  |  |  |  |  |  |  |  |  |  |  |  |  |  |  |
|  |  |  |  |  |  |  |  |  |  |  |  |  |  |  |  |  |  |  |  |

（写作方格纸，空白）

评改

**一、评一评自己的习作**

请你根据下面表格中的四个要素评价一下自己的习作，然后再请同学和老师进行评价。

| 评价要素<br>评价主体 | 能把图片<br>故事讲清楚 | 能把图画<br>细节看仔细 | 能给故事<br>人物配上音 | 能把句子<br>写通顺 |
| --- | --- | --- | --- | --- |
| 自我评价 | ☆ ☆ ☆ ☆ ☆ | ☆ ☆ ☆ ☆ ☆ | ☆ ☆ ☆ ☆ ☆ | ☆ ☆ ☆ ☆ ☆ |
| 同学评价 | ☆ ☆ ☆ ☆ ☆ | ☆ ☆ ☆ ☆ ☆ | ☆ ☆ ☆ ☆ ☆ | ☆ ☆ ☆ ☆ ☆ |
| 老师评价 | ☆ ☆ ☆ ☆ ☆ | ☆ ☆ ☆ ☆ ☆ | ☆ ☆ ☆ ☆ ☆ | ☆ ☆ ☆ ☆ ☆ |

**二、评一评同学的习作**

先看看老师是怎么点评的，接下来自己试着评一评。从片段开始，再到完整的文章，让我们学会欣赏同学的习作。

## 1. 挖宝藏（节选）

（选自绘本《弗洛格找宝藏》，湖南少年儿童出版社）

这天早上，青蛙弗洛格信誓旦旦地告诉小熊："我知道宝藏在哪里，我们快点把早餐吃完，去挖宝藏吧！"小熊很奇怪，决定跟上去看看。来到一片荒土地，弗洛格指着地上说："小熊，就是这里了，我们要一直挖，直到挖出宝藏为止。"小熊惊讶地说："你怎么知道？"弗洛格说："我就是知道呀！"

**【老师点评】**

这位同学能认真观察图片，并根据发生的变化，发挥想象写出小青蛙和小熊的对话和表情，让故事更有吸引力，真值得我们学习呢！

## 2. 凯能行！（节选）

（选自绘本《凯能行！》，湖北美术出版社）

每一次,当凯想要快步跑去什么地方的时候,总会发生一些离奇的事情。

平坦的马路上会突然长出一块幸灾乐祸的石头,凯就摔倒了。

有时候,凯从台阶上跑下来,跑着跑着,就从台阶上摔了下来。

不用说,膝盖摔破了,T恤衫也弄脏了,裤腿撕裂了,凯疼得直哭。更让凯难过的是妈妈肯定会批评他怎么那么不小心的。一想到这里,凯更伤心了。

【学生点评】

(提示:他有没有把内容写清楚?他观察得仔细吗?)

_____

_____

_____

## 3.超人小飞象来了

(选自绘本《艾玛、小玫和超人小飞象》,中信出版集团)

一天,森林发生了地震,大象亨利被困在山上,其他小象着急得团团转。

就在这时候,天上传来了一句话:"听着,我能帮忙! 大象亨利在哪儿?"原来是小象小玫找来了超人小飞象帮忙,他边说边拼命地跑:"超人小飞象,亨利就在那里!"小玫刚说完,超人小飞象就像火箭一样嗖地蹿了出去。

小飞象飞到大象亨利的头上,抓住大象的鼻子,将他带回了安全的地方。

他们高兴地围着超人小飞象跳起舞来。

**【老师点评】**

这位同学观察真细致,想象十分恰当,不仅把小飞象救大象亨利逃出困境写得一清二楚,还能想象出小象小玫和超人小飞象的对话并写下来。全文语句通顺,标点正确,真是一篇难得的佳作!

## 4. 我爱看书

(选自《父与子》,译林出版社)

午饭时间到了,热气腾腾的饭菜已经准备好了,小文的爸爸妈妈却发现,小文不知跑哪儿去了。

于是爸爸开门去找,发现小文正趴在地板上兴致勃勃地看书呢!

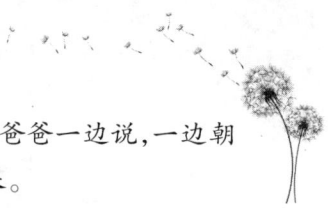

"吃饭啦！还看书呢！赶紧去,吃完再看！有那么好看吗?"爸爸一边说,一边朝地板上的书看了几眼。小文回到座位上,他们却没看见爸爸回来。

"文文,去把你爸爸找回来!"小文开门去找,他惊呆了:爸爸肚子贴着地板,双手撑在下巴上,挥动着双脚,看书正看得入神呢!

"吃饭啦！还看书呢！赶紧去,吃完再看！有那么好看吗?"小文把爸爸刚刚劝他的话还给了爸爸。爸爸听了,哈哈大笑。俩人就一起回去吃饭了。

【学生点评】

_____

_____

_____

## 三、改一改自己的习作

检查一下:习作中有没有把故事内容写清楚? 有没有观察得很仔细? 语句通顺吗? 标点正确吗? 认真读一读自己的文章,如果有不正确或者不恰当的地方,修改一下吧。

拓展

## 找 不 同

考验你火眼金睛的时候到了,下面有四组图片,你能不能找出所有不同呢?

# 插上想象的翅膀，让思维自由穿梭

在古今中外的文学作品中,想象的身影无处不在:李白诗句中的瀑布"疑是银河落九天",神话故事中的嫦娥吃了仙丹飞向月宫;格林童话中的灰姑娘坐着南瓜车,这些都极具想象力。法国哲学家狄德罗说:"想象,这是一种特质。没有了它,一个人既不能成为诗人,也不能成为哲学家、有思想的人、有理性的生物,也就不成其为人。"可见想象是多么的重要,不管是在生活中,还是在创作中,想象都是不可或缺的一部分。

## 什么是想象习作

### 一、想象习作的定义

1. 想象的内涵。

经过研究,科学家发现,想象是人脑的机能,人在感知客观事物的过程中,大脑皮层上形成了暂时神经联系,留下了痕迹,这些联系在动态地不断分解、补充、改造、结合。当生理上这些分解后的联系重新结合成新的联系,便创造出新的形象,这就是想象过程。从心理学的角度来说,想象是一种高级认知活动。权威定义中,想象活动就是对头脑中已有的表象进行加工改造,形成新形象的过程。

在文艺心理学角度下,杨守森认为:"艺术想象的奥秘……更重要的还表现于,在人类的具体创作活动中,艺术想象是一个多重矛盾交互作用的错综复杂的表象运动过程。"也就是说,想象是在感知到的记忆材料的基础上,通过对表象进行分解、综合、变异,创造出新的艺术形象的思维过程。

2. 想象习作的内涵。

2007 年,朱勋灿先生在《课程教材教学研究》中指出:"想象习作,即将生活表象拆散、打碎,以现实生活为依托,通过想象和联想,重新组合起来的富有创新意味的文章。"

## 二、想象习作的种类

想象习作大体上可以分为两大类:幻想型和拟人型。

幻想型想象作文是作者根据现实生活,充分发挥想象,对未来的生活、科技等各个方面进行大胆的设想,从而构思成文。幻想型想象可以分为:异想天开、未来世界、科学幻想和奇特梦境。

拟人型想象作文是作者把动物、植物乃至无生命物体想象成有生命、有灵性并且会思维、会说话的人,用生动形象的语言把它们的特点表现出来。拟人型想象可以分为:寓言故事、童话世界、万物皆灵。

# 为什么要实施想象习作教学

想象,它对孩子究竟意味着什么? 想象习作,又将带给孩子什么? 我们为什么要在小学阶段安排想象习作内容?

## 一、从情感的角度来思考

著名雕塑家罗丹曾说:"艺术就是感情。"文学创作与艺术创作一样,一旦没有感情的参与,就成了堆砌文字的文章,没有艺术的生命力,更不能引起读者的情感共鸣。可是,在习作现状中,大部分儿童觉得写作文是单调无趣的,甚至是令人厌恶、恐惧的。久而久之,就出现了两个极端:一方面,儿童愿意花更多的精力放在琢磨字词上,而忽略情感;另一方面,儿童不惜捏造故事,以情感为武器博得同情。因此,将想象因素加入作文教学,不仅可以摆脱作文教学的枯燥乏味,还可以带给儿童新奇的体验和愉悦的心情,从而消减儿童对作文的抵触和恐惧,让情感滋养他们的内心。

## 三、从审美的角度来思考

朱光潜先生说:"多数人觉得一件事物美时,都是因为它能唤起甜美的联想。"好的文学作品常常聚理想美、情感美、形象美、意境美、语言美于一身,给儿童美的享受。例如,白居易的《琵琶行》中"大弦嘈嘈如急雨,小弦切切如私语。嘈嘈切切错杂弹,大珠小珠落玉盘",把琵琶女的琴声想象成急雨、私语,想象成"大珠小珠落玉盘",将不可感知的语言变成了可以感知的具体事物。文学作品的美好,最显而易见的是语言的运用,如夸张的辞藻、优美的语句;最容易被忽略的则是想象力的发挥。

所以,在习作教学中,我们经常看到教育者用所谓的习作知识和技能一点一点地替代或磨灭儿童的想象力,将儿童的写作变成纯粹技术性的"码字"行为。因此,写作需要想象,就像鸟儿需要翅膀一样重要。将想象因素加入作文教学,是为了激发儿童愉悦的写作体验,进而增强儿童对语言的使用能力,美化儿童的心灵。

### 三、从思维的角度来思考

我国作文教学研究者马正平认为:"只有进入思维训练的写作教学和训练,才能使写作教学超越经验性,进入理性时代。"德国哲学家康德曾说过:"想象力作为一种创造性的认知能力,是一种强大的创造力量,它从实际自然所提供的材料中,创造出第二自然。"可见,思维的发展,尤其是创造性思维的发展在写作教学中的重要性。想象就像一个触发器,它将被禁锢的创造性思维释放出来,甚至在原有的经验上加以改造和创作,给儿童带来创作的欢愉。而想象作文就是促使儿童把潜在的创造性思维挖掘出来,创造更加形象具体的情境或事物,让平淡乏味的事物变得更加新奇有趣。在完成作文的过程中,也锻炼了创造性思维。

# 怎样实施想象习作教学

### 一、探究目标

在想象习作这个主题中,我们一共安排了8个探究项目,名称是:

1. 故事结尾猜猜猜

2. 学着样子编一编

3. 小小诗人就是我

4. 我给动画配上音

5. 声音世界真奇妙

6. 未来世界我创造

7. 绘本故事真有趣

8. 我的绘本诞生啦

以上8个项目对应的探究目标主要体现在以下几个方面:

1. 给故事编一个合理的结尾。

通过听故事,在原材料提供的题材范围内,根据原文的写作思路、事情发展的线索、人物性格和品质,通过想象续编出情节的发展和人物的活动,描写人物的心理、语言等,给故事编一个结尾,主要训练学生紧扣中心进行选材、组织语言的能力。

2.学习按照一定的规律仿写故事情节。

在阅读例文后,引导学生发现其中的特点,学习例文的表现方式,然后进行专项练习。如此层递式训练,既是对例文的补白,也是对语感的强化,还有助于语言思维和言语表达能力的提高,从而实现语言文字运用增值,激活学生的思维。

3.仿写儿童诗。

儿童诗是以儿童为主体,适合儿童阅读的诗歌。它受到特定读者对象心理特征的制约,有构思新奇、想象丰富、情感饱满的特点。没有一首诗歌不是想象的产物,通过仿写儿童诗,学生能够在模仿的基础上进行创作,运用诗化的语言将自己的想象和情感表达出来。

4.编写人物语言,让故事生动起来。

动画片里,有许许多多有趣的小故事,一段生动的对话,几个灵活的动作,一个夸张的表情,就能塑造出一个别出心裁的精彩故事。我们可以让学生在观看动画的基础上,在给动画配音的过程中,或想象对话,或想象心理,或想象情境,从而对内容进行深加工,对情节进行延伸拓展。

5.展开想象和联想,创编完整的故事。

听音想象,就是把生活中的各种声音作为媒介,为学生创设情境,让学生从不同的角度创造性地进行观察、想象和描述。根据声音的变化,引导学生发挥丰富的想象,对声音发生的时间、地点、情节展开想象,编写出惟妙惟肖的故事。

6.学习从事物的几个方面展开合理想象。

想象是以生活为基础的,因此从实际生活出发的想象,才是合理的想象。未来的书包是什么样的? 未来的房子是什么样的……这些问题总是充满无限的可能。学生可以立足生活,通过自己的观察和体验展开合理的想象,再经过言语建构把抽象的概念变成具体的形象,把具体的形象变成生动的画面。

7.创编绘本故事。

绘本是许多孩子读过的"人生的第一本书",创编绘本是换一种形式引导学生有意识地观察图片,联系生活实际,并对素材进行合理想象和加工,"我手写我心""我手画我心",激发学生的表达兴趣。

8.制作自己的绘本。

绘本,即以绘画为主,附有少量文字的书。它通过讲述故事帮助学生构建精神世界,培养多元智能。赏析绘本,可以让学生积累更多的言语素材;制作绘本,动脑又动手,能够培养学生多方面的能力。

## 二、支架策略

**1. 积累素材,提取有效信息。**

想象力的训练不是让学生胡乱猜想,教学中要引导学生从平时的阅读和实际生活中积累素材。常言道:"巧妇难为无米之炊。"写作活动就像其他文学创作一样,需要有足够的素材来支持。听故事的过程,就是学生幻想的过程,从故事中提取有效信息,发现人物、动物或相关环境的特点,为展开合理想象做准备。

**2. 关注表达,为想象打下"根基"。**

在写作过程中,儿童作为一个言语表达者,他所表达的水准高低直接受言语的积累量所制约。因此,在想象习作教学中,打好儿童文字积累功底更是重中之重。在听故事的过程中,寻找表达特点,比如在《小蝌蚪找妈妈》中,学生通过阅读对话会发现一个规律——小蝌蚪问鲤鱼、小蝌蚪问乌龟、小蝌蚪问……在寻找妈妈的过程中,小蝌蚪慢慢变成一只小青蛙。那么,让学生抓住这个规律,学习对话的表现方式,进行"仿写故事情节"的专项训练,就达到了事半功倍的效果。

**3. 发现规律,模仿创作。**

叶圣陶先生在《关于语言文学分科的问题》一文中说:"语文教育的一个主要任务是让学生认识语言现象,掌握语言规律,学会正确熟练地运用语言这个工具。"只有种下言语素材的种子,才能妙笔生花。儿童才能在积累的基础上进行模仿,去其糟粕,取其精华,以模仿为手段,在模仿中求创新。

**4. 情境创设,为想象插上翅膀。**

情境创设,就是为儿童创设一个特定的情境,以直观的、富有意蕴的情境,触发儿童的联想,让儿童展开想象。本专题引导学生看一段没有台词的动画片,观察主要人物或动物的动作、神态,并联系所处的环境弄懂故事的大意,编写人物语言,让故事生动起来。以教学语言构建情境,为学生创设想象的创作空间。这样,创设情境不仅让儿童在实践中检验,还在实践当中不断地生成,为儿童语文核心素养的提升打下坚实的基础。

**5. 立足生活,为想象提供"温床"。**

想象来源于生活,来源于对生活的观察以及对生活的体验。叶圣陶先生说:"作文不是生活的点缀,而是生活的必需,跟说话完全一个样。"所以,想象作文的教学应该注重儿童观察生活的能力,为想象提供"温床"。这个项目的学习主要是引导学生根据声音的变化,借助自己对生活的观察和体验,合理想象故事发生的时间、地点、故事的情节,完成一篇富有想象力的习作。

6.畅想未来,表达真情实感。

二年级的学生对未来的世界充满了想象,充满了向往。在想象的世界里,他们可以天马行空,可以遨游宇宙。畅想未来,内容要具体,比如未来的书包,那就要引导学生结合自己的实际需要,从外形、结构、用途等几个方面展开合理想象,把未来的书包具体描绘出来,要言之有物。同时畅想未来也是自己对未来的向往,有着自己对未来生活的热爱,因此要表达自己的真情实感。

7.借助图画,创编绘本故事。

儿童文学家彭懿曾说:"绘本是用图画与文字共同叙述一个完整的故事,是图文合奏的。"创编绘本故事不同于传统的习作形式,这是想象训练的较高要求的培养,要求学生既要有一定的想象力,又要有一定的文字表达能力,旨在鼓励学生借助图画创编绘本故事,激发想象力。

8.综合性学习。

第7个项目的学习,是引导学生根据图画创编完整的绘本故事。第8个项目的学习更进一步,让学生制作自己的绘本书,从而培养学生的创造力和动手能力。

正所谓"千里之行,始于足下",我们把想象力的培养分成了8个项目来完成,一个项目扎实进行一个方面的练习,既有单项训练,也有综合实践,我们希望用这样的学习内容以及学习方式把"想象"的种子根植在每一个学生的心中。

## 附:

### 项目化习作进阶课程"想象习作"内容纲要

| 序号 | 项目名称 | 探究目标 | 支架策略 | 项目作品 |
|---|---|---|---|---|
| 项目1 | 故事结尾猜猜猜 | 给故事编一个合理的结尾 | 听故事,从中提取有效信息,发现人物、动物或相关环境的特点,为展开合理想象做准备 | 《还是一团糟》 |
| 项目2 | 学着样子编一编 | 学习按照一定的规律仿写故事情节 | 听故事,从中发现故事的表达特点 | 《小蝌蚪找妈妈》 |

| 序号 | 项目名称 | 探究目标 | 支架策略 | 项目作品 |
|---|---|---|---|---|
| 项目3 | 小小诗人就是我 | 仿写儿童诗 | 发现规律,发挥想象,模仿创作 | 《风》 |
| 项目4 | 我给动画配上音 | 编写人物语言,让故事生动起来 | 看动画片,观察主要人物或动物的动作、神态,并联系所处的环境弄懂大意 | 《猫和老鼠》 |
| 项目5 | 声音世界真奇妙 | 展开想象和联想,创编完整的故事 | 根据声音的变化,合理想象故事发生的时间、地点、故事的情节 | 《春天音乐会》 |
| 项目6 | 未来世界我创造 | 学习从事物的几个方面展开合理想象 | 结合自己的实际需要,从外形、结构、用途等几个方面展开合理想象 | 《未来的书包》 |
| 项目7 | 绘本故事真有趣 | 创编绘本故事 | 借助图画,完善绘本故事 | 《会飞的箱子》 |
| 项目8 | 我的绘本诞生啦 | 制作自己的绘本 | 综合性学习 | 《我的第一本书》 |

▶ 课程实施案例展示 ◀

## 项目 1 故事结尾猜猜猜

### 🔧 导引

读故事的时候,我们总是很想关心故事的结尾。得知灰姑娘和王子幸福地生活在一起,我们会感到非常开心;得知丑小鸭变成了美丽的白天鹅,我们会感到很惊喜;得知卖火柴的小女孩大年夜冻死在街头,相信每个人的心中都会十分难过……

原来,故事的结尾有快乐,也有悲伤……

在这个项目的学习中,让我们根据内容线索展开丰富的想象,一起来给故事编个精彩的结尾吧,我们的"故事加工厂"正等着你呢!

**积累**

## 1. 小兔子和月娘

颜志豪

终于等到中秋节啦!

这一天,月娘最圆、最大、最漂亮! 月娘把身子擦得亮亮的,等待着夜晚的到来。

小兔子们来到森林中的一片空地上,和家人朋友一起欣赏美丽的月娘。

午夜十二点的钟声响起来了。

小兔子们手牵着手,围成一个大圆圈,唱着歌、跳着舞,赞美着月娘的美丽。

小兔子们歌唱得那么动听,舞也跳得那么好看。

月娘越看越入迷,竟然和地面越靠越近,越靠越近。

受到强光的刺激,小兔子们眼睛都睁不开了,"好刺眼啊!"

只有一只特别小的小兔子,一直眯着眼睛,看着月娘。接着,它猛地一跳,抓住了月娘的身子。

月娘害怕弄疼大家的眼睛,匆忙地飞回遥远的夜空,却没注意到有一只小兔子挂在自己的身上。

…………

**【说一说】**

你能想象一下这个故事的结尾是怎样的吗? 和大家分享一下吧。

**【读一读】**

读一读原结尾吧! 故事的结尾和你想的一样吗?

原结尾:

从此,小兔子再也没有回来。

或许,月娘舍不得让小兔子回家,而小兔子也想一直陪伴月娘。

每年,小兔子的家人都会在地上,望向月亮。

小兔子现在还好吗?

## 2. 贪吃的小河马

[英]斯图尔特·特罗特　李璐／译

清晨,小河马起床了,他伸出头看看窗外:"多美好的一天啊,真适合出去野餐!"

小河马把三明治、苹果、香蕉、草莓、酸奶、红萝卜、奶酪、橘子汁和煮熟的鸡蛋装进他的野餐篮子里。

"真是太美了!"他忍不住赞叹。

小河马只想自己一个人享受。于是,他提着篮子向外跑……

"你为什么急急忙忙赶路,你的篮子里装了什么呢?"猴子看见小河马一路奔跑,关心地问道。

"什么都没有。"小河马不想让人知道,就随便撒了个小谎。

"你的篮子里装了什么呢?"狮子见了也问。

"什么都没有!"小河马把篮子放到身后……

终于摆脱了那些讨厌的家伙,可以一个人安心享用了。

先吃什么好呢?

呜呜!!

咦?发生了什么?

篮子里竟然＿＿＿＿＿＿＿＿＿＿＿＿＿＿＿＿＿＿＿＿＿＿＿＿。

小河马终于认识到一个人独吞食物是不对的,他来到大家身边,真诚地向大家道歉。大家把食物都拿出来,一起分着吃。

从此,小河马再也不贪吃了,他变成了无私的河马。

(有删改)

【猜一猜】

小河马的野餐篮怎么啦?请你猜一猜到底发生了什么事。

## 3. 小鼹鼠,快开门!

[法]欧瑞安娜·拉勒曼德　焦静姝／译

呼呼呼!夜深了。外面天寒地冻。

"咚——咚——咚!"是谁在敲小鼹鼠家的门呀?

原来是一只小青蛙,她浑身都湿透了,看上去很疲惫。小鼹鼠请她进屋,让她坐在沙发上。

可是……"咚——咚——咚!"是谁在敲门呀?

原来是一只小松鼠,他冻得瑟瑟发抖,像风中的树叶一样。小鼹鼠请他进屋,让他坐在沙发上。

可是……"咚——咚——咚!"是谁在敲门呀?

原来是一只可怜的狗獾,身上湿漉漉的。小鼹鼠请他进屋,让他坐在长沙发上。

可是……"咚——咚——咚!"是谁在敲门呀?

原来是山雀和她的孩子们。鸟窝里实在是太冷了。小鼹鼠请他们进屋,让他们睡在自己的床上。

可是……"咚——咚——咚!"又是谁在敲门呀?

啊,是可怕的大灰狼!

…………

**【想一想】**

小鼹鼠的家真温暖,许多小动物在寒冷的夜晚都想进这温暖的小屋呢!可是可怕的大灰狼也进屋了,接下来会发生什么事呢?展开想象,猜猜故事的结尾吧。

## 4. 雪地里的脚印

[日]松岗芽衣  黄筱茵／译

一个寒冷的冬日。

狼坐在他舒适又温暖的小屋里,一本一本地读着那些专门讲狼的书。故事中,所有的狼都很坏,很可怕,很贪心。"我觉得应该有人动笔写个好狼的故事了。"他说。于是,他坐在书桌前,拿起笔,这样写道:

……一个冬天的早晨,雪下了又下……下了又下……下了又下……当雪终于停了,一位好狼先生踏出家门,他看见地上有一些脚印。这是谁的脚印呢?他决定跟着这些脚印走,看看它们的主人到底是谁,他想交个新朋友。

过了一会儿,他看见树上有只松鼠,就很有礼貌地问松鼠:"不好意思,请问一下,这些是您的脚印吗?""不是!"松鼠回答,"你为什么这样问?""我想找到脚印的主人,交个新朋友。""我才不相信呢!你是想把那个可怜的家伙给吃掉吧!"说完,松鼠就一

溜烟地逃走了。

好狼先生试着不在意松鼠说的话,继续向前走。不一会儿,他走到森林中的一个大湖边。

"嗨! 您好啊!"他大喊,"这些脚印肯定是您的!"

"是啊!"鸭子回答,并朝狼游过来。

"噢,真是太好了! 我一直在找您呢!"狼先生说,"我在想,我们是不是有可能成为……"

话说到一半,狼先生忽然停住了,他仔细看着鸭子,忘记了自己刚刚要说什么。因为鸭子看起来好肥嫩,好美味……让他口水直流……

_____

_____

(有删改)

【写一写】

在作者的笔下,好狼先生会吃掉这只小鸭子吗? 快把你的想法写在文末的横线上吧。

练笔

还是一团糟

[板块一] 明确目标

1. 从小到大,我们听过很多故事,你最喜欢听的故事是什么? 请你按下面的格式给同桌讲一讲。

我最喜欢听的故事是_____,这个故事讲了_____ (谁)和_____(谁)的故事,故事的结局是_____ _____。

2. 你喜欢这个故事的结尾吗? 想不想自己编写一个不一样的结尾? 今天我们一起来挑战"续写故事"吧!

**[板块二]读读故事**

一大早，狐狸家门口传来一阵敲门声，他爬了起来，打个大大的哈欠，不情愿地打开门，一封信就塞到他的鼻子下。"谢谢了！"他迷迷糊糊地回到床上，打开信封信上写着："亲爱的外甥，今天晚上我打算去你家玩！舅舅斐迪南。"狐狸大吃一惊，"哦，不！我的房间还是一团糟。"

于是他抄起扫帚开始打扫起来，不一会儿就在门前堆起了一大堆垃圾。"我把这些往哪儿丢呢？"狐狸推着这些垃圾走在山间的小路上，这时他注意到地上有一个洞。"这倒是合适。"于是他把垃圾倒进洞里，就回家了。

獾是突然被惊醒的，她的客厅里传来一阵巨响：哐当、哗啦！就像屋顶坍塌了一样，只见客厅中央出现了一大堆垃圾！獾不禁抓狂："这些玩意儿是从哪里来的？"她抓起笤帚把垃圾一股脑扫出家门，接着穿过树林把垃圾丢进一个洞里。

在洞的下面，兔子一家正在吃着午饭，美美地嚼着蔬菜沙拉。突然一大堆垃圾从天而降，"哗啦"，正好落在大饭桌的中央，大家都吓呆了。"一团糟了，妈妈！"小兔子嚷嚷着。"拿刷子来，一只兔子一把！"兔爸爸命令着全家齐上阵把垃圾刷下了饭桌，扫出了兔子窝，扫到山路上，找到了一个隐蔽的草窝窝，把垃圾全都丢进去，就回家重新做午饭了。

不一会儿，山鸡从树林回来找自己的小窝下蛋，可一看，"怎么能这样呀！这些家伙简直是一团糟。"她把垃圾从窝里扫下山坡。垃圾沿着山坡滚下去，"叽里咕噜！稀里哗啦！"

…………

**[板块三]展开想象**

真是一团糟！你认为该让谁来收拾这个残局呢？有的小朋友是这样想的：

1. 还是应该由狐狸亲自来收拾妥当，毕竟他乱丢垃圾是不对的行为。

2. 老鼠最合适了，狐狸丢掉的一团糟的垃圾对他来说可都是宝贝呢。

3. 狐狸先认识到了自己的错误，又碰巧遇上老鼠帮他解除了垃圾不知往哪儿放的烦恼，这样最有意义。

…………

你还有不一样的想法吗？快把你的奇思妙想用简单的文字记在下面，和同学分享一下吧！

1. _____

2. _____

3. _____

**[板块四]编写故事**

请你联系前面的故事内容,再加上自己编的结尾,把《还是一团糟》这个故事讲完整,然后用自己的语言写在下面的空格中!

## 评改

### 一、评一评自己的习作

请你根据下面表格中的三个要素评价一下自己的习作,然后再请同学和老师进行评价。

| 评价要素 / 评价主体 | 想象合理 | 故事完整 | 结尾巧妙 |
|---|---|---|---|
| 自我评价 | ☆☆☆☆☆ | ☆☆☆☆☆ | ☆☆☆☆☆ |
| 同学评价 | ☆☆☆☆☆ | ☆☆☆☆☆ | ☆☆☆☆☆ |
| 老师评价 | ☆☆☆☆☆ | ☆☆☆☆☆ | ☆☆☆☆☆ |

### 二、评一评同学的习作

下面两个片段和两篇习作是小朋友根据两个故事续写的。请你读一读,和同学议一议:有什么地方值得我们学习? 如果你来写,你会怎么构思呢?

### (一)小兔送蘑菇(原故事)

兔妈妈有个小宝宝,兔妈妈可喜欢她了。

一天早上,兔妈妈对小兔说:"今天是外婆的生日,你先带上礼物——蘑菇,去外婆家,妈妈拔完萝卜就来。"

兔妈妈拔完萝卜,急急忙忙往外婆家走,到了外婆家推门一看,小兔还没来!

过了一会儿,小兔蹦蹦跳跳地来了,妈妈和外婆生气地问:"你怎么才来? 你的蘑菇呢?"

## 1. 小兔送蘑菇（续写节选）

深圳市福田区福南小学　高思琦

其实事情是这样的，小兔摸着后脑勺说："当我走到半路时，看见一只蝴蝶在我的眼前翩翩起舞，我就去追蝴蝶了。我跑着跑着，不小心绊到了一块石头，重重地摔了一跤，蘑菇掉在地上全摔碎了。我只好空着手来到了外婆家。"

兔妈妈说："原来是这样啊，这回原谅你，下次做事可不能这么三心二意哦！"小兔低着头，揉着红红的眼圈说："妈妈，我知错了。"外婆走上前来拉起小兔的手，和颜悦色地说："知错能改就是好孩子。走，我们一起吃生日蛋糕吧！"

**【老师点评】**

高思琦同学在续写故事时，承接原文的思路，"其实事情是这样的"，直接把我们带到故事中，并且合理地写出了故事的结局。

## 2. 小兔送蘑菇（续写节选）

深圳市福田区福南小学　丁圣瑞

其实事情是这样的，小兔委屈地说："我高高兴兴地走在半路上时，突然发现有只小松鼠躺在大树下，一副有气无力的样子。我猜想它一定是饿了，就上去分了一点蘑菇给它。突然从草丛里蹿出一只小狐狸，它也说自己饿得不行了。我本来也想分点给它的，可是还没等我抬起头来，它就把我的蘑菇全抢走了。我就是为了追它而迷路了，幸好，好心的小猴子给我指了回家的路。"

兔妈妈说："好孩子，你能帮助遇到困难的朋友，这点做得很棒，但是遇到小狐狸这样狡猾的人，你可要懂得保护自己哦！好啦！我们开始给外婆过生日吧！"

**【学生点评】**

_____

_____

## （二）运动会（原故事）

今天真是个难得的好天气！小猴、小狐狸、狗熊等动物齐聚森林广场，展开了激烈的五项全能冠军赛,经过一番艰苦角逐,以聪明伶俐著称的小猴获得了冠军。

# 1.运动会(续写)

深圳市福田区福南小学　李睿琪

太阳快要下山了,小猴捧着一个动物运动会上取得的奖杯往回走,走累了,正准备休息一会儿的时候,从旁边的林子里走出一只瘦狐狸和一只胖狗熊。

瘦狐狸向胖狗熊抛了个眼色,两人很有默契地靠近正在休息的小猴。瘦狐狸拍了拍小猴的肩膀,亲热地说:"猴兄,猴兄,你手里这金灿灿的是什么东西呀?"小猴连忙抱紧自己的奖杯说:"不行,不行,这可是我费了九牛二虎之力,参加森林运动会的爬树比赛取得了冠军才获得的奖杯,我要好好保护才行。""这么说,你是爬树高手?我才不信,你敢跟狗熊大哥比比看吗?"瘦狐狸故意怪里怪气地说。小猴一脸不服输的样子,站起来说:"奖杯你拿着,我比给你看,看你服不服气!"说着,就把手中的奖杯递给了瘦狐狸。

正在它们比赛爬树的时候,瘦狐狸抱着小猴的奖杯偷偷地溜走了。小猴比赢了狗熊,回到地面时,发现它的奖杯没有了踪影,才知道自己上了当。狗熊呢,一溜烟跑去找瘦狐狸会合去了。

【老师点评】

李睿琪续写的内容既承接了原文的开头,又有了新的突破,想象合乎情理:瘦狐狸和胖狗熊改不了自己的本性,把小猴的奖杯给偷走了,读到这里,相信很多读者都气得牙痒痒吧。

# 2.运动会(续写)

深圳市福田区福南小学　周裕琳

太阳快要下山了,小猴捧着一个动物运动会上取得的奖杯回走,走累了,正准备休息一会儿的时候,从旁边的林子里走出一只瘦狐狸和一只胖狗熊。

瘦狐狸和胖狗熊都想得到这个金灿灿的奖杯,他们俩争先恐后地跑来讨好小猴。瘦狐狸先上前一步,亲热地说:"小猴,恭喜你获得了跑步冠军,你的奖杯真漂亮。你一定很累很饿了吧,要不我帮你捧着奖杯,请你到我家去做客,我家有很多好吃的食物,这个时候我们应该好好庆祝一下,你好好跟我分享分享成功的秘诀,我

可要好好向你学习呀。"胖狗熊一屁股挤开瘦狐狸，紧挨着小猴说："你还是去我家庆祝吧。我家也有美食，而且我力气大，还可以背着你和奖杯回去，这样你就不用辛苦地走路了。"瘦狐狸听了火冒三丈，跳起来指着胖狗熊的脑门说："死狗熊，小猴凭什么去你家，它应该来我家。"接着它们就你一句我一句，激烈地争吵个不休。

小猴早已看出了它们各自心里打的小算盘，一只手抱着奖杯站起来，一只手拍去屁股上的灰尘，不紧不慢地说："谢谢你们的好意，我的奖杯还是我自己带回家吧。"

【学生点评】

_____

_____

### 三、改一改自己的习作

经过自我评价、同学互评、老师评价，相信你对本项目的习作内容已经有了新的想法。请你带着这些想法，重新读一读自己的习作，看看哪些地方可以改得更好！

拓展

## 《365 夜故事》

鲁兵　叶圣陶等／著　北京联合出版公司

《365 夜故事》是由鲁兵、叶圣陶等人专为孩子编选的童书。以儿童的视角为选择眼光，以儿童的口语来裁剪语言。书中故事饱含智慧，纯真隽永，趣味盎然。

主题5 **童话习作**

## 遨游童话王国，对话未知世界

对于人类来讲，童话的意义是不言而喻的。"飞上枝头做凤凰"的灰姑娘，昏死在玻璃棺材中的白雪公主，从大灰狼的肚皮中钻出来的小红帽……这些伴随着儿童成长的童话故事，在孩子面前"闪现对另一种生活的希望之光，在那种生活里，有自由的、无畏的力量在跃动着、幻现着更美好的生活"，它们对孩子"智慧的增长，起十分肯定的影响"。纵然是世界著名的语言艺术巨匠如普希金、列夫·托尔斯泰和高尔基等，他们孩提时代也都从童话故事中"摄取过美、力量、鲜明性和准确性"。

## 什么是童话

### 一、童话的定义

早期中华书局的《中华成语词典》里，认为童话是"专备儿童阅读的故事书"；当时权威的商务印书馆出版的《辞源》，也把童话定义为"儿童所阅之小说也。依儿童心理，以叙述奇异之事，行文粗浅，有类白话，故曰'童话'"；新中国成立前的《文艺辞典》认为童话是"直接地引动孩子的感情，惹起他们的兴味的故事"；新中国成立初启明书局出版的《新词林》把童话看作"为儿童而编写的故事读物"；《儿童文学辞典》认为童话是"儿童文学的重要体裁，是一种具有浓厚幻想色彩的虚构故事，多采用夸张、拟人、象征等表现手法去编织奇异的情节。幻想是童话的基本特征，也是童话反映生活的特殊艺术手段。童话主要描绘虚拟的事物和境界，出现于其中的'人物'，是并非真有的假想形象，所讲述的故事也是不可能发生的。但是童话中的种种幻想，都植根于现实，是生活的一种折光。童话创作一般运用夸张和拟人化手法，并遵循一定的事理逻辑去开展离奇的情节，营造浓烈的幻想氛围以及超越时空制约、亦虚亦实、似幻犹真的境界。此外，它也常常采用象征手法塑造幻想形象以影射、概

括现实中的人事关系"。

## 二、童话的种类

童话的样式很多,可根据不同的标准划分为若干类。

1. 根据作品来源不同,分为民间童话和文学童话。

民间童话是带有浓厚幻想色彩的民间故事,属于民间文学的一部分,由人民群众集体创作,世代口耳相传,带有明显的民族、民间色彩。内容上,有表现劳动人民伟大理想及征服自然、反抗强暴的勇敢精神的;有歌颂下层人民的可贵品质与美好感情的。表现方式上,常采用一定的主题结构、类型化的情节与形象,语言上也有一些习惯用语。现在我们看到的民间童话多是由后人搜集整理而成的,比较有代表性的民间童话集有《贝洛童话》《格林童话》《意大利童话》。

文学童话是在民间童话的基础上发展起来的作家创作童话,是作家文学的一部分,具有作家文学书面创作、有独特的艺术风格、创作方法灵活多样的基本特征。文学童话根据素材来源不同,可分为两种:一种是利用民间童话素材,加入作家现实性的、个性化的创作,如安徒生的《野天鹅》、洪汛涛的《神笔马良》、葛翠琳的《野葡萄》,这类文学童话虽取材于民间,但完全具备作家文学的基本特征;另一种是以现实生活为基础创作的崭新的童话,现当代童话作家多数如此。

2. 根据人物形象类型的不同,可分为常人体童话、拟人体童话、超人体童话。

常人体童话:童话人物是普通的人,描述普通人的生活,其特征在于写普通人,但这些人的性格、行为、遭遇都特别离奇、夸张,如《皇帝的新装》《有劳先生的乡下之行》等。

拟人体童话:童话人物多是人类以外各种人格化的有生命和无生命的事物,通过拟人化的手法让他们具有人的思想、感情和性格行为,如《木偶奇遇记》《开直升机的小老鼠》等。

超人体童话:描写超自然的人物以及他们的活动,多见于民间童话和古典童话之中,借助超越常人与自然力的神仙、妖魔或宝物来展开神奇怪诞的情节,如《神笔马良》《渔夫和金鱼的故事》等。

3. 根据童话体裁不同,可分为散文体童话、童话诗、童话剧和科学童话。

散文体童话:广义的与韵文相对的散文体写成的童话,一般都属此类。

童话诗:也称诗体童话,是以诗的形式写就的童话。

童话剧:以剧本的形式表现童话故事,如方圆的《"妙乎"回春》。

科学童话:科学文艺的一种,是以科学知识为主要题材内容的童话作品,其特征为幻想在科学工作的基础上展开。

# 为什么要实施童话习作教学

为什么人类,尤其是儿童,对童话故事无比痴迷留恋,它对孩子究竟意味着什么?

**一、从心理学的角度来思考**

1. 获得个性的完善。

精神分析理论把童话故事和人类的心灵紧密联系起来,认为童话故事蕴含丰富的意义,反映了人类心理最原始的部分。几乎所有的精神分析学家都认为无意识的心理内容是影响人们行为的最强大而又最隐秘的因素,它们产生最严重的焦虑,也产生最大的希望。小学中年级的儿童抽象思维能力较弱,又缺乏良好的控制能力,他们常常为自己的无意识活动感到困惑和震惊,被各种各样的情感,如焦虑、欲望、恐惧、爱与恨等压倒。"童话故事与多数现实主义故事大不相同,它们可以向儿童提供绝妙的外化对象",把"儿童无法理解的内心活动所引起的各种压力以外化的形式投射出来,然后再把解决问题的办法投射出来",通过这种外化,"童话故事的形象可以直接与儿童的无意识心理进行对话",从而帮助儿童解决自我发展中的各类矛盾,增强自我的力量,获得个性的完善。

2. 激发表达的兴趣。

童话在儿童文学中占有特殊的地位,是最富儿童特点、最受小读者欢迎的传统形式,这是因为儿童的思维方式就带有童话的特点,他们的游戏也时时显示着童话的色彩。儿童生活中的现实和幻想往往是很难截然分清的,他们几乎随时可以进入幻想的意境,而又随时可以回到现实中来。他们往往靠幻想去填补对客观事物认识的空白,也靠幻想去任意拉近自己和任何一个客观事物的距离。另一方面,儿童天性喜好新奇,向往光明而又不平凡的事物,充满怪异和变幻莫测的童话故事自然就深深吸引他们。在童话自由驰骋的幻想中,儿童的好奇心得到满足,自信心得到增强。在童话中,孩子们可以借助幻想的方式来观察、理解和解释他们生活中的事物。从童话的这些特点看,儿童天生具有写童话的本能,他们几乎能自发地以童话的形式来写童话。因此,选择童话这种方式来开展习作训练,为儿童的思维特点和童话的艺术特征找到一个最佳结合点,能使他们在习作中拥有广阔的天地,树立足够的信心,可以快速起步,正确起步,其效果远远大于为写作而写作的被动学习,是一种真正意义的"愉快作文"。儿童之于童话,犹如鱼之于水。

**二、从核心素养的角度来思考**

1. 培养想象能力。

别林斯基说:"思想是通过形象说出来的,起主要作用的是想象。"阅读需借助于想象,写作更离不开想象。有了想象力,就可以由此及彼,由表及里,创造出种种现实图景和神奇幻象。想象力与作文能力、语文能力是相辅相成、相互促进的。心理学研究表明,人的大脑可分为感受区、贮存区、判断区和想象区四个功能部位,而人们使用较多的是判断区,利用最少的是想象区,一般只开发利用了15%的想象力。而想象力比知识更重要,它是形成创造力的基础,是一项非常重要的能力。童话的基本特征是幻想,而且是最丰富、最神奇的幻想。所以童话是激发儿童想象和幻想能力的最好文学样式。在小学中年级,学生的求知欲很旺盛,好奇心比较强,如果能够在作文伊始就抓住童话习作这个有效手段进行经常性的训练,会收到事半功倍的效果。

2. 发展语言能力。

在语言这个瑰丽的大厦中,词语是最基本的语言材料。一些童话词语,如"月亮妈妈""星星宝宝""大风伯伯""太阳公公"等,生动、形象、浅易、简短、明快,儿童容易记,容易念,喜欢写。童话语言与儿童的口语很接近,通过写童话,儿童能较快地把口头语言转化为书面语言。同时,童话故事性强,情节生动,儿童写童话,可以有机会使他们较快地掌握多种表达方式,如比喻、拟人、反复、设问等,有助于提前熟练地掌握语言文字这一基本工具。

3. 提高审美能力。

优秀的童话往往融理想美、情感美、形象美、意境美、语言美于一体,给儿童以巨大的美的享受。童话中的人物、故事、环境,被幻想笼罩着的一切都是美的。童话所蕴含的对于真善美的颂扬,对理想世界的描绘,寄托了人们的美好愿望。学生的审美能力在童话创作中的萌动会逐渐形成儿童的审美特质。同时,童话对生活幻想性的反映,使其内容更有深度,更具深刻的哲理性,而夸张、象征、拟人等手法的运用,使它对生活折射式的反映更接近生活中本质的真实,所以童话具有高层次的启智作用。而童话的特殊的艺术手段,最接近儿童心理特征、思维特征,所以童话中的思想品德教育、社会知识的传授最易于被儿童接受。

# 怎样实施童话习作教学

作家曹文轩曾说:"世界上没有什么神秘的东西是不可传授的,文章也不例外。"它与世界上任何一门科学、任何一门技艺一样,都有"道"、有"法"。那么童话习作的"道"和"法"有哪些呢?

## 一、探究目标

在童话习作这个主题,我们设置了8个探究项目,具体如下:

1. 花草树木会说话

2. 奇思妙想排行榜

3. 放大镜下看图画

4. 我的故事不一样

5. 一波三折真奇妙

6. 玩具世界也疯狂

7. 给你讲个悄悄话

8. 童话城堡我来啦

以上8个项目主要达成以下几个目标:

1. 大胆张开想象的翅膀。

"童话大王"郑渊洁认为想象力最重要,他说:"要把眼、耳、嘴、鼻、手、足用上。通过想象,我们让牛羊说话,草木含情;让木偶旅行,人死复生;让人上天入地,日行万里……"总之,在现实生活基础上进行合理想象就行,不要被现实生活所约束,要敢于突破现实的时间和空间,精骛八极,心游万仞,大胆地创造性地编写故事、描写环境、塑造形象、表达思维。

2. 设计精彩有趣的故事情节。

《皇帝的新装》悬念丛生,《丑小鸭》一波三折……都值得我们揣摩、模仿。总之,记叙文中的抑扬、突转、误会、悬念、巧合等写法都可以巧妙地植入童话的写作。

3. 学习运用拟人、夸张等表达方法。

夸张、拟人是童话写作的基本方法。为了强调和突出事物的某些特点,需要借助艺术想象对其进行放大描写,赋予所写事物以人的思想、感情、行为。要让孩子们认识到其实动物也和我们人类一样,会哭、会笑、会唱、会跳、会思考,它们也有思想、有动作,它们也有父母兄弟姐妹……

但要注意设计的角色性格要有个性,体现事物本身的特点,这样才能让读者感

到真实、亲切。如写狮子，可以表现它的凶猛、威武；写狼，可以体现它的凶残、贪婪；写狐狸，则反映它的狡猾，假装善良；写老鼠，可以突出它胆小怕事而又机敏的特点。把事物之间发生的故事策划得更周密、细致，做到合乎逻辑、合乎情理。

4.将深刻的道理寓于所写的故事之中。

运用"以物拟人"法构思的作文，虽然文章所写的不是现实生活中的事，但又与现实生活紧密相关。当我们进行想象时，不能毫无目的，而是要有所表达：或对读者起启示、教育作用，或向读者展示一种前景、一种知识、一种愿望或一种理想。要达到这些目的，就必须把揭示生活本质意义的深刻思想寓于所写的故事之中。

在学生初步掌握了童话作文的基本特点之后，我们不能期望他们一下子便写出非常精彩的文章来，而是要让学生掌握扎实的基本功，基于此，我们要在作文教学中进行分项练习。比如人物的语言、动作、心理描写，环境描写，情节构思等；又比如童话创作的结构类型：三段式、循环式、对比式等；再如围绕中心组织语言，如何把文章写具体、如何给文章加一个有吸引力的题目等，要把这些基本功用单项训练的方式练扎实。

**二、支架策略**

1.续编童话。

根据原材料提供的题材范围，事情发展的线索，人物性格和品质以及原文写作思路，续编出情节的发展和人物的活动、心理、语言等。主要训练学生紧扣中心进行选材、组织语言的能力。

2.仿写童话。

例如《陶罐和铁罐》这篇童话主要通过对话展开情节、推动故事的发展，铁罐的傲慢、蛮横无理和陶罐的谦虚、友善、克制，都在人物的对话中充分展现。读了这篇例文后，引导学生发现特点，学习对话的几种表现方式，然后进行专项的对话描写练习，就能达到事半功倍的效果。

3.改写童话。

小朋友都很喜欢读童话故事，许多童话读后仍觉得意犹未尽，我们可以让学生在阅读的基础上，展开合理的想象。或对童话内容进行深加工，或对童话的情节进行延伸拓展，或改变人称，或改变中心思想，或把纪实性课文改写成幻想性质的童话，以培养学生思维的灵活性、开阔性。

4.看图编童话。

图画虽然是平面的,静态的,但却能给欣赏者一个广阔的想象空间,学生可以大胆地想象,将图画中的动植物的生活场景转换为学生自己的生活场景,体验想象画中的故事。当学生有了一定基础,再提供不完整或不连续的图画,让学生想象开头、中间或结尾,补充成完整的故事。最后,还可提供单幅图给学生编写童话故事。这样循序渐进,逐渐增减难度,扩大学生创造性想象的空间。

5.听声音编童话。

教师向学生提供两种以上的声音,引导学生展开创造性想象,把与这些声音有关的东西、动物或人编进一个童话故事里。

6.摆实物编童话。

在孩子的眼中,世间万物皆有灵性,他们本身就生活在一个充满想象的世界中。因此,可以让学生摆弄自己的玩具或文具,然后引导学生联系生活,把他们头脑中想到的童话写下来。

7.看词语编童话。

把不同文章中的词语,选择几个放在一起,让学生联想、想象可能发生什么事,用这些几乎毫无关联的词语编成童话,这就是所谓的"词语麻辣串"的形式。如用"枯树、小鸟、沙漠"编一个以环保为主题的童话,教育学生保护环境,爱惜生命。

8.综合性学习。

通常,学生的写作只是为了完成老师布置的学习任务,作品提交给老师批改也就结束了。在此学习项目中,把学生的努力过程记载下来,装订在一起,再加上封面、封底,一本童话集就诞生了。此举旨在培养学生的作品意识,激发他们的学习兴趣。

# 附:

## 项目化习作进阶课程"童话习作"内容纲要

| 序号 | 项目名称 | 探究目标 | 支架策略 | 项目作品 |
|---|---|---|---|---|
| 项目1 | 花草树木会说话 | 运用拟人手法,赋予万物生命 | 续编童话 | 《小狐狸和小乌鸦》 |

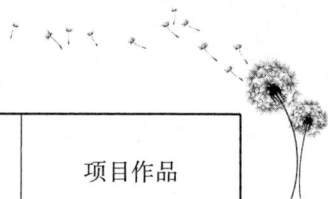

| 序号 | 项目名称 | 探究目标 | 支架策略 | 项目作品 |
|---|---|---|---|---|
| 项目2 | 奇思妙想排行榜 | 展开合理想象,学会写完整的故事 | 仿写童话 | 《丑小鸭找妈妈》 |
| 项目3 | 放大镜下看图画 | 认真观察细节,学习将文章写具体 | 看图编童话 | 《动物学校》 |
| 项目4 | 我的故事不一样 | 抓住事物特点,赋予形象鲜明的个性 | 改写童话 | 《喜羊羊与灰太狼》 |
| 项目5 | 一波三折真奇妙 | 巧妙构思,编织精彩的故事情节 | 听声音编童话 | 《一起去旅行》 |
| 项目6 | 玩具世界也疯狂 | 突出语言、动作或神态描写,让文章更生动 | 摆实物编童话 | 《玩具总动员》 |
| 项目7 | 给你讲个悄悄话 | 将道理寓于故事之中,让读者从中受到启迪 | 看词语编童话 | 《沙子、贝壳、大海》 |
| 项目8 | 童话城堡我来啦 | 创编童话作品集 | 综合性学习 | 《我的童话作品集》 |

▶ 课程实施案例展示 ▶

## 项目 5 一波三折真奇妙

🖋 导引

世界似乎从来没有安静过,它总是一刻不停地发出各种声音,带给我们完全不同的体验和感受。仔细想想,这些声音不就是世间万物在表达自己的喜怒哀乐吗?

在这个项目的学习中,让我们一起来听声音编童话。现在请你闭上眼睛,仔细倾听,尽情想象……也许你会发现,此时此刻,在世界的某一个角落,一个精彩的故事正在上演,让我们一起巧妙构思,写出精彩的故事情节。

## 积累

# 1. 童诗一组

## 巴喳——巴喳

[英]里弗茨 韦苇／译

穿上大皮靴在林子里走,

巴喳——巴喳!

"笃笃"听见这声音,

就一下躲到了树枝间。

"吱吱"一下蹿上了松树,

"蹦蹦"一下钻进了密林。

"叽叽"嘟一下飞进绿叶中,

"沙沙"哧一下溜进了黑洞。

全都悄没声儿地蹲在看不见的地方,

目不转睛地看着

"巴喳——巴喳"

越走越远。

## 爆 炸

吴 波

妞妞跑过来,大声喊

妈妈妈妈,不好啦

妈妈惊问:怎么啦

妞妞指着外边——

鸡蛋爆炸啦
娘俩忙去看：哦
只见老母鸡咯咯咯地唱着歌
鸡窝里，从一个裂开的蛋壳中
晃晃悠悠地站起个小鸡仔

## 打呼噜的爸爸

阎　妮

爸爸的肚子
好大好大
爸爸睡觉的时候
滚来
一阵海啸般的
鼾声，
有风卷浪涌之时
也有风平浪静之时
爸爸
你的肚子里
是不是
装着一个大海？

## 大人国·小人国

胡怀琛

一

门铃丁丁大门开，
绿衣邮差送信来。
信从哪里来？
信从大人国里来。
信纸方方一丈四，
写了三十六个字。
约我去，去游玩。

算算路,多么远。

飞机要走一年半。

## 二

门铃丁丁大门开,

黄衣邮差送信来。

信从哪里来?

信从小人国里来。

接着信瞧一瞧。

大字还比蚂蚁小。

快拿显微镜来照,

照一照,说的什么话?

请我找个鸽子笼,

他要到这里来过夏。

【说一说】

诗歌中的声音有趣吗?你最喜欢哪首诗?

## 2．大自然的声音

葛琪琪

"叮咚,叮咚……"清澈发亮的小溪唱着歌儿汩汩流淌,她伸出手来拍拍身边的花草,不时挠挠身边的小鱼,击起的浪花发出"啪啪"的声音,像是在欢笑。

"沙沙沙……"温和的风儿哼着小曲悠闲地散步,一会儿同天上的小鸟聊聊天,一会儿与地上的大树说说话,说得兴奋时,把满树的叶子吹得"哗哗"直响,飘落的叶子像是在跳欢快的"迪斯科"。

"滴答,滴答……"顽皮可爱的小雨说着自己新编的绕口令,跟云儿炫耀完又向小草显摆,说自己是多么聪明能干。不一会儿,他说得更欢了,刚才还细如牛毛,现在就有铅笔那么粗,"哗啦啦",雨水冲刷过地面,让鲜花小草痛快地洗了个"解暑澡"。

"咯咯咯……"嗯?那又是谁呀?啊,是一群可爱的孩子发出的爽朗的笑声。他们在花园里编花环,一个孩子却编了个疙瘩,"哈哈哈……"又是一阵快乐的笑声……

【写一写】

你能选择自己喜欢的一种声音,模仿着写一段吗?

_____

_____

_____

_____

# 3. 快活的小河

葛翠琳

春风吹,冰化了,雪融了,草儿绿了,花儿开了,小燕子从南方飞回来了。

一条小河,唱着歌儿流呀流,它太着急了,迎面撞在一座大山的身上。"哎哟,撞得我好疼呀!"小河叫着流出眼泪,扬起一片水花儿来。它抬起头望着大山,抱怨说:"我流过松软的沙土,我流过滑溜儿的泥地,野花给我唱歌儿,青草跟我玩游戏,我跳过大树的根,我钻过茂密的苇丛,大家都跟我好,非常喜欢我,只有你,又高又大的山,撞疼了我。呜呜呜……"

大山笑了,慈祥地说:"别哭了,可爱的小河。听我对你讲,路是不怕踩的,越踩越坚硬。不平静的水才有力量,跌几个跟头怕什么?它可以使你身上长劲儿呢!你看这山里的泉水,从山峰上跳下来,一路上摔了多少跟头呀,可它们唱着快乐的歌儿,勇敢地向前奔跑,从来不叫苦。"

小河一听,咧着嘴笑了,一边擦眼泪一边说:"泉水,可爱的泉水,你真勇敢。我们做好朋友吧,手拉着手,一块儿向前流……"

泉水说:"好呀!请你带我流向很远很远的地方,流过田野,给大地穿上美丽的衣裳;流向大海,推着船儿驶向前方,那该多好呀!"

小河说:"你真是最勇敢的孩子,我要向你学习。"

泉水说:"才不是呢!瀑布比我更勇敢。你看,它从那么高的山顶上跳下来,一点儿也不害怕!你看它,把坚硬的石头冲洗得这样光滑。"

小河高兴地叫起来:"你真好,勇敢的瀑布!我们做好朋友吧,手拉着手,一块儿向前流。"

瀑布快活地说："好呀！请你带我流向很远很远的地方,流过田野,给大地穿上美丽的衣裳;流向大海,推着船儿驶向远方,那该有多好呀!"

三个好伙伴儿,手拉着手儿,蹦呀,跳呀,溅起一片片的水花儿来。

小河快活地唱着："有你们做我的好朋友,我一定会变得身强力壮、勇敢坚强,让我们一起流向前方吧!"

瀑布和泉水也快活地唱着："再见了,大山妈妈。不论我们走到哪儿,都会托风伯伯给你捎信来。我们想念你的时候,就会随着云奶奶回来,变成雨点儿,滴落在你的怀里。"

大山微笑着,抛下一片绿色的树叶儿,树叶飘呀飘,落在奔流的水面上,好像一条绿色的船。别看船儿轻,别看船儿小,上边满载着大山妈妈美好的祝愿呢!

【说一说】

读一读画线的句子,如果你是一只小鸟,你会怎么说?

我飞过_____的_____,我飞过_____的_____,我飞过_____的_____,我飞过_____的_____,我给_____,我和_____。

# 4. 威伯出逃

[美]E. B. 怀特

威伯逃跑的消息在这里的动物中间迅速传开了。以前从没有任何一只动物能逃离祖克曼先生的农场呢,因此这事情引起了大家极大的兴趣。母鹅对离她最近的母牛嚷道,威伯自由了,不久所有的母牛都知道了这个新闻。然后一头母牛把这消息告诉了一只绵羊,不久所有的绵羊也知道了。羊羔们又从他们的母亲那里了解了一切。谷仓的马厩里的马们,竖起的耳朵也听到了母鹅的喊叫,因此不久所有的马也明白发生了什么事儿。"威伯逃了。"他们说。每一个动物都兴奋地抬起头,变得分外激动,因为他们知道他们的一个朋友已经获得了自由,再不用被紧紧地关在圈里了。

威伯不知该怎么做,往哪里跑。看起来好像每个人都在追他。"如果这就是美好的自由,"他想,"我还不如被关在我自己的院子里呢。"

长毛狗从一边悄悄地靠过来,雇工鲁维也正从另一边渐渐逼近。祖克曼太太摆

出了一副准备拦截的架势——如果威伯要往花园里跑的话。现在,祖克曼先生拎着桶正朝威伯走过来。"这真太可怕了!"威伯想。"为什么芬还不来?"他开始哭了。

母鹅给威伯发出一个又一个指令。

"别傻站着,威伯! 快逃,快逃!"母鹅大叫。"转圈跳,往我这边儿跳,溜过来冲出去,过来出去,过来出去! 往树林跑! 迂回前进!"

长毛狗猛地蹿起来咬向威伯的后腿。威伯蹦着高儿跑开。鲁维冲上前去抓威伯。祖克曼太太对鲁维尖叫起来。母鹅还在为威伯加油。威伯从鲁维的双腿间逃了出去,鲁维没有抓到威伯,反一把搂住了长毛狗。"干得好,干得好!"母鹅叫道。"再来一个,再来一个!"

"往下坡跑!"母牛们出主意。

"向我这里跑!"公鹅尖叫。

"往上坡跑!"绵羊大喊。

"迂回前进!"母鹅嘎嘎地叫着。

"跳,蹦高儿!"公鸡叫。

"小心鲁维!"母牛提醒。

"小心祖克曼!"公鹅扯着嗓子喊。

"小心那条狗!"绵羊大叫。

"听我的,听我的!"母鹅尖叫。

可怜的威伯被他们的乱叫弄得又晕又怕。他可不喜欢成为这些乱子的焦点。他本想试着听从朋友们给他的建议,可他不能同时既往上坡跑,又往下坡跑,而且,他也不能一边蹦起来一边迂回前进,更何况他哭喊得这么厉害,几乎弄不清周围都发生了什么事。真的,威伯毕竟只不过是一头比婴儿大不了多少的小猪罢了。他只希望芬此刻在场,能把自己抱起来安慰一番。当他抬头看到祖克曼先生就静静地站在身旁,手里拎着盛满热乎乎的稀饭的食桶时,才稍稍宽了心。他竖起鼻子使劲儿闻着。那些味道多鲜美呀——有热牛奶,土豆皮,粗麦粉,凯洛格牌玉米片,还有祖克曼先生早餐吃剩的酥饼呢。

"来呀,小猪!"祖克曼先生说着,敲了敲食桶。"来呀,小猪!"

威伯朝那只桶走了一步。

"不——不——不!"母鹅说,"这桶是个并不新鲜的骗局,威伯。别上套儿! 别上套儿! 他是想以此诱捕你。他正在用好吃的诱惑你的肚子。"

威伯不在乎。这食物闻起来太开胃了。他又朝食桶走了一步。

"小猪,小猪!"祖克曼先生甜蜜地叫着,开始慢慢地往谷仓方向走,同时弄出一副纯真的表情回头看着,好像他不知道这头小白猪正跟在他后面走一样。

"你会后悔,后悔,后悔的。"母鹅叫道。

威伯不在乎。他还在朝食桶走。

"你会失去你的自由的,"母鹅大喊,"一小时的自由要比一大桶猪食更可贵!"

威伯还是不在乎。

祖克曼先生走到猪圈附近,便爬过栅栏,把猪食倒进了猪食槽。然后他把那块松动的木板从栅栏上全拽下来,好让威伯能很容易地进去。

"再想想,再想想!"母鹅提醒道。

威伯什么别的也没想。他一步步走进栅栏,到了他的院子里。他走向食槽,吸食了半天,大口大口地喝着牛奶,嚼着酥饼。能再回家真是太好了。

(选自《夏洛的网》)

**【读一读】**

这段童话中的语言很有意思,尤其是母鹅的话。请找几个同学分角色朗读文中的对话,注意文中角色说话的语调和风格,要让大家感受到当时的紧张气氛。

**【说一说】**

以下是这个故事的情节变化,你认为哪些情节最精彩?说说为什么。

消息传开→遭到拦截→同伴加油→左右为难→食桶诱惑→母鹅劝告→走回猪圈

**练笔**

## 一起去旅行

同学们喜欢旅行吗?今天,我们联系自己的旅行经历一起创编一个童话故事吧,这个故事的名字叫"一起去旅行"。

[**板块一**]进入情境

1.听记故事开头。

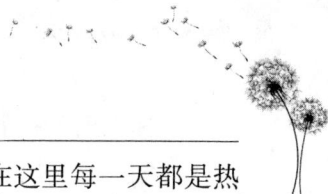

（在茂密的森林边有个小小的农场,农场里的动物可不少,在这里每一天都是热热闹闹的,大家过得很开心!)

2.交流讨论:你看到了哪些动物? 他们在做些什么? 把你想到的精彩画面写下来。

_____

_____

**[板块二]表演对话**

1.有三个小家伙一心想去看看外面的世界。有一天,他们凑到了一块儿。他们是谁? 是怎么商量的? 猜猜看。

2.听声音,猜动物。

_____

3.想一想,编对话:他们凑到一起会说些什么呢? 小组合作先编写对话,再演一演。

_____

_____

_____

_____

**[板块三]想象奇遇**

1.他们高高兴兴地上路了,一路上会碰到什么情况呢? 他们又会怎么办呢? 让我们根据下面列出的"声音",展开丰富的想象。

(1)炸雷声　暴雨声　浪潮声

(2)电锯声　枪声　　敲门声

(3)虎吼声　乌鸦叫　猴叫

……

2.你想到了一个什么样的故事？结局怎么样？跟你的小伙伴讲一讲，然后把故事情节用简单的语言写在下面吧。

_____

_____

_____

_____

**[板块四]编写童话**

梳理三个动物结伴去旅行的故事，把它完整地讲给同桌听一听，然后再认真地写在下面的方格里。

（方格稿纸）

评改

**一、评一评自己的习作**

请你根据下面表格中的四个要素评价一下自己的习作，然后再请同学和老师进行评价。

| 评价要素<br>评价主体 | 想象合理 | 构思巧妙 | 故事完整 | 语句通顺 |
|---|---|---|---|---|
| 自我评价 | ☆☆☆☆☆ | ☆☆☆☆☆ | ☆☆☆☆☆ | ☆☆☆☆☆ |
| 同学评价 | ☆☆☆☆☆ | ☆☆☆☆☆ | ☆☆☆☆☆ | ☆☆☆☆☆ |
| 老师评价 | ☆☆☆☆☆ | ☆☆☆☆☆ | ☆☆☆☆☆ | ☆☆☆☆☆ |

## 二、评一评同学的习作

先看看老师是怎么点评的,接下来自己试着评一评。从片段开始,再到完整的文章,让我们学会欣赏同学的习作。

## 1. 寻宝奇遇记(节选)

深圳市福田区福南小学　胡昊炜

它们走啊,走啊,来到了大海边。突然,刮起了大风,下起了暴雨,海浪像怪兽一样冲向沙滩。"哗——"一波海浪向小马扑过来,小马还没回过神,就被海浪拉走了。小鸭和小牛吓了一大跳,急忙跑去救小马,费了九牛二虎之力,才把小马从海浪里夺了回来,它们急忙逃离了这个危险的地方。过了好久,它们找到了一个山洞,沉沉地睡了过去。

"砰——"第二天早上,它们被响亮的枪声惊醒了。不好,可怕的猎人来了!小牛带着小马和小鸭冲了出去。"嗖——"一颗子弹飞了过来,从牛角旁边擦过,还好没打中,要不然就惨了!

情急之中小鸭、小马和小牛跑散了,猎人去追小鸭,正巧,小鸭前面有条小河,小鸭着急地扇起了翅膀,很快逃到了河里,躲过了一劫。

"啾——"这时,一声凄厉的鹰叫声传来,这一次,它们比上次沉着冷静多了。小马四脚一蹬,腾飞在空中,当它与俯冲下来的鹰同高时,用两条前腿一踹,鹰被踹得掉在了地上。小鸭和小牛赶紧跑过来,分别用嘴和牛角不停地反击老鹰,老鹰终于奄奄一息了。

【老师点评】

三个小伙伴为了寻找宝藏,经历了各种险情。拟声词的运用吸引了读者的注意力,故事情节环环相扣,跌宕起伏,引人入胜。

## 2. 一起去旅行(节选)

深圳市福田区福南小学　谢欣懿

第三天早上,雨停了,太阳出来了,它们漂到了一个小岛上。一来到岛上,看见很多小动物正在逃跑,小马很好奇,就上去问:"小猴,你们怎么了?""我们的家被那些人类破坏了。"小猴一边哭一边说着。

真是忍无可忍，"走，我们去会会他们。"小兔子说。

它们走进了森林，看见好多树都被砍了。它们循着"滋滋"的锯树声找到了那些砍树的人。"这里交给我，那里交给你。"小兔悄声说。"好！"小马、小蛇回答。

小兔子用它大大的门牙撞砍树人的头，小马用自己的蹄子踹他们的屁股，又用尾巴甩他们的脸……小蛇扑上去，一口咬了大腿，然后那些人一溜烟就跑了。

它们拯救了这个小岛，然后在岛上晒着阳光，喝着美味的椰汁，还看着精彩的表演，结束了这次刺激的旅行。

**【学生点评】**

_____

_____

_____

## 3. 惊险刺激的旅行

深圳市福田区福南小学　李梓豪

这是一个小小的农场，但农场里的动物可不少，在这里，每一天都是热热闹闹的，大家过得很开心！农场的北边是一大片茂密的森林，无边无际，动物们都不敢进入这片神秘的森林里。

这一天，阳光明媚，农场里牛羊在安静地吃着青草，小鸡们叽叽喳喳地抓虫子，小鸭子们在河里欢快地游泳……

此刻，农场里最活泼好动的三个小伙伴聚在墙角，偷偷地密谋着"森林冒险旅行"这件憧憬了很久的大事。

机灵聪明的小狗说："森林里一定很好玩很刺激，我们赶紧出发吧！"

"好呀！好呀！"高大强壮的小牛附和着。

"可是大家都说森林很危险，有大怪物呢！我还常常听到森林里传来可怕的叫声……"谨慎的小兔子急忙说道。

小狗拉着小牛和小兔子说："三个臭皮匠，顶个诸葛亮。只要我们齐心协力，就一定能克服困难，旅途愉快！"

于是，三个小伙伴躲过主人的目光，偷偷地溜进了森林。

森林里阴森森的，连阳光都射不进来。四周的植物很奇特，有各种各样高大的树木，有千奇百怪的花草，还有许许多多没见过的小生物。三个小伙伴一边东张西望地走着，一边啧啧惊叹着……

走着走着，突然，"嗖"的一声，它们被一张大网网住了！原来是猎人设下的圈套，用来捕捉动物的。

"怎么办啊？"小兔子哭喊着。

小狗镇定地说："别急，我有办法！"

说完，小狗用锋利的牙齿撕咬着大网，很快把网咬出一个大口子。三个小伙伴急忙从大口子里爬出来，长长地吁了一口气，异口同声地说："好险呀！"

它们继续旅程，走了很久，来到一片散发奇怪香味的树林里。

"咦？怎么有东西在跟踪我们？"小兔子竖起大耳朵，奇怪地问。

"大家小心！一只大怪物来了！"小牛大喊。原来是一条十多米长的灰色大蟒蛇，身体粗大得像装水的木桶一样。

可是太迟了，大蟒蛇张开血盆大口扑向它们！

说时迟那时快，小牛用力蹬直后腿，顶起尖尖的牛角，撑住大蟒蛇的血盆大口。等小狗和小兔子逃走了，小牛才挣脱开来，跑在后面。

树林边刚好是一条小河，危急关头，小狗闻了一下河水，敏锐的嗅觉使得它发现这个味道和农场里的河水味道是一样的，便知道这是同一条河流。

大蟒蛇还在后面追赶着，小牛赶紧跳到河里，让小狗和小兔子坐在自己的背上，顺流而下，脱离了危险。

当太阳西下，金黄色的阳光照耀着农场的每一个角落时，三个小伙伴出现在了农场的河道上。它们回味着这段惊险的旅行，心里久久不能平静……

**【老师点评】**

在一个小小的农场里，可爱的小兔子、小牛、小狗偷偷溜出去旅行了，它们来到阴森的树林里，遇到了各种危险，它们咬破了猎人的大网逃生、从蛇口脱险……惊险的旅程让它们变得更机智、勇敢、团结了！难能可贵的是李梓豪在将故事叙述得一波三折的同时，还善于环境描写，开场"阳光明媚"，走进森林"阴森森的"，脱离危险后"金黄色的阳光照耀着农场的每一个角落"，很好地烘托了气氛，推动了情节发展。

# 4. 一起去旅行

深圳市福田区福南小学　赖柳圻

在茂密的森林边，有个小小的农场，农场里的动物可真不少。在这里，每一天都是热热闹闹的，大家都过得很开心。

你看！老母鸡正带着它的孩子们找虫吃，小鸭们跟着鸭妈妈在池塘里欢乐地游泳，牛儿们在草地上悠闲地吃青草……

可是有一天，一只小鸡叹着气说："每天都过着相同的日子，好没意思呀！"小鸭和小羊都听到了，小鸭点点头，说："是啊，我好想去看看外面的世界。"聪明的小羊说："不如，我们一起去旅行吧！"

这个主意得到了大家的赞同，于是，它们悄悄收拾好行李，趁着天黑出发了。

它们走啊，走啊，来到了一片森林里，这时候的森林乌漆麻黑，还传来一阵阵的狼叫声，小鸡吓得瑟瑟发抖："好可怕，我想要回家！"

小羊嘲笑它说："你这个胆小鬼，害怕你自己回去吧！"小鸡听了更伤心害怕了。

小鸭子安慰道："你不用害怕，我会保护你的，我们先找个地方躲起来吧！"于是，它们找到了一个空树洞，躲起来睡觉了。

第二天，天上哗啦哗啦地下起了大暴雨，风也呼呼地吹着，就像雷公敲着一面大鼓。它们被冻得发抖，都挤到小羊的肚皮下取暖。小鸡说："好冷呀！我想回家！"

小羊听了又轻蔑地笑了。

"我们多吃一点苦，以后才可以承担起更大的责任。"小鸭子说。

雨渐渐停了。它们又继续上路……忽然，"砰！砰！"的枪声响起，小鸡吓了一跳，看到对面冲过来一个猎人，它赶紧叫大家快跑。跑啊跑，大家居然跑到了山崖边，无处可逃。看着猎人越来越近，大家害怕极了，不知道怎么办才好。眼看猎人就要抓到它们了。这时，小鸡冲了出来，用它尖尖的嘴巴狠狠地在猎人的脚上啄了几下，猎人痛得跳了起来，小羊见了，用它尖尖的角顶了猎人一下，猎人被顶下了山崖。大家都获救了。

"小羊，你真厉害啊！"小鸭说。

"这也不是我一个人的功劳，要不是小鸡先冲出来啄了猎人，我也没办法把猎人顶下山崖去。"小羊说，"小鸡，你真勇敢！我不应该嘲笑你。"

小鸡听了高兴地说："没关系，我以后要做个最勇敢的鸡。"

大家听了哈哈大笑,又开始了下一段旅程。

【学生点评】

_____

_____

_____

### 三、改一改自己的习作

声音的世界真奇妙！你是否巧妙构思出了一波三折的故事呢？习作的语句是否通顺,标点是否正确？快拿起笔认真改一改吧,让你的故事更有吸引力！

拓展

## 童话大王安徒生经典名言

1.人生就是一个童话。我的人生也是一个童话。这个童话充满了流浪的艰辛和执着追求的曲折。

2.当我还是一只丑小鸭时,我做梦也没有想到会有这么多幸福！

3.希望之"桥"就是从"信心"这个词得来的,而这是一条把我们引向无限博爱的"桥"。

4.最奇妙的童话都是从真实的生活中产生出来的,否则我的美丽的接骨树丛就不会从茶壶里冒出来了。

5.攀登一个阶梯,这固然好,只要还有力气,那就意味着必须再继续前进一步。

6.如果你是一只天鹅蛋,即使生在养鸭场里也没关系。

7.仅仅活着是不够的,还需要阳光、自由,和一点花的芬芳。

8.没有经历过苦难,就不能理解弱者的痛苦。

9.生活本身就是最美妙的童话故事。

## 学习观察方法，练就学者心态

以天地为课堂，把大自然作为"思想和语言的源头"，是苏霍姆林斯基教育体系中的核心理念之一，也是他的教育教学实践中分量最重的一部分。在他看来，观察和感受周围世界的美，是理解和感受生活的喜悦和生命美的主要途径之一。只有在对大自然的观察与感受中，才能真正理解人在这个世界上存在的意义与价值。由此可见，观察对学生的意义非同一般。那么，如何带领学生经历一个真实的、完整的观察过程，并从中发展学生的思维与语言呢？对四年级的习作课程来说，我们首先要明确"什么是观察""观察什么""怎么观察"，进而有层次、有梯度地引导学生把观察的过程与思考呈现出来。

### 什么是观察

所谓观察就是指有目的、有辨析地看的同时，调动其他感觉器官，去感知、认识对象事物，以获得所需要的生活材料的一种方法。"观"是接受信息的过程，"察"是分析信息、处理信息的过程。观察就是运用我们的感觉器官去感知自然界和人类社会的万事万物，从而去认识事物，发现规律，解决问题，提升处理问题的能力。观察首先表现为一种"看"，但这种"看"不是随意的，而是有特定目的的"看"。

观察还包括用视觉以外的各种感觉器官去获取信息。比如用耳朵去听声音，像人们的谈笑声、大海的涛声、林中的鸟鸣、山谷的风声、轮船火车的笛声、CD 机中的音乐声等，这属听觉范畴。又如用鼻子去嗅气味，像花的香和香水的香，我们嗅一嗅就能分辨出来，醋的酸和酸菜的酸我们闻一闻就能区分出来，这是嗅觉。再如用舌头去感觉酸甜苦辣咸等各种味道，这是味觉。还有一种很重要的感觉是触觉，比如我们用手捧起一把泥土和捧起一捧水的感觉不一样，皮肤接触到冰块和火苗时的感觉不一样,摸着铁和摸着木头的感觉不一样,穿着纯棉料的衣服和穿着化纤面料的衣服的感觉不一样,拉着老年人的手和拉着小孩儿的手的感觉不一样。

此外,现在有人认为,把心灵对外界的"感受"也应该归为"感觉"的一种,比如受了委屈想哭,遇到开心的事想笑,有了难以解决的问题感到烦恼,等等。这些"感受"也和视觉、听觉、嗅觉、味觉、触觉一样,成为我们对客观事物进行"观察"的重要途径。因而,观察是调动人体各种感觉器官去感知对象事物的一种综合性活动。

观察作为一种综合性的感知活动,并不只单纯地表现为对对象事物的一种生物性的感知,而是一种由外而内、由表及里、由浅至深的感知活动,正是由于这一特性,观察获得了思维性,即观察的行为过程本身就是对对象事物的认识过程:观察,是一种"思维的知觉"活动。恩格斯曾经说过:"鹰比人看得远得多,但是人的眼睛识别东西却远胜于鹰。狗比人具有敏锐得多的嗅觉,但是它连被人当作各种物的特定标志的不同气味的百分之一也辨别不出来。"人在识别对象事物时的能力之所以比其他任何动物要强得多,原因就在于人有主体性的思维能力和认知能力,人的观察融进了这种独特的思维与认知能力。所以,观察才是一种思维着的知觉活动,或者说是思考性的知觉活动。

## 什么是"写作观察"?

写作观察是观察的一种,它是指写作者为了写作这一特定目的,而动用五官去感受生活和事物的特征,去获得写作的材料,去开发和丰富写作的新信息(包括写作思维信息、写作思想信息、写作情感信息、写作动机信息等)的行为。写作观察是为写作而进行的观察,这一明确的目的性使写作观察必须自始至终围绕写作而展开、进行。

写作观察也是一种写作行为,这种写作行为是一种前写作行为——即动笔构思之前的写作准备行为。由于它是写作的准备行为,因而又可以把它看成是对写作的广义构思行为。

写作观察当然也是一种"看",但这种"看"所凭借的主要不是生物性的眼睛,而是心灵性的眼睛。因而,写作观察不仅是综合运用五官的一种"思维的知觉"活动,而且是一种"心灵的知觉"活动。即写作观察比其他观察活动更具有意志性和情感、情绪的倾向性。

写作观察所努力追求的当然是要放开五官来把握所观察的生活或事物的外部特征与内在规律,但这不是写作观察的全部,它还有一个更重要的任务,那就是通过

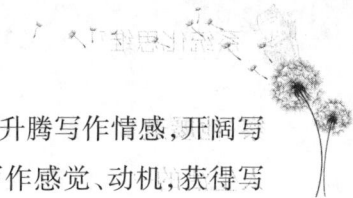

对生活和事物的观察而激活写作心灵,热烈写作情绪(兴趣),升腾写作情感,开阔写作视野,强化写作思维,提升写作思想,弘扬写作精神,捕捉写作感觉、动机,获得写作细节、题材。这就是为什么说写作观察是一种前写作行为,以及为什么说写作观察是一种广义写作构思活动的根本理由。

## 为什么要学会观察?

观察对认识客观事物是极其重要的。观察可以帮助我们了解情况,积累经验,分析判断,推导规律。观察在各种专业领域起着重要的作用。医生观察病人,可以对症下药;老师观察学生,可以因材施教;工程师观察仪表,可以排除故障……现代遗传学的鼻祖、奥地利人孟德尔,花了 10 年时间,观察对比不同的豌豆的性状,推导出现代遗传学三大基本定律中的两个,为该学科后来的发展打下了基础。五笔字型汉字输入法的创始人王永民,观察对比了数以万计的汉字,归纳整理了造福十几亿人的汉字输入法,使汉语的"人机对话"成为可能。

世界著名的生理学家巴甫洛夫,在他的研究院门口的石碑上刻下了"观察、观察、再观察"的名句,以此来强调观察对于研究工作的重要性。达尔文也曾经说过:"我既没有突出的理解力,也没有过人的机智,只是在觉察那些稍纵即逝的事物并对其进行精细观察的能力上,我可能在普通人之上。"苏霍姆林斯基说:"观察对于儿童之必不可少,正如阳光、空气、水分对于植物之必不可少一样。在这里,观察是智慧的最重要的能源。"

观察力强的人不仅能迅速捕捉信息,还能很快做出判断,尽可能发现事物的本质。国外一位科学家说:"一个观察力强的人步行两公里所看到的事物,比一个粗枝大叶、走马观花的人乘火车旅行两千公里所看到的东西还多。"

观察能力的发展是思维、表达等能力发展的基础和前提。许多著名的作家和教育家都十分重视这一点。歌德说:"我观察自然,从来不想到要用它来作诗。但是由于我早年练习过风景素描,后来又进行一些自然科学的研究,我逐渐学会熟悉自然,就连一些最微小的细节也熟记在心里。所以等到我作为诗人要运用自然景物时,它们就随召随到,我不易犯违反事实真相的错误。"

观察能力是写作必须具备的基础能力,观察可以帮助我们掌握写作的第一手材料。夏衍在 1935 年写报告文学作品《包身工》时,接连三个月每天凌晨三点起床,走十几里路到包身工们集中的杨树浦地区,亲眼观察包身工们的生活场景。为了观察,他屡遭日本警察、巡捕、工头流氓的威胁,冒着生命危险,终于掌握了包身工们非人生活的一手材料。我们要学习这些作家对客观事物认真观察的态度。有了观察,才会有写作文的材料,才会触发灵感,才会展开联想和想象,才会把文章写得生动感人。一个不爱观察的人,他对任何事物和现象的印象都是淡薄的、模糊的。

观察对于写作如此重要,因此,无数成功的作家都把观察看作学习写作头等重要的基本功。法国大作家福楼拜要求初学写作的莫泊桑"首先要练练你的眼睛",要把眼睛练得明亮,把耳朵练得敏锐。俄国小说家契诃夫说:"作家务必要把自己锻炼成一个目光敏锐、永不罢休的观察家! ——要把自己锻炼到观察简直成习惯,仿佛变成第二个天性。"初学写作的学生当然应借鉴这些经验,锻炼观察的本领,兴味盎然地从生活中汲取材料。

# 怎样实施观察习作教学

## 一、探究内容

我们在三年级下学期安排了观察习作的内容,希望通过 8 个具体项目的学习,引导学生从不同的角度观察不同的事物,这 8 个项目分别是:

1. 小小眼睛看世界

2. 校园记者修炼记

3. 留住精彩一瞬间

4. 一边观察一边想

5. 欣赏奇妙大自然

6. 小小美食推销员

7. 发现他的不一样

8. 我的习作门诊部

以上 8 个项目对应着 8 个具体的探究方向:

1. 进行实验观察。

所谓实验观察,实际上是和科学课联系起来进行跨学科的高效学习。众所周知,观察是科学探究的一种重要手段,但是科学课上,只需要简单的观察记录,填写观察的结果即可。这个项目的写作内容建立在科学的观察之上,同时借助观察来丰富学生的素材,引导学生学会把观察的过程、观察的结果准确、生动地表达出来。

2. 进行风景观察。

风景包括自然景观和人文景观。这个项目的观察内容主要是引导学生聚焦风景,观察风景,并用语言写出自己眼中的独特风景。

3. 进行活动观察。

参加各种活动是小学生的重要生活方式,所谓"在活动中学习,在活动中成长",用好活动素材,引导学生观察身边的一些活动,将语文的外延与生活的外延等同起来是这个项目的探究内容。

4. 进行动、植物观察。

神奇的大自然中有无穷无尽的奥秘等着我们去发现,而动物和植物都是大自然的重要组成部分,这个项目的学习聚焦动物与植物,旨在引导学生观察神奇的大自然,并表达自己的观察结果。

5. 进行自然现象观察。

自然现象是指自然界中由于大自然的运作规律自然形成的某种状况,如月亮的阴晴圆缺、气候的变化、四季的变化等等。这个项目的学习进一步引导学生感受大自然的神奇,激发学生的探究兴趣。

6. 进行食物观察。

我们的一日三餐都离不开食物,对学生而言,更多时候是享用食物,很少去细细观察它们。这个项目的学习除了进一步学习观察的方法,也让学生进一步了解关注生活中熟悉的事物。

7. 进行人物观察。

我们每一个人都是独特的,而这样的特质就是由一个又一个小的细节表现出来的,从一个又一个生活细节中去发现一个人的特质,是这个项目的观察目标,当然,通过提炼、思考,进一步用语言表达出来才是我们的根本目的。

8. 综合性学习。

本次综合学习的名称叫作"习作门诊部",顾名思义,这个项目的学习旨在引导学生去发现习作中存在的一些问题,从而使表达更加准确、生动,进而提升修改习作的能力,养成修改习作的习惯。


二、支架策略

目标的达成离不开教师的引领,而有效的引领需要有效的支架策略做支撑。根据以上 8 个探究目标,我们确定了 8 个具体的策略。

1. 连续观察。

所谓连续观察,强调的是养成观察的习惯,记录观察过程中的变化。对于观察这一学习方法而言,这是必备的素养和条件。这个项目的学习任务是观察并记录豆芽的成长过程,记录的方式是填写观察记录表。

2. 按一定顺序观察。

观察的顺序可以是空间顺序,如从上到下、从左到右、从东到西、由近及远等,还可以是被观察事物的不同结构组成部分的次序,如从头到尾、由表及里、从整体到部分等。这个项目的观察目标是校园,让学生了解观察顺序,并运用合适的顺序实地观察一番,既是学习的需要,也是生活的需要。

3. 观察活动场景。

活动的场面往往很多,涉及的人、物、事也很多,活动场景的观察要有详有略,表达时要做到既有概括描写,也有具体描写,这就涉及点和面的问题,这个项目的支架就是首先了解什么是"点"、什么是"面",然后做到"点面结合"。

4. 边观察边联想。

联想是由一个事物或现象想象到另一些事物或现象。正是有了联想才使得我们的观察带有个性化的观察色彩,带给他人更加独特的体验。

5. 静、动态观察。

静态观察和动态观察是两种不同的观察方式。静态观察是观察事物、动物、植物等静止状态下的特点,而动态观察是观察事物等在动态状态下的特点,静与动是相对的。这个项目的学习目标就是引导学生从静与动两个方面进行观察,并把两种观察结果结合起来。

6. 多感官观察。

在观察时,我们不仅要用眼睛看,还可以用鼻子闻,用耳朵听,用手触摸,等等。正所谓"眼观六路,耳听八方",即要调动多种感官去观察。

7. 细节观察。

这个项目的观察对象是一个人,而一个人的个性化特征往往从一些细节中就可以反映出来。如果说前面的 6 个项目在教给学生观察的方法,这个项目更多是传递一种观察的态度。在观察的时候,注重细节,科学严谨是一种学术素养。

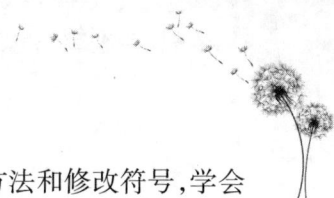

8.了解修改符号和修改方法。

好文章是改出来的。"习作门诊部"意在让学生了解修改方法和修改符号,学会修改,重视修改。

叶圣陶先生曾写过一篇文章叫《习惯成自然》,在中年级,专门以"观察"为主题引导学生展开探究,不仅仅是想教会孩子如何观察,更希望孩子养成一种观察的习惯,形成一种注重观察的学习态度。

# 附:

## 项目化习作进阶课程"观察习作"内容纲要

| 序号 | 项目名称 | 探究目标 | 支架策略 | 项目作品 |
|------|----------|----------|----------|----------|
| 项目1 | 小小眼睛看世界 | 进行实验观察 | 连续观察 | 《豆芽成长记》 |
| 项目2 | 校园记者修炼记 | 进行风景观察 | 按一定顺序观察 | 《我眼中的校园》 |
| 项目3 | 留住精彩一瞬间 | 进行活动观察 | 观察活动场景 | 《精彩的运动会开幕式》 |
| 项目4 | 一边观察一边想 | 进行动、植物观察 | 边观察边联想 | 《我家的小狗》 |
| 项目5 | 欣赏奇妙大自然 | 进行自然现象观察 | 静、动态观察 | 《下雨啦》 |
| 项目6 | 小小美食推销员 | 进行食物观察 | 多感官观察 | 《最爱大苹果》 |
| 项目7 | 发现他的不一样 | 进行人物观察 | 细节观察 | 《_____的他》 |
| 项目8 | 我的习作门诊部 | 综合性学习 | 了解修改符号和修改方法 | 《啄木鸟来啦》 |

# 项目3 留住精彩一瞬间

## 导引

在我们的学习生活中,总有许多活动场面让我们印象深刻,庄严肃穆的升旗仪式,激动人心的运动会,欢声笑语的秋游……我们可以用相机记录下这些精彩的画面,也可以用文字写下难忘的瞬间。

在这个项目的学习中,让我们仔细观察身边的活动,用心感受活动的氛围,把生活中精彩的场面分享给他人。

## 积累

### 1. 县立学校小运动会最精彩的一幕

冠 六

光阴像流水般地过去,我们大家心中所盼望的县立学校小运动会已开幕了。体育场门前的国旗,随着和缓的微风飘来飘去,多么庄严呀!光明的太阳,衬着蔚蓝的天空,几朵乳白色的浮云,慢慢地移动着。我们走进了体育场,那边已是人山人海,看去只见一个个小的头,罗汉似的站着。喧哗声震得耳也要聋了。太阳照得更强烈了,光滑的额上,这时已不绝地流下点点的汗珠,好不容易从人群中挤出,走至本校观看的位置,立在楼梯式的台上,观看那各项的运动。

我还记得最精彩的一幕,便是那天八百米的接力赛跑,本校加入的有四人,都是雄赳赳,尽心竭力,替本校争光的猛将。一等到他们出场,大家都目不转睛地望着他们,口中都不自觉地说道:"好!这四人出场,本校一定有希望!"说着,又拍起手来。"砰"的一声响,各选手便如潮水般地冲出去。一会儿,终点到了,捷报传来说:"××校第一!"果然!不出我们所料,我校获胜了。

我们一听这消息,立刻欢悦起来,手舞足蹈,快乐极了。但是我们的快乐从哪儿来的呢？不是因本校的代表×××等四人奋斗得来的吗？他们真值得我们敬佩。

（选自《民国小学生作文》）

**【说一说】**

　　小作者学校的运动会真热闹呀！你的学校肯定也举行过运动会吧，还记得当时的场面吗？跟你的小伙伴说一说吧！

## 2. 吃　喝

萧　乾

　　我小时候，一年四季不论刮风下雨，胡同里从早到晚叫卖声没个停。

　　大清早卖早点的：大米粥呀，油炸果的。然后是卖青菜和卖花儿的，讲究把挑子上的货品一样不漏地都唱出来，用一副好嗓子招徕顾客。白天就更热闹了，就像把百货商店和修理行业都拆开来，一样样地在你门前展销。

　　到了夜晚，叫卖声也十分精彩。"馄饨喂——开锅！"这是特别给开夜车的人备下的夜宵。从吆喝来说，我更喜欢卖硬面饽饽的：声音厚实，词儿朴素，就一声"硬面——饽饽"，光宣布卖的是什么，一点也不吹嘘什么。

　　四季叫卖的货色自然都不同。春天一到，卖大小金鱼儿的就该出来了。我对卖蝌蚪的最有好感，因为我买得起，花上一个面值最小的铜钱，就可以往碗里捞上十来只。一到夏天，西瓜和碎冰制成的雪花酪就上市了。秋天该卖"树熟的秋海棠"了。卖柿子的吆喝有简繁两种。简的只一声"喝了蜜的大柿子"，其实蛮够了。可那时小贩都想卖弄一下嗓门儿，所以有的卖柿子的不但词儿编得热闹，还卖弄一通唱腔。一到冬天，"葫芦儿——刚蘸得"就出场了。那时，北京比现在冷多了。我上学时鼻涕眼泪总冻成冰。只要兜里还有钱，一听"烤白薯哇真热乎"，就非买上一块不可。一路上既可以把那烫手的白薯揣在袖筒里取暖，到学校还可以拿出来大嚼一通。

　　有的小贩吆喝起来声音细而高，有的低而深沉。我怕听那种忽高忽低的。有一回有人在我身后"哟"了一声，把我吓了个马趴。等我站起身来，他才用深厚的男低音唱出"荞麦皮耶"。

　　现在北京城倒还剩一种吆喝，就是"冰棍儿——三分嘞"。语气间像是五分的减成三分了，其实就是三分一根儿，可见这种带戏剧性的叫卖艺术并没有失传。

（有删改）

· 123 ·

**【说一说】**

声音能传递活动的气氛,例如笑声传递快乐、哭声传递悲伤。在文章中,作者写了哪些吆喝声?你从中感受到了什么?

## 3. 母爱震天

廖首怡

在土耳其旅途中,巴士行经 1999 年大地震的地方,导游讲了一个感人的故事,故事发生在地震后第二天……

地震后,许多房子都倒塌了,各国来的救援人员不断搜寻着可能的生还者。两天后,他们在缝隙中看到一幕难以置信的画面——一位母亲,用手撑地,背上顶着不知有多重的石块,一看到救援人员便拼命哭喊着:"快点救我的女儿,我已经撑了两天,我快撑不下去了……"她 7 岁的小女儿,就躺在她用手撑起的安全空间里。

救援人员大惊,卖力地搬移在上面、周围的石块,希望尽快解救这对母女,但是石块那么多、那么重,怎么也无法快速到达她们身边。媒体拍下画面,救援人员一边哭、一边挖,辛苦的母亲一面苦撑等待着……

通过电视、通过报纸,土耳其人都心酸地掉下泪来。更多的人,放下身边的工作投入救援行动。

救援行动从白天进行到深夜,终于,一名高大的救援人员够着了小女孩,将她拉出来,但是……她已气绝多时,母亲急切地问:"我的女儿还活着吗?"

以为女儿还活着,是她苦撑两天的唯一理由和希望。

这名救援人员终于受不了了,放声大哭:"对,她还活着,我们现在要把她送到医院急救,然后,也要把你送过去!"他知道,如果母亲听到女儿已死去,必定失去求生意念,松手让土石压死自己,所以骗了她。

母亲疲惫地笑了,随后,她也被救出送到医院,她的双手一度僵直无法弯曲。

隔天,土耳其报纸头条是一幅她用手撑地的照片,标题是:"这就是母爱。"

长得壮硕的导游说:"我是个不轻易动感情的人,但看到这则报道,我哭了。以后每次带团经过这儿,我都会讲这个故事。"

其实不只他哭了,车里的我们也哭了。

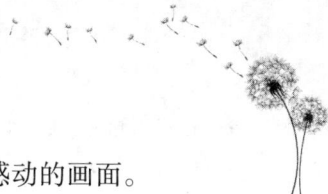

**【画一画】**

这是一个感人至深的故事,请你用横线画出故事中最令你感动的画面。

# 4. 魁地奇比赛

[英] J. K. 罗琳　苏农 / 译

到了十一点钟,似乎全校师生都来到了魁地奇球场周围的看台上。许多学生还带了双筒望远镜。座位简直被升到了半空,但有时仍然难以看清比赛情况。

············

霍琦夫人使劲吹响了她的银哨。十五把飞天扫帚拔地而起。比赛开始了。

"鬼飞球立刻被格兰芬多的安吉利娜·约翰逊抢到了——那姑娘是一个多么出色的追球手,而且长得还很迷人——"

李·乔丹是韦斯莱孪生兄弟的朋友。他正在麦格教授的密切监视下,担任比赛的解说员。

"她在上面真是一路飞奔,一个漂亮的传球,给了艾丽娅·斯平内特,她是奥利弗·伍德慧眼发现的人才,去年还只是个替补队员——球又传给了约翰逊,然后——糟糕,斯莱特林队把鬼飞球抢去了,斯莱特林队的队长马库斯·弗林特得到了鬼飞球,飞奔而去——弗林特在上面像鹰一样飞翔——他要得分了——没有,格兰芬多队的守门员伍德一个漂亮的动作,把球断掉了,现在是格兰芬多队拿球——那是格兰芬多队的追球手凯蒂·贝尔,在球场上空,在弗林特周围敏捷地冲来冲去——哎哟——那一定很疼,被一只游走球击中了后脑勺——鬼飞球被斯莱特林队抢断——那是德里安·普塞飞快地朝球门柱冲去,但是他被另一只游走球打倒了——游走球被弗雷德或者乔治·韦斯莱拨到一边,那两个双胞胎实在难以分清——格兰芬多队的击球手干得真漂亮,约翰逊又夺回了鬼飞球,前面没有阻力,她拼命飞奔——真像是飞一样——躲开一只游走球——球门柱就在前面——来吧,好,安吉利娜——守门员布莱奇俯冲过来——漏过了——格兰芬多队得分了!"格兰芬多们的欢呼声在寒冷的天空中回荡,其中还夹杂着斯莱特林们的怒吼和呻吟。

(选自《哈利·波特与魔法石》,东北师范大学出版社)

**【圈一圈】**

选文中李·乔丹的解说真是精彩,他抓住队员的动作和神态,让那场精彩的球赛在你眼前上演。请你仔细读读最后一个自然段,认真体会作者是怎样让场面"动"起来的。

### 练笔

## 精彩的运动会开幕式

[**板块一**]关注场面

场面指的是一个特定的时间和地点里,许多人物活动构成的画面。运动会开幕式就是生活中常见的场面。

请你仔细观察深圳市福田区福南小学运动会开幕式照片,和小伙伴说说你从图中知道了哪些信息,然后补充表格。

| 当天天气 | |
|---|---|
| 活动地点 | |
| 现场气氛 | |

开幕式上,各种声音此起彼伏,这些声音带给你怎样的体验呢?请认真听录音,并简单记录声音带给你的感受。

加油声:

欢呼声:

号令声:

……

[板块三]用心描绘

每个班级都在开幕式上使出"浑身解数",期待自己能夺得开幕式表演的冠军。如果你是开幕式的评委,你会怎么评价下面几个班级的表演呢?

评价小提示:我们可以参考下面方框中的例子,着重关注同学们的服装、动作以及表情。

四年级一班　超级马里奥

四一班扮演的是可爱机灵的超级马里奥。他们穿着马里奥标志性的"红蓝"服装,拿着道具,昂首挺胸,踏着整齐的步伐,一齐前进。那气势,连校长都拍手点赞呢!行进中,他们听着引导员响亮的口号,不停调整自己的步伐。

[板块四] 留住精彩

一段精彩的场面描写，能传递出当时的气氛，并感染读者。在描写时，我们要留心观察环境和人物的活动。请你拿起手中的笔，让开幕式的场面"动"起来吧！

（方格稿纸，空白）

## 评改

**一、评一评自己的习作**

请你根据下面表格中的四个要素评价一下自己的习作，然后再请同学和老师进行评价。

| 评价要素<br>评价主体 | 气氛热烈 | 观察细致 | 语言生动 | 条理通顺 |
|---|---|---|---|---|
| 自我评价 | ☆ ☆ ☆ ☆ ☆ | ☆ ☆ ☆ ☆ ☆ | ☆ ☆ ☆ ☆ ☆ | ☆ ☆ ☆ ☆ ☆ |
| 同学评价 | ☆ ☆ ☆ ☆ ☆ | ☆ ☆ ☆ ☆ ☆ | ☆ ☆ ☆ ☆ ☆ | ☆ ☆ ☆ ☆ ☆ |
| 老师评价 | ☆ ☆ ☆ ☆ ☆ | ☆ ☆ ☆ ☆ ☆ | ☆ ☆ ☆ ☆ ☆ | ☆ ☆ ☆ ☆ ☆ |

**二、评一评同学的习作**

先看看老师是怎么点评的，接下来自己试着评一评。从片段开始，再到完整的文章，让我们学会欣赏同学的习作。

## 1. 夹豆子(节选)

深圳市福田区福南小学　杜芷越

夹豆子比赛终于在万众瞩目下开始了！随着老师一声令下，同学们屏气凝神，双眼紧盯着参赛的同学。只见李汇森满脸自信，嘴里喊着："看我的，冠军肯定是我。"此时，他的对手朱钊东却手抖个不停，一个豆子也夹不起来。时间在一分一秒流逝，每一秒都令人窒息。

"停！"结果出来了，冠军果然是李汇森！听到比赛结果的他兴奋得一蹦三尺高！

**【老师点评】**

杜芷越同学集中观察观众和参赛选手的表现，写出了两个参赛选手截然不同的反应，"屏气凝神、满脸自信""手抖个不停"等神态描写更是生动形象，好像把我们带进了比赛现场！

## 2. 一堂有趣的课（节选）

深圳市福田区福南小学　吴晔

刘老师说完，似乎就已经放弃我这只"猎物"了。她缓缓走向了下一个同学——陈宏锟，这时蓄谋已久的李晓杰用他锋利的指甲划破了气球，结果陈宏锟成了无辜的"受害者"，李晓杰则一脸幸灾乐祸。陈宏锟惊魂未定，走上了讲台接受惩罚。只见他的双脚不停地晃动，嘴唇也在发颤，我想应该是被气球"炸"懵了！他这紧张的神情"取悦"了刘老师，刘老师忍不住逗他："锟儿，你现在的心情怎么样？看到我手里的红盒子了吗？你的命运接下来就交给它喽！"说完，老师把盒子交给陈宏锟。本来看似轻巧的盒子，到了他手上，好像有千斤重似的，他悄悄把盒子打开一条缝，又猛地合回去，同学们的心也被他吊了起来，大气不敢喘，生怕盒子里跳出什么怪物！当他缓缓打开盒子时，里面竟是零食！这时，陈宏锟真是"三把钥匙挂胸前——开心，开心，真开心"！

**【学生点评】**

## 3. 课间活动真有趣

深圳市福田区福南小学　陈丙鑫

今天我们在教室里玩了一个特别好玩又刺激的游戏——气球大爆炸。

上午第三节课间的时候，一个同学邀请我们玩一个很刺激的游戏——气球大爆炸，我们觉得非常兴奋，因为这是我们第一次玩这个游戏，那位同学明确了一下规则，我们就开始了。

一个同学左手拿着气球，右手拿着打气筒，另一个同学发现了，气球越来越大，便大喝一声："小心一点，气球要爆炸啦！"于是，同学们骚动起来。有的同学躲到了桌子底下，有的同学捂住了耳朵，有的同学在暗自祈祷"不要是我，不要是我"……还有的同学淘气地用手指划气球的皮，似乎想让气球在旁边的同学那儿爆炸。我一开始不住地祈祷："不要爆炸呀，千万不要在我这儿爆炸呀！"当气球"走"到我身边的时候，我赶紧躲在了桌子底下。因为我发现气球已经涨得特别大了，马上就要爆炸了！真是"鼻梁上挂菜刀——好险好险"哪！当发现气球离我远去，我想，这真是"三把钥匙挂胸膛——开心，开心，真开心"啊！气球没有在我这儿爆炸，我也不用遭受"是福还是祸"的惩罚了！这时，气球跑到了陈同学那里，淘气的李同学拿他那尖尖的指甲，用力地刺了一下气球……

啪！气球在陈同学那儿爆炸了。大家有的哈哈大笑，有的竖起了大拇指，陈同学装出了一副愁眉苦脸的样子，走上台去，接受把手放到神秘莫测箱子的惩罚。只见陈同学忐忑不安地打开箱子，闭上眼睛，嘴里念念有词，肯定在心里暗暗地祈祷。最终，他发现自己摸到一支笔，我想他心里面的那块石头终于放下来了吧……

美好的时光总是这么短暂，上课铃响了，我们只好依依不舍地回到各自的座位上。但是我现在还回想着这一次精彩的游戏——尽管课堂结束了它。

**【老师点评】**

陈丙鑫同学抓住人物的动作、神态和心理活动，生动具体地再现了课间游戏活动的场面。他注意到不同人的不同表现，采用"有的……有的……有的……"句式进行表达，把课间游戏活动写得活灵活现，妙趣横生。

## 4. 一堂有趣的课

深圳市福田区福南小学　詹嘉炯

上课铃响了，同学们赶紧回到座位上，安静地等待刘老师的到来。出人意料的是,老师一进门就宣布:今天先来玩个游戏,游戏的名字叫作"气球大爆炸"。教室里顿时一片欢呼雀跃。

游戏开始了。刘老师手拿充气筒,一边往气球里打气,一边"幸灾乐祸"地看着我们。"小杰,你为什么捂着耳朵啊?"她缓缓地走向小杰。全班笼罩着紧张的气氛,空气似乎凝固了,静得仿佛连针掉在地上都听得到。我的脑中闪出一个画面:一只狐狸看着一大群羊羔,不断威胁着羊群,其中一只小羊羔害怕地捂着耳朵……当同学们捂着耳朵的时候,突然,有一只"勇敢的羊"——小晔鼓起巨大的勇气站了起来,老师见状缓缓走向小晔。气球不断膨胀,宛如一个巨大的西瓜,就在气球快贴近小晔脸边时,小晔吓得也赶紧捂住了耳朵,全班都被小晔的举动逗笑了。

这时老师走到了小锟的身边,气球越来越大,好似在说:"哈哈!下一秒,你们就要送我上天!"小锟紧张得直叫唤,可气球偏偏不领情,"砰"的一声,突然爆炸,由小锟接受惩罚。顿时,全场的目光转向小锟,刘老师拿给小锟一个盒子:"小锟,你将接受'是福还是祸'的惩罚。"福祸相倚,大家心里充满疑惑,刘老师一副捉摸不透的表情,仿佛在策划一个重大机密一样。随着盒子的物体慢慢脱落,小锟和同学们的心悬到了嗓子眼,又悬到了鼻尖。"哦,原来是零食和玩具!"小锟心里悬着的石头终于落地了。同学们向小锟投去一片羡慕的目光——祸兮福所倚,除了吓一跳之外,他获得了老师的玩具,同学们能不羡慕吗?

不知不觉,下课铃声响起,这一节课,同学们一致认为是我们学习史上最有意思的课。

【学生点评】

_____

_____

_____

三、改一改自己的习作

你的文章有没有细致描写人物的活动?有没有写出当时的气氛来打动读者呢?认真读一读自己的文章,再修改一下吧!

# 《哈利·波特》

[英]J. K. 罗琳／著　苏农／译　人民文学出版社

《哈利·波特》是 J. K. 罗琳于 1997～2007 年所著的魔幻文学系列小说,共七部。其中前六部以霍格沃茨魔法学校为主要舞台,描写的是主人公——年轻的巫师学生哈利·波特在霍格沃茨前后六年的学习生活和冒险故事;第七本描写的是哈利·波特在第二次魔法界大战中在外寻找魂器并消灭伏地魔的故事。七个有魔法的故事,构成一场伟大的冒险之旅。作者在故事中塑造了各种扑朔迷离、独具匠心的场景,为读者呈现一个神奇梦幻的魔法世界。

## 主题7 游戏习作

### 开展趣味游戏，守护快乐童年

如果要问孩子最喜欢做什么,很多孩子脱口而出的回答是"游戏"。童年的世界是一个个游戏搭成的幸福乐园,对孩子来说,游戏无处不在,"儿童急走追黄蝶,飞入菜花无处寻""儿童散学归来早,忙趁东风放纸鸢""意欲捕鸣蝉,忽然闭口立"……游戏在孩子的成长中不可或缺,儿童在游戏中体验快乐,在游戏中探索世界。开展趣味游戏活动,就是守护孩子们的快乐童年;以游戏的方式开展学习,就是尊重孩子的认知方式。

## 什么是游戏习作

**一、游戏习作的定义**

1. 游戏的内涵。

游戏,顾名思义就是娱乐活动和玩耍,"戏",小篆为𢧑,本义为古时祭祀或进餐时,有人头戴虎头面具、持戈舞蹈,后引申为互动性的娱乐行为。游戏是所有哺乳类动物,特别是灵长类动物学习生存的第一步,它是一种基于物质需求满足之上的,在一些特定时间、空间范围内遵循某种特定规则的,追求精神世界需求满足的社会行为。

关于游戏的相关理论数不胜数,德国哲学家伽达默尔认为:"游戏在近代美学里指一种精神的自由活动、能力的自由活动,即一种主体性的活动。"瑞士儿童心理学家皮亚杰认为:"游戏是学习新的复杂客体和事件的方法,是巩固和扩大概念和技能的方法,是使思维和行动相结合的方法。"在儿童生活中,游戏是一种生命张力的体现,儿童文学作家班马认为儿童形象的"游戏精神"就是儿童形象身上的一种游戏天性。游戏精神就是"玩"的儿童精神,也是儿童文学的深层基础。游戏,是儿童认知

世界、开掘自我潜能的重要途径。

2.游戏习作的内涵。

关于游戏习作的概念，很多学者有自己的看法。刘景良认为"游戏作文"教学法，即在作文教学中，通过游戏活动的实施，让学生感受到真实的生活组成的片段，用这些片段来激发学生的写作兴趣，然后，让学生记录这段游戏的经过以及在参与游戏时所产生的感受。

施茂枝教授提出，游戏作文是指先游戏后作文的写作教学方式。它为写作教学而开展游戏活动，让学生经历实在而特殊的生活，产生真实体验，激起写作热情，然后写下这段经历和感受。

李白坚教授认为游戏作文是通过课堂上演示的具有科学性、趣味性、系统性的游戏活动，激发学生激情参与，让学生在游戏活动中观察和体验后，用书面语言对活动加以整理，以达到综合成文的作文形式。

张明老师认为，为孩子们创造一个快乐的游戏世界，充满浓郁的生活气息、充满乐趣的游戏是一股有效开发潜能的力量，能够激励人们团结、机智、敏捷、果敢、积极，在快乐中提升创造力，发散思维，发展语言。游戏和作文的结合，是教学的一种艺术。

韦金荣老师称游戏作文是利用学生好玩的天性，先让他们兴高采烈地玩游戏，然后再在他们兴致勃勃玩乐时将游戏戛然而止，此时他们还意犹未尽，仍保持愉悦的心情，老师抓住时机引导他们说一说，想一想，写一写，更容易让学生达到"情动而辞发"的功效！

游戏习作强调以习作教学为目标，以游戏为媒介和手段，向学生展示真实的生活片段，引导学生参与，丰富生活积累，获得情感体验，激起学生的兴趣，让学生留心观察游戏的过程和细节，然后用自己的语言把活动记录下来并写出游戏中的感受。

## 二、游戏习作的种类

在游戏习作课上，老师可以开展丰富多彩的游戏，创设习作情境。根据不同的标准，游戏习作可以划分为以下种类：

1.根据所需的能力，分为体育游戏和智力游戏。

(1)体育游戏：这类游戏常常需要学生有气力、反应力、平衡力，如掰手腕、抢椅子、运乒乓球、夹珠子、踩气球等。写作时要侧重于神态、动作描写，能把过程写具体。

（2）智力游戏：这类游戏需要学生注意观察、逻辑推理、发挥想象、调动记忆。如成语接龙、根据动作猜成语、找"领袖"、神奇的莫比乌斯带、谜语会等。写作时要侧重于神态、心理描写。

2. 根据参与的人数，分为个体参与游戏和群体参与游戏。

（1）个体参与游戏：这类游戏是个体轮流参与，如贴鼻子、吹蜡烛等。写作时要注意写出参与游戏者的表现。

（2）群体参与游戏：这类游戏需要多人一起参与，如老鹰捉小鸡、丢沙包等。写作时要注意点面结合，突出重点。

3. 心理学家的分类。

皮亚杰把游戏分为三类：练习性游戏、象征性游戏、规则游戏。他认为这三类游戏贯串了儿童整个心理发展过程，并对孩子的成长发挥着至关重要的作用。

# 为什么要实施游戏习作教学

17 世纪英国教育学家洛克在《教育漫话》里说："教导儿童的主要技巧是把儿童应做的事也都变成一种游戏似的。"的确，孩子在游戏中接受的教育是润物无声且极为高效的，因为游戏就是儿童生活的一个重要组成部分。儿童游戏行为所蕴含的自由精神，是儿童写作教育可贵的精神财富，应该成为儿童写作教育发掘主体言语潜能的重要精神资源。基于游戏的种种重要价值，我们完全可以充分利用游戏活动平台，激发学生对游戏的体会、对生活的感悟，在游戏和习作之间搭建一座美好的桥梁。

**一、从儿童心理的角度来思考**

游戏习作符合人本主义教学观。这种教学观关注学生的生活状态，强调教学必须与学习者的经验和生活实际建立联系，遵循学生的天性，发挥每个人的潜能，使之成为知、情、意、行和谐发展的人。游戏是儿童心理和生理的本能需要，喜爱游戏是儿童的天性。孩子一生下来，就开始通过游戏来了解世界。游戏不仅有助于拓展孩子们的想象力和创造力，还可以培养他们坚强的毅力和互助精神，增加他们与人交往的机会，以及学会理解他人。

叶圣陶说："小学作文之教授，当以顺应自然之趋势而适合学生之地位为主旨。"游戏作文正顺应了儿童的身心特点，以小学生的实际需要和经验建构教学内容，使

学生真正成为课堂的主人,使写作教学活动真正成为以兴趣、爱好等本能活动为支撑点的主动活动,它不但有助于小学生写作能力的提高,还有助于其知、情、意、行的和谐发展。

## 二、从生活体验的角度来思考

习作素材源于生活,著名儿童文学理论家朱自强认为:"游戏之于儿童,是其生活本身,游戏的意义即其生活的意义,游戏是纯粹的生活,生活是纯粹的游戏。"儿童的生活体验往往有限,写作时常常觉得"难为无米之炊",游戏就是学生习作中源源不断的"米",是一种独特的生活体验。在体验游戏的过程中,无形之中丰富了学生的生活体验,让学生的写作素材层出不穷,如放风筝、扔沙包、贴鼻子、拔河、跳绳、航模制作、足球赛等。挖掘这些丰富的游戏资源,让学生从中积累生活素材,在游戏和习作中调动各种感官,把看到的、听到的、想到的写下来,也就是让学生在真实的体验中,写自己想说的话,写最真实的体验,变"要我写"为"我要写",真正做到寓教于乐,把游戏和习作关联起来,让习作成为生活的一个组成部分。

## 三、从核心素养的角度来思考

游戏对各种学习能力的促进、提高作用是明显的,将其和习作相结合,必然扫除笼罩在孩子心中的阴霾,让他们在切身参与中感受并且分享游戏作文带来的快乐。在习作中融入游戏,将使习作活动直面儿童内心世界,解放孩子的精神束缚,放飞他们自由独特的个性,促其自由表达。

1. 游戏习作能够激发学生的自主性。

儿童心理学家皮亚杰说:"儿童是个有主动性的人,他的活动受兴趣和需要的支配,一切有效的活动必须以某种兴趣为先决条件。"根据这一特点,在习作教学时一定要让学生体验成功,树立自信,调动写作积极性,让他们愉快、自主地投入到学习中来。游戏习作将习作与游戏紧紧地结合到了一起,在丰富多彩的游戏中,学生兴趣盎然,观察、体验、交流等都成了一种迫切的需要,此时让学生动笔,真正做到了"情动而辞发"。有了游戏的参与,孩子们就有了深刻的体验,不再写假大空的语言;有了酣畅淋漓的快乐,孩子们的表达就有感而发。久而久之,学生于不知不觉中提高了写作能力。

2. 游戏习作能够培养学生的想象能力。

丰富的想象力是写好习作的不竭源泉。在习作教学中,除了培养学生的观察能力之外,引发学生的想象思维也很重要。在游戏习作教学过程中,教师要经常为学生创设激发想象的情境,引发他们的想象思维,培养他们的想象创造能力。学生的想象思维得到激发和锻炼,写作兴趣也就提高了,写出的习作就会比较充实生动。

3. 游戏习作可以提高学生的表达能力。

苏联教育家赞可夫说:"只有在学生情绪高涨,不断要求向上,想把自己独有的想法表达出来的气氛下,才能产生出使儿童的作文丰富多彩的那些思想、感情和词语。"兴趣是最好的老师,兴趣是习作最重要的内驱力,也是学生写好习作的首要前提。在游戏习作课中,玩、说、写是紧密联系、相辅相成的。在玩的过程中,引导学生观察游戏前、游戏中、游戏后同学们的神态、动作、语言,写作时自然有了源头活水。在学生情趣盎然、意犹未尽之际,让学生叙述游戏过程中自己的所见、所闻、所感,以说促写,同时注意把写作指导渗透其中,学生自然能写出生动、有趣的文章来。生活是写作的源泉,游戏是儿童生活的一个部分,我们把这部分生活引进课堂,孩子的习作就有了源头活水。

## 怎样实施游戏习作教学

### 一、探究目标

游戏虽然是孩子们非常熟悉的写作素材,但是要把这个过程写清楚、写生动、写出自己独特的体验,仍然需要一个参与游戏的过程,一个写作指导的过程。在游戏习作这个主题中,我们安排了以下 8 个探究项目:

1. 明确游戏规则
2. 说清游戏过程
3. 观察人物表情
4. 走进内心世界
5. 描写观众反映
6. 合理取舍素材
7. 学习场面描写
8. 创编趣味游戏

以上 8 个项目对应的具体探究目标如下:

1. 学习把游戏规则和游戏方法写清楚。

游戏前,师生一起商议游戏的方法和比赛规则,如三局两胜、单手比赛等,接着引导学生完整、有条理地把游戏的方法和规则说清楚,游戏后引导回顾比赛过程,并按顺序把游戏过程写下来。

　　2. 能按一定的条理把游戏过程写下来。

　　游戏是怎样开展的? 你看到了什么,听到了什么? 引导学生仔细观察整个游戏过程中的细节,有条理地描述细节,引导学生把过程写详细。如"蒙眼画像"游戏,每组请一个同学蒙眼画像,其他同学观察这位同学是如何蒙眼、如何开始画像的,画像过程中发生了什么事……

　　3. 能够抓住典型人物进行观察,并写出人物表情。

　　人们常说:"脸是人的感情晴雨表。"人物喜怒哀乐的表情往往能反映出人的内心情感。游戏之前教师回顾描写表情的词语,并引导学生游戏时注意观察人物的表情,在写作时引导学生注意人物表情的刻画,即抓住人物的面部特征进行细致的描写,再结合人物的动作描写、心理描写等,将人物刻画得活灵活现,有声有色。如学生玩"木头人"的游戏,推荐三五个"意志坚强"的"木头人"上台,让全班同学使出浑身解数逗他们发笑。在这个过程中,人物表情的描写便是习作至关重要的一笔。

　　4. 能够细致写出游戏过程中人物的心理。

　　参加游戏的同学心里在想什么? 引导学生站在他人的角度描写不同人物的心理,这一点尤为重要。例如"找领袖"游戏,请一个同学待在教室外做"侦探",教室里选一个"领袖","领袖"坐在原来的位置上,请另一个同学站到讲台前做"镜子"模仿领袖的各种动作(领袖在一分钟内至少做 3 个动作),全班同学模仿"镜子"的动作。请"侦探"判断哪个是"领袖"。这个游戏中,每一位同学的心理状态都不一样,准确刻画出人物心理,习作就成功了一半。

　　5. 能够捕捉到现场观众的反应并描写下来。

　　游戏活动必然少不了观众,观众的反映也是游戏习作描写中不可缺少的部分,引导学生观察观众的反应,在写主角的同时插入对观众的描写,这也是从侧面进行烘托的一种写法。

　　6. 学习从游戏过程中选取合适的素材进行描写。

　　一个游戏开展下来,学生若"眉毛胡子一把抓",便会变成记流水账,在交流的过程中,要引导学生抓住重点,对习作内容进行取舍,注意详略得当,有选择地写。

　　7. 学会进行场面描写。

通过不同场景的描写,学会以点带面的写作方法。所谓点,指的是最能显示人、事、景物的形象状态特征的详细描写;所谓面,指的是对人、事、景物的叙述或概括性描写。点面结合就是点的详细描写和面的叙述或概括性描写的有机结合。点,可以突出重点,体现深度;面,可以顾及全局,体现广度。点面结合,可以既有深度又有广度地反映人、事、景物的形象状态,最充分地表现思想,抒发感情。

8.能够有创意地编写游戏说明书。

学习的目的在于学会,在于运用。经过 7 个项目的单项练习,最后一个项目,我们按照惯例,设计了综合实践活动。游戏主题的综合实践活动是引导学生自编一个游戏和同学一起玩。这就让平时所学的知识得到了真正的迁移,同时也考验了同学们思维的严密性。由一个初步的想法,演绎成一个能玩的游戏,在很大程度上激发学生的参与热情,让学生获得了真正的成就感!

### 二、支架策略

不同的探究目标之下,学生的学习方法有所不同。教学时,我们根据学生的实际情况,引导大家自主探究,然后在此基础上,提供一些策略,引导学生不断迈向新的高度,获得真正的成长。根据以上 8 个探究目标,我们确定的支架策略如下:

1.通过体验与合作实现周密思考。

为了让每个学生都有切身的游戏体验,在我们的习作教学过程中,会组织学生真实地玩一次游戏。只有真正参与,才有实实在在的体验。参与游戏,从某种程度上来说也是在"自由"和"秩序"中寻找平衡点。在第一个项目中,我们首先引导学生制定游戏的规则,"没有规矩,不成方圆",而规则的制定不是老师说了算,也不是某一个组长说了算,而是大家一起讨论,在讨论中完善并遵守。

2.通过思维导图理清游戏经过。

对于亲自参与过的游戏,学生往往能够绘声绘色地讲清楚,但写起来却仍然有一定的难度。在第二个项目中我们通过画思维导图的方式,先引导学生理清表达的条理,再把游戏的过程写清楚。

3.通过观察记录把表情写具体。

在前面的习作中,我们更多的是要求学生写清楚,而在这个项目中,我们开始有意识地引导学生写具体。如果写作前没有提出具体的观察任务,学生在观察游戏的过程中往往是"一笑而过",很少注意游戏中的一些细节。在这个项目中,我们以观

察记录表的形式,让学生带着任务观看游戏过程,从中学习积累素材。

4. 关注心理变化过程,把内心感受写具体。

在日常写作中,学生经常用来表达心情的词语就是"高兴",怎样把内心的感受更具体细腻地表达出来? 在第四个项目的学习中,我们引导学生关注心理的变化过程及不同的心理感受,把内心的真实感受写具体。

5. 通过侧面烘托表现游戏之精彩。

写作中,孩子的视野里往往只注意主角,容易忽视周围观众的状态。在这个项目的学习中,我们引导孩子换一个观察的角度,通过观众的反映侧面烘托游戏过程的精彩。这也是一种基本的表达方法。

6. 选取重点内容凸显文章中心。

游戏的过程中,参与的人很多,观众也很多,场面比较复杂,这就要求我们在写作时学会取舍素材,聚集重点,围绕中心去进行选择,与主题无关的内容不写,关联不大的内容略写。

7. 通过点面结合写出场面气氛。

点面结合是描写场面的一种基本方法。这个项目中,首先通过素材让学生真正理解什么是点什么是面,然后在游戏中指导学生写好点与面,从而凸显活动的气氛。

8. 开展综合实践活动。

这个项目的综合实践学习任务是创编游戏,相比前面7个项目,这个项目难度更大,也更加综合,能够很好地考查学生在前面游戏中的学习所得。这个项目的学习,是对知识的综合运用与创新,也是对团队合作学习的一种考验,学习的方法是先借鉴现有的游戏说明书,从中了解游戏的名字、内容、规则等相关要素,再通过小组合作创编自己喜欢的游戏。

总之,在我们的课程中,游戏习作是先游戏、后习作的过程,孩子们在"玩"中"说",在"玩"中"写","玩""说""写"三者合一。这个主题的内容充分考虑孩子的年龄和思维特征,用孩子喜欢的内容和方式开展学习活动,为后面的写事习作奠定基础,也把童年的快乐与美好定格在自己的记忆里。

# 附：

## 项目化习作进阶课程"游戏习作"内容纲要

| 序号 | 项目名称 | 探究目标 | 支架策略 | 项目作品 |
|---|---|---|---|---|
| 项目1 | 明确游戏规则 | 学习把游戏规则和游戏方法写清楚 | 通过体验与合作实现周密思考 | 《掰手腕》 |
| 项目2 | 说清游戏过程 | 能按一定的条理把游戏过程写下来 | 通过思维导图理清游戏经过 | 《单手剥鸡蛋》 |
| 项目3 | 观察人物表情 | 能够抓住典型人物进行观察，并写出人物表情 | 通过观察记录把表情写具体 | 《有趣的"木头人"》 |
| 项目4 | 走进内心世界 | 能够细致写出游戏过程中人物的心理 | 关注心理变化过程，把内心感受写具体 | 《天黑，请闭眼》 |
| 项目5 | 描写观众反映 | 能够捕捉到现场观众的反应并描写下来 | 通过侧面烘托表现游戏之精彩 | 《抢椅子大战》 |
| 项目6 | 合理取舍素材 | 学习从游戏过程中选取合适的素材进行描写 | 选取重点内容凸显文章中心 | 《我做你猜》 |
| 项目7 | 学习场面描写 | 学会进行场面描写 | 通过"点""面"结合写出场面气氛 | 《气球爆炸了》 |
| 项目8 | 创编趣味游戏 | 能够有创意地编写游戏说明书 | 开展综合实践活动 | 《趣味游戏自己编》 |

**课程实施案例展示**

## 项目4 走进内心世界

### 导引

"蓬头稚子学垂纶，侧坐莓苔草映身"，垂钓的孩子内心多么的宁静与专注。"意

欲捕鸣蝉,忽然闭口立",放牛娃在这一刹那,心中是多么的惊喜与机警。"儿童急走追黄蝶,飞入菜花无处寻",小小的黄蝶,让孩子感受到了追赶的快乐与追而不得的着急。

从诗里穿越时空,我们阅读了别人童年中的游戏,体验到了他们丰富的内心感受。在这个项目的学习中,让我们也来记录自己多彩的内心世界吧!

### 积累

## 1. 最好的朋友(节选)

[英]瑞秋·沃根

午饭后的第一节课是游戏课。

贝尔小姐说:"我们看看谁换衣服换得最快!"

杰米和保罗放下运动包。

杰米想,我要打败保罗,给他点颜色看看!

保罗也在想,我要打败杰米,这是他应得的!

两个男孩换上短裤和 T 恤开始了比赛。

他们几乎在同一时间完成。

"我第一!"杰米大叫着举起手来。这时他感觉胳肢窝下面有点紧。

"不,我第一!"保罗也叫起来。他也举起手,突然发现衣服又大又长,直拖膝盖。

"杰米,你的衣服怎么这么小?"比利问他。

"还有你,保罗,你的衣服怎么这么大?"贝尔小姐也感到奇怪。

他们的朋友们都大笑起来。

"你们一定是把运动包弄混了!"蒂丽说。杰米和保罗也都笑了。他们互相看着对方。

**【填一填】**

杰米和保罗比赛换衣服,杰米想＿＿＿＿＿＿＿＿＿＿＿＿＿＿＿＿＿＿;保罗也想

＿＿＿＿＿＿＿＿＿＿＿＿＿＿＿＿＿＿。

## 2. 爸爸的鸽子(节选)

林清玄

我在老家的起居室,找到一个被尘封的箱子,里面有许多爸爸晚年领过的奖品,

其中数量最多的是赛鸽的锦旗、奖杯和奖牌。

看着这些奖品，我想到从前和爸爸一起放鸽子的时光。

爸爸中年以后迷上赛鸽，与一大群朋友组成"鸽友会"，几乎每个星期都会举行鸽子的飞行比赛。

这种赛鸽在台湾乡间曾经风靡过一阵子，鸽友们每次赛鸽，交少许的钱给鸽会，并且把鸽子套上脚环，也交给鸽会，由鸽会统一载到远地施放，依照飞回来的名次发给奖金和奖牌，奖金非常高，有时一只得到冠军的鸽子，一次的奖金超过主人全年的耕田所得。

由于交的钱少，奖金却很高，再加上乡间缺乏娱乐，赛鸽成为乡下最刺激的事。

每次赛鸽的日子，我们就会全家总动员。年纪小的孩子站成一排，趴在顶楼的围墙上，把视线凝聚在远方的天空。

爸爸看见我们的样子，都会大笑："憨囝仔，这次听说载到野柳去放，至少也要两小时以后才会到呀！"

我们才不管爸爸怎么说咧，万一有一只神鸽，飞得比飞机还快，飞回来了我们都不知道，不是要损失一笔很大的奖金吗？

我们一动也不动地看着远方的天空，天空开阔而广大，群山一层一层好像没有尽头，白云一团团浮在山头上。然后我会失神地想：鸽子是有什么超能力呢？它可以不食不饮，飞过高山和田地，准确地回家，是什么带领着它呢？是风？是云？还是太阳呢？有许多小鸽子从未出过远门，怎么可以第一次就认路回家呢？鸽子那么小的头到底装了什么，怎么会如此有智慧呢？

**【读一读】**

"赛鸽"对于台湾作家林清玄而言，一点也不陌生。但面对成群而飞的鸽子，作者却有满心疑问，你能找到相关句子画上横线读一读吗？

### 3. 肥皂泡

冰 心

小的时候，游戏的种类很多，其中最爱玩儿的是吹肥皂泡。

下雨的时节，不能到山上、海边去玩儿，母亲总教我们在廊子上吹肥皂泡。她说阴雨时节天气潮湿，肥皂泡不容易破裂。

我们把用剩的碎肥皂放在一只小木碗里，加上点水，搅拌搅拌，使它溶化。然后

用一支竹笔的套管，蘸上那黏稠的肥皂水，慢慢地吹起，吹起一个轻圆的网球大小的泡儿，再轻轻地一提，那轻圆的球儿，便从管上落了下来，轻悠悠地在空中飘游。若用扇子在下面轻轻地扇送，有时它能飞得很高很高。

吹起来的肥皂泡很美丽，五色的浮光在那轻清透明的球面上乱转。若是扇得好，一个大球，会分裂成两三个玲珑娇软的小球，四散分飞。有时吹得太大了，扇得太急了，这脆弱的球，会扯成长圆的形式，颤巍巍的光影凌乱。这时，大家都悬着心，仰着头，屏着呼吸，——不久，这光丽的薄球就无声地散裂了。肥皂水落了下来，洒到眼睛里，使大家都忽然低了头，揉出了眼泪。

这梦幻般的肥皂泡，是我们自己小心地轻轻吹起的，吹了起来，又轻轻地飞起，是那么圆满，那么自由，那么透明，那么美丽。目送着她，心里充满了快乐、骄傲、希望……我想借着扇子的轻风，把她们一个个送上天去，送过海去。到天上，轻轻地挨着明月，渡过天河跟着夕阳西去。或者轻悠悠地飘过大海，飞越山巅，又低低地落下，落到一个美人的玉簪边，落到一个浓睡中的婴儿的雏发上……

这梦幻般的肥皂泡，一个一个地吹起，飞高，又一个一个地破裂。廊子是我们现实的世界，这些使我快乐、骄傲、希望的光球，永远没有出过我们仄长的廊子，都一个个在廊外的雨丝风片中消失了。

**【写一写】**

吹肥皂泡是冰心奶奶记忆中的儿时游戏。文中当脆弱的光球被扇得颤巍巍时，大家的心也随之紧张起来，这时他们心里在想什么呢？

_____

_____

_____

## 4. 古罗马斗兽场

中午到达意大利首都罗马，在旅馆安顿下来，匆匆忙忙在餐厅吃了意大利面条，下午我们就去斗兽场。可是罗马市区交通真是糟糕，走着走着就堵车，我心里急得要死，看看出租车司机，他倒是一副习以为常的样子，我听妈妈用英语和他交谈，也用英语插嘴，问司机我们去晚了，斗兽场是否会关门。司机笑了，他夸我会说英语。

我心里很得意，可是他再说的一大串英语我却听不懂了。爸爸告诉我，司机问我，为什么那么想参观斗兽场。我想到人和野兽搏斗的情景，脱口而出："好玩！"爸爸翻译给司机，司机和爸爸、妈妈都笑了。

远远地望到了斗兽场，它好像一座庞大的碉堡废墟，矗立在斜阳之中。斗兽场门口的广场上，有好几个穿着古罗马服装、手持盾牌和短剑的"武士"，一看见我们，立即上前打招呼，我高兴极了，跑过去摸他们身上的铠甲，又摆出和他们比武的样子，爸爸立即按动相机快门，把我和罗马武士"决斗"的样子照了下来。妈妈掏出钱来给那些武士，那武士用英语、汉语连声说"谢谢"，原来他们装扮成武士，是为了挣钱的。

走进斗兽场的拱形铁门，拾级而上，这座占地两万平方米，墙高57米（相当于二十层楼房的高度）的巨型建筑的全貌就展现在我们面前，高墙下面是一层一层可容纳十万观众的看台，正中是椭圆形的斗兽和竞技场地。我爬上最高层看台，又跑下来到斗兽场地。原来斗兽场地又分上下两层，底层建有八十多个地窖，是喂养野兽和临时囚禁角斗士的地方。地窖有一个铁栅栏和上层相通，进行"斗兽表演"的时候，就打开铁栅栏门，把野兽和角斗士驱赶到上边去。

站在斗兽场殷红的土地上，环视周围的层层看台，我的眼前好像浮现出两千多年前的情景：一个角斗士手握短剑与一头雄狮对峙着，饥饿的雄狮大吼一声冲了过来，角斗士躲闪开，雄狮掉过头又向他扑了过来，他一低头，从雄狮身下闪过，回身把短剑刺到狮子的身上。雄狮发怒起来，大吼一声一跃而起……而此时坐在看台上的罗马贵族、贵夫人则欢声雷动，他们鼓掌、呐喊，他们要看更激烈的人兽搏斗，他们要看流血……据传，罗马帝王和贵族为了显示他们的军威武力，为了寻欢作乐，曾同时驱赶上百名角斗士和几百头老虎、狮子等猛兽进行生死搏斗，或者驱使上百名角斗士厮杀决斗，结果使许许多多角斗士活活丧生，斗兽场的土地上不知流淌和渗透了多少鲜血。

人为什么要做角斗士？他们是要显示自己高超的本领吗？爸爸给我讲起古罗马的历史。古罗马是奴隶制的国家，战争中的俘虏沦为奴隶，奴隶没有人身自由，主人可以驱使他做任何事情，可以把他卖掉，甚至有权把他杀死。角斗士都是奴隶，做角斗士绝非出自自己的意愿。他们被挑选出来做角斗士，要被关进角斗士学校进行艰苦野蛮的训练，其目的是在竞技场上"表演"得更精彩，以使看台上的奴隶主们更加高兴。在竞技场上，你不杀死对方，就被对方杀死。他们在竞技场上的英勇拼杀，完全是为保住自己的生命。哪里有压迫，哪里就有反抗，压迫越深，反抗越烈。公元

前73年,角斗士斯巴达克斯率领七十多名同伴冲出角斗士学校,逃到维苏威山举行起义,许多逃亡的奴隶赶来参加他的队伍,起义队伍迅速壮大达九万人,连续两次击败前来围剿的罗马军官。虽然起义最后失败了,斯巴达克斯英勇牺牲,但这次奴隶起义有力地震撼了罗马奴隶制。可是罗马贵族并不接受历史的教训,在公元72年,罗马皇帝为庆祝征服耶路撒冷的胜利,又强迫沦为奴隶的八万犹太和阿拉伯俘虏,修建了这座罗马的斗兽场。

从斗兽场出来,天色已晚,广场上那几个穿着角斗士服装的武士还在招揽生意,我却对他们失去了兴趣。回头望去,残阳如血,斗兽场的残垣断壁显得有些狰狞可怕。

## 【写一写】

时代不同,游戏的玩法也大相径庭。古代社会贵族阶级所玩的这种血腥游戏,是把自己的快乐建立在别人的痛苦之上,如果你就是游戏中的角斗士,你的内心又会想些什么呢?

_____

_____

_____

## 练笔

### 天黑,请闭眼

**[板块一]** 熟悉游戏规则

小朋友,你玩过"天黑,请闭眼"游戏吗?这个游戏非常考验表演能力、表达能力和思维能力呢。你准备好了吗?现在,让我们来看看游戏规则吧,规则有点长,要有耐心哦!

游戏规则:

1.根据人数准备好9张牌,按照不同的花色事前规定好法官1人、杀手2人、好人6人。每人取一张牌,明确自己的身份,除法官外,不要让任何人知道。

2.法官宣布:所有人闭上眼睛,杀手睁眼相互认识。法官知道谁是杀手后,宣布:杀手闭眼,所有人睁眼。

3.下面开始个人发表意见,按照座位顺序依次发言,相互指正,找出坏人。所有人发言完毕后,被指证最多的人有一次为自己申辩的机会。

4.申辩完毕后,大家举手投票决定是否处决这个人。没过半数则该人存活。得票过半则处决,法官宣布亮牌,让大家明确是成功抓到一个杀手,还是错杀一个好人。如错杀好人则有最后的遗言,杀手则没遗言。

5.法官宣布天黑,所有人闭眼,杀手出来杀人。杀手用眼神相互交流,统一杀害的目标,并用眼神告诉法官杀谁。杀手杀人完毕后闭眼,所有人睁眼。法官宣布哪个好人被杀。被害人遗言。

6.如此重复,直到好人将杀手全部抓出,则好人获胜;如好人全部被害,则杀手获胜。

[板块二]进行热身准备

在游戏开始前,请你仔细阅读下面的问题,为后面填写记录单做好准备。

1.我抽到的卡牌是_____,我的想法是_____
____。

2.听到_____发表意见的时候,他_____,我认为_____
_____。

3.大家投票处决的时候,我想:_____。

4.当法官宣布_____赢了的时候,我的想法是_____
_____。

[板块三]做好心理记录

1.按照记录单的提示认真观察游戏过程。

2.游戏结束后认真填写记录单的内容。

[板块四]开始习作大战

完成了上面的提示单,相信你对自己在游戏中的心理活动有了一定的了解。那么,这个游戏我们可以写什么呢?根据下面的思维导图,跟你的小伙伴讨论一下,确定自己要写的部分吧。(你还可以根据自己的想法画出分支哦!)

规则（详略）写　　　　过程（详略）写

天黑，请闭眼

有趣的地方（详略）写　　　描写游戏者（详略）写　　　我的心理着重写

[**板块五**]写成精彩文章

在完成了三个板块的学习之后,此时的你对这篇习作一定胸有成竹了吧,那就动笔写一写吧! 注意:要把自己心里的想法写清楚哦!

|  |  |  |  |  |  |  |  |  |  |  |  |  |  |  |  |  |  |  |  |
|---|---|---|---|---|---|---|---|---|---|---|---|---|---|---|---|---|---|---|---|
|  |  |  |  |  |  |  |  |  |  |  |  |  |  |  |  |  |  |  |  |
|  |  |  |  |  |  |  |  |  |  |  |  |  |  |  |  |  |  |  |  |
|  |  |  |  |  |  |  |  |  |  |  |  |  |  |  |  |  |  |  |  |
|  |  |  |  |  |  |  |  |  |  |  |  |  |  |  |  |  |  |  |  |
|  |  |  |  |  |  |  |  |  |  |  |  |  |  |  |  |  |  |  |  |

## 评改

### 一、评一评自己的习作

请你根据下面表格中的四个要素评价一下自己的习作,然后再请同学和老师进行评价。

| 评价要素<br>评价主体 | 游戏过程详细 | 心理描写细腻 | 叙述有一定条理 | 语句生动有趣 |
|---|---|---|---|---|
| 自我评价 | ☆☆☆☆☆ | ☆☆☆☆☆ | ☆☆☆☆☆ | ☆☆☆☆☆ |
| 同学评价 | ☆☆☆☆☆ | ☆☆☆☆☆ | ☆☆☆☆☆ | ☆☆☆☆☆ |
| 老师评价 | ☆☆☆☆☆ | ☆☆☆☆☆ | ☆☆☆☆☆ | ☆☆☆☆☆ |

### 二、评一评同学的习作

先看看老师是怎么点评的,接下来自己试着评一评。从片段开始,再到完整的文章,让我们学会欣赏同学的习作。

## 1. 击鼓传花(节选)

深圳市福田区梅林小学　肖亮

游戏开始了,我昂首阔步地走上台,信心十足,好像马上就要上战场一样。我看了一下围成圆圈坐着的同学,有的皱着眉头,生怕花会传到他的手中;有的神态自

若,坐着就像和尚念经一样。我蒙上眼睛,拿起鼓槌,心怦怦直跳:我该敲几下鼓呢?这朵花会传给谁呢? 就看大家的运气喽。

**【老师点评】**

这个片段既写了击鼓传花前同学们不同的表现,也对自己击鼓前的心理进行了描写。


## 2. 童年·童趣(节选)

深圳市福田区梅林小学　陈斯榕

选好了旁白,剩下的角色抓阄决定。小黄当了船长,小吴当了游客……我打开自己的纸条一看,一脸苦涩:别人当的都是勇敢善良的正面角色,而我演的却是一个十恶不赦的海盗船长! 我有些失望,想放弃这个角色。可转念一想:玩游戏嘛,何必当真! 我一定要把这个反面角色演好! 不然,我的小伙伴以后都不会找我玩了。忽然我想起了点什么,兴高采烈地跑回家,拿了一副黑色的眼罩和一把木剑。我戴好眼罩,佩好木剑,伙伴们见我这副模样,都忍不住笑了,说我像极了海盗。

**【学生点评】**

_____

_____

_____


## 3. 有趣的"抓捕"游戏

深圳市福田区梅林小学　梁润淼

连续下了几天的雨,天空终于放晴了。小区里斜射进来了阵阵阳光,欢快的鸟儿在阴凉的树荫下成双结对地放声鸣叫,仿佛在向美丽的大自然吐露着多姿多彩、无忧无虑的生活,就连微风都变得十分爽朗,天空也是那么的蓝。下午放学后,我和几位同学相约来到小区的后花园玩耍。

刚来到小区的后花园,一浪高过一浪的呼喊声、尖叫声便立刻吸引了我们一行人的眼球:放学后,许多人在后花园嬉戏打闹,有的人在花丛中尽情地奔跑,肆意地玩耍;有的人则正在石凳上有说有笑地交谈,时不时传出一阵笑声;还有的在草地上晒太阳……

我们找了一块草地,把各自的书包放下,准备开始我们的游戏,我们即将玩一个游戏:三个字。游戏规则是这样的,由一个人来"抓捕"其他的逃跑者,逃跑的人可以通过喊出三个字的词语来自卫,但自己不能动,需要等待其他人来解救自己,如果最后抓捕的人抓到了所有人,则抓捕者胜利,反之,如果逃脱者坚持超过八分钟,则逃脱者胜利。

我们商量好了各自的身份,便开始了游戏。我的身份是一名逃脱者,我藏身在一棵大树背后,这里不容易被发现,我内心十分紧张,觉得好像有几千只蚂蚁在心间爬动。等了一会儿,周围毫无动静,只有树叶掉落的沙沙声,还有远处的呼喊声,我不禁心生疑惑:奇怪,人都去哪儿了?是不是小伙伴们提前回家了?还是我躲藏的地方很隐蔽,他们都找不到我的藏身之所?就在我准备起身跑出去时,突然看到抓捕的人正在直愣愣地盯着我藏身的大树,似乎在寻找我的踪迹。我的心慌了起来,赶紧藏好。他似乎发现了我,正在向我跑来。此时我心中只浮现出了两个字:快跑!我就像离弦的箭一般冲了出去,但为时已晚,他们还是把我抓住了。

太阳慢慢落下了,我们背上书包,带着满心的愉悦回到了家……

**【老师点评】**

这篇习作叙述具体,细节真实,有真情实感,能够将游戏的过程描写清楚,同时还把"我"的内心活动写得十分生动,让读者感到真实而亲切。

# 4.老鹰抓小鸡

深圳市福田区梅林小学　凌越

记得那是一个秋风习习的日子,校园里落叶遍地,金黄色的气味飘荡在每个人的鼻息间。

"哈哈哈哈……来抓我呀!来抓我呀!"操场上传来同学们嘻嘻哈哈的声音。我和同学正玩着老鹰抓小鸡的游戏。

大家都全神贯注地盯着那位扮演"老鹰"的同学,有的同学左移右跳,跟随着"老鹰"的步子变换位置;有的同学直冒冷汗,生怕自己被抓;还有的同学放声大笑,用大笑来为自己壮胆……"老鹰"很灵活地移动着脚步,不停地虚张声势地做着想要进攻的假动作。"鸡妈妈"则死死地盯着"老鹰",不停地调整身形来护住自己的"鸡

宝宝"，心里想：好狡猾的老鹰啊，我可不能上了你的当。你的鬼把戏，是骗不了我的。你来呀，你是抓不到我们的。两人互相瞪着对方，好像都要吃了对方似的。突然，"老鹰"加快了速度，向着"小鸡们"猛扑过去，"鸡妈妈"连忙掉转身子，挡住了"老鹰"的第一次进攻。狡猾的"老鹰"以迅雷不及掩耳之势转向另外一个方向，"鸡妈妈"猝不及防，一只"小鸡"落入了"鹰爪"。"鸡妈妈"定住神，张开双臂，以更敏锐的眼光注视着狡猾的"老鹰"。"鸡宝宝"们也调整好姿势，跟着"鸡妈妈"的节奏快速地移动。大家都沉浸在快乐的游戏中，耳边只回荡着银铃般的笑声。

上课铃声响了，大家意犹未尽地带着满脸笑意回到了教室中，留下的是一份美好的回忆。

【学生点评】

_____

_____

_____

三、改一改自己的习作

经过自我评价、同学互评、老师评价，相信你对本单元的习作内容已经有了新的思考。请你重新读一读自己的习作，重点审视一下心理描写，然后认真改一改，希望呈现出来的作品更加精彩！

拓展

## 有关游戏的小说

### 《糖溪帮探险记》

[美]保罗·哈钦斯　新世界出版社

比尔生活在美国糖溪地区的一所农场，他有一群朋友，他们管自己叫糖溪帮，附近的山地和糖溪是他们探险的乐园。他们暑假在这里钓鱼、游泳，打水仗；冬天溜冰，滑雪，撑着雪橇去看望老朋友。这次，他们一行六人在老树洞里发现了一张藏宝图，他们开动脑筋，终于破译了图上的密码……

## 《皮皮鲁和魔方大厦》

郑渊洁 　浙江少年儿童出版社

莱克不想好好学习,欺负猫之后又玩魔方,拼不出来就生气地将魔方扔出去。魔方突变成一座大厦,莱克掉了进去。好奇的莱克进入到魔方世界里。

魔方大厦是由二十六个"方国"组成的,有装在罐头里的家长、玻璃国、火车国和"星座号"油轮等非常有趣的国家。

原来莱克扔魔方的举动导致很多魔方里的国家地震了,莱克需要在这些国家里完成补救的任务,一关一关闯过去才能逃离魔方大厦……

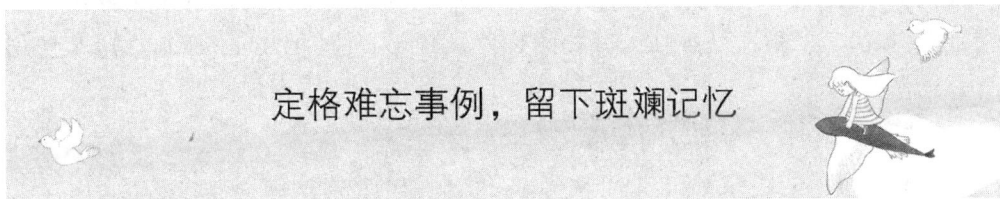

## 定格难忘事例，留下斑斓记忆

童年生活就像一个色彩斑斓的万花筒，里面记载着一个又一个难忘的故事。这些故事中有开心的、愧疚的、伤心的、幸福的……或让我们受到启迪，或让我们感到温暖，或让我们学会与人相处……它们是我们生活的重要组成部分。如何把这些难忘的故事记录下来，写出自己独特的经历和感受，这是小学阶段非常重要的一项写作内容。

# 什么是记事习作

### 一、记事习作的定义

在阐述记事文这一概念前，我们首先会提及一个与之极为相似，常常被提及的名词——"记叙文"。按照文学作品的不同表现形式，我们往往把文章分成记叙文、说明文、议论文、应用文四大体裁。记叙文是以记叙、描写为主要表达方式，以记人、叙事、写景、状物为主要内容的一种文体。在这里我们所谈论的记事文则是记叙文的一种，它以叙述事件为主，重在叙述和描写，以人为辅，通过对事件的描写，或说明一个生活道理，或表达一种思想感情，展示事件中蕴含的思想意义。

在《文章作法》中，夏丏尊先生有言："将人和物的状态、性质、效用等，依照作者所目见、耳闻或想象的情形记述的文字，称为记事文。"记事文以记述经验为目的，有的是作者经历过的，有的是作者想象出来的，想象出来的情形，也是以一定经验为根据的。所以作记事文，必须先经历事物、耳闻、目见或参考书籍，收集材料，接着根据所写的题目选择适合题目、注重人或物特色的材料，进行整理，把同类的材料归纳在一起，依照一定顺序来组织文章。

### 二、记事习作的种类

1. 科学的记事文和文学的记事文。

夏丏尊先生把记事文细分为科学的记事文与文学的记事文。科学的记事文是以记述事物的状态、性质和效用,使人理解为主;只是作者对于事物的认识的报告,比较偏于客观。文学的记事文表现作者对于事物的印象。所以文学的记事文除了像科学记事文一样要观察经验,选择整理材料之外,还要注意想象(将要表现的对象在心中再现)、注意特色(抓住人或物的特色)、抒述心情(记述主观的心情)和使用含着动作的词句。

2. 顺叙的记事文和倒叙的记事文。

按记叙事件的顺序不同,记事文可以分为顺叙的记事文和倒叙的记事文。

顺叙的记事文,就是把发生的事情按照发生、发展和结局的顺序来写,前因后果,条理清晰。倒叙的记事文,就是把后发生的事情写在前面,把先发生的事情写在后面,即先把结局说出来,倒叙的记事文更能吸引读者了解其起因和过程。

# 为什么要实施记事习作教学

记事习作不仅是小学语文习作教学中的重中之重,也是初中等其他学段极为重要的写作体裁。对小学生而言,为什么要写记事习作?它对儿童的学习和生活究竟有什么重大的意义?

## 一、从心理学的角度来思考

1. 获得个性的完善。

练习记事习作,不是两耳不闻窗外事,关起门来进行简单的字词句篇的"作文训练",而是引导学生留心身边的小事大事,引导他们关注现实。在记事习作的创作中,学生需要回忆已经发生的事件,并通过书面的语言文字表达自己的内心世界,交流自己对事情的理解和看法,这个过程,是一个实现个性化表达、促进个性化发展的过程;也是对自我认识,对世界认识不断深化的一个过程。

2. 满足表达的需要。

写作本质上是一种"倾吐",包括"情感倾吐"和"理性倾吐",是学生对自己身心体验的阐述。记事习作根植于生活的土壤之中。随着年龄的增长,对四年级的小学生而言,他们的体质渐长,心理稍稳,情感体验逐步理性,他们在体验、观察周围世界中的事情时,会产生独立的看法和思考,会产生表达的需求。记事文不仅能实现记录的需要,也能满足抒发个人情感的需要。

### 二、从核心素养的角度来思考

1. 锻炼逻辑思维能力。

朱光潜说:"写成的字句往往可以成为思想的刺激剂。"在这种刺激下,"新意自会像泉水涌现,一种新意酿成另一种新意,由此辗转生发……"在记事习作中,学生所表达的是自己的所见所闻、所思所感,写作内容是观察和思维的结果。在学生表达的过程中,无论是围绕事件中心选择材料,还是组织语言、遣词造句,都离不开思维和观察。四年级的学生认知能力、情感体验能力都在增强,且已经初步具备了归纳、演绎能力,在这个阶段进行记事习作的写作,可以训练他们的逻辑思维能力,提升思维品质。

2. 发展语言能力。

在学习记事习作的过程中,学生需要在梳理事件的起始、发展后,用恰当、流畅的语言将其落笔成文。关联词的运用对串联完整的故事有着很大的作用,学生要想表达清楚事件,就必然会用到关联词,如表示顺序连接的词语"首先""其次""然后""再其次"等,表示因果关系的词语"因为……所以""之所以……是因为"等,表示递进关系的词语"不但……而且""不仅……还",表示转折关系的词语"虽然……但是"等。这些关联词简短、易记,逻辑关系明确,对记叙事件的发生、发展和推进起到很好的效果。

3. 提高审美能力。

四年级的学生处于情感认知的初级阶段,引导学生在写记事习作中回忆事情经过,有意识地挖掘自身的情感变化,体悟生活和学习中饶有趣味的部分,有助于提高他们感知生活中真、善、美的能力。如让学生以《最难忘的时刻》为题写一篇记事文,引导学生将已有的生活经历作为写作素材加以取舍。什么时刻是"最难忘"的呢?难忘在哪里?学生是在已有的价值审美和生活经验基础上做取舍的,选择对他们而言最难忘的时刻作为素材,是获得了心爱的礼品?是通过努力取得了进步或成功?还是和家人幸福地团聚在一起?这种取舍,就是在训练他们提高对生活中真、善、美情感的感知能力、辨识能力。

## 怎样实施记事习作教学

### 一、探究目标

怎样把寻常的事情写得完整详细,让读者看了既能了解事情的发生,又能感同

身受呢？我们设计的课程从记事习作的根本要素出发,站在学生学的角度做了一系列探索。这个主题的内容包括 8 个探究项目:

1. 叙事完整

2. "顺"理成章

3. 精雕细琢

4. 详略得当

5. 选取典型

6. 围绕中心

7. 以情动人

8. 雁过留痕

以上 8 个探究项目对应着如下 8 个具体目标:

1. 把一件事写完整。

歌德曾说过:"一个人只要能把一件事说得很清楚,他也就能把许多事都说得清楚了。"记事习作最根本的就是要让学生在训练中学会把事情写清楚,写完整。

2. 按一定顺序写。

记录一件事情的方式因个人表达习惯或者表达需要不同,分为顺叙、倒叙、插叙等。在小学阶段,通常用顺叙来表达。在记录一件事情的时候,通常又因线索的不同选用不同的顺序,如时间顺序、事情发展顺序等。这个项目的写作,旨在引导学生有条理地表达。

3. 把事情经过写具体。

把事情的经过写具体,需要借助各种描写方法,把事件发生时的情况写详细,具体而言,就是交代事情发展变化的过程,而这往往是通过记叙事件中人物的动作反应、语言对话、神情神态和心理变化来实现的。

把事情的经过写具体,不仅能赋予文章以强烈的画面感,使事件更为生动、真实地再现,还能让看似平淡无奇的事件变得独一无二。但值得注意的是,要让学生明白,并非事件中每个细节都需要以描写手法记叙下来,所有的描写方法都要切合表达的中心。

4. 详略得当,重点突出。

文章的篇幅往往是有限的,想要在有限篇幅内写出自己想要表达的主要意思,必须要有选择地突出最精彩、最难忘、最触动内心的内容,避免平均着力。一般来说,构成一件事情的因素有很多,在写作的时候我们不能面面俱到。对表现中心思

想起重要作用的材料要详写;对表现中心思想起辅助作用的材料要略写;与中心思想无关的材料不管多么生动,也要果断割舍。

5.学会选择素材。

鲁迅说:"选材要严,开掘要深。"茅盾提出选材要"像关卡的税吏似的百般挑剔"。生活中有许许多多写作素材,但素材也有优劣之分,要学会打开记忆中的"材料库",从若干个作文素材中,依据一定的选择标准,经过一番思考和比较,最后确定出一个最能体现文章中心的素材。

在日常生活中,要做到凡事多加留意,尽可能深入地去想一想,不只注意到事情的表象,还要去挖掘它的本质,弄清它的来龙去脉,感知到看似寻常事件中的不寻常之处。训练学生抓住有意义、有新意的典型材料去记叙,这样才可能提升学生挖掘素材的敏感度,提高他们寻找素材中所蕴含的深意的能力。

6.围绕中心组织材料。

所谓中心,就是文章所要表达的主旨思想,它是文章的灵魂。如何通过一篇文章把自己的主要思想传递出来,有时候一个典型事例还不足以说明问题,而是需要透过一系列的素材去演绎,让中心思想在一系列丰富的素材面前得到多次呈现和凸显。

7.写真事,表真情。

白居易说:"感人心者,莫先乎情。"文章是以情动人的,光凭辞藻华丽,是不能打动读者的。哪怕是在最寻常的事情中,只要融入了学生个性化的思考与感悟,就会变得情真意切,也只有这样,才能把事情写得真实而感人。在记事习作教学中,首先要让学生选取自己亲眼看到的、亲耳听到的、亲身经历的事情,只有写实实在在发生过的事情,他们才能做到有感而发,写出自己的真情实感。

8.学会整理记录大事、要事。

作为学校的一员,要了解学校,关心学校,热爱学校,而每一所学校,每一个班级,每一个学年,都会有很多事情发生。这个项目旨在引导学生一起梳理学校发生的大事、要事,做个生活的有心人。


**二、支架策略**

1.了解记叙文的六要素。

记叙文的六要素,即时间、地点、人物,事情的发生、发展、结局。六要素是把一件事情说清楚、说完整的基本要素,关注六要素是写事习作的基本要求。如在《今天我值日》这个命题下,引导学生简单地交代事情发生的时间、地点、人物这三个要素,进而把自己值日当天发生的事情的经过写出来。如此,也就把这件事情的大概情况写清楚、写完整了。

2. 了解叙事顺序。

按顺序写一件事,也就是按时间、空间、事情发展等顺序展开叙事。这个项目的写作旨在让学生了解基本的表达顺序,并在表达的过程中关注顺序。如在指导学生写《童年趣事》时,可以引导学生回忆童年时发生的一件或两件有趣的事情,梳理事情发生的起因、经过、结果,让故事逻辑更加清晰,也可以引导学生按照时间的先后顺序来写。

3. 关注事情发展变化的过程。

记事文章要写清楚、写完整,更要写生动、写出感染力,这就需要在写作时关注事情变化发展的过程。例如,在写《精彩的辩论会》时,首先就要了解辩论会的基本流程,知道这种活动是由一定流程下在正反方辩手之间展开的,以此明确过程中的重点环节和主要人物;然后要引导学生关注过程中的变化因素,记录不同阶段人物的不同表现、场上的不同氛围等,让读者身临其境。

4. 通过详略对比突显文章中心。

详略对比是一个行之有效的描写方法。文章要详略得当、层次鲜明,才能突出中心。就一件事情而言,选材时要清楚哪些要素对突出文章中心有着重要作用;哪些要素是起辅助作用,甚至可以省略的;哪个素材应该详写,需要花更多笔墨展开;哪个素材可以简单处理,一笔带过。

5. 选取有代表性的、有说服力的事例突显中心。

照相机能摄像,人的双眼也能摄像。然而人和照相机毕竟不同,人的双眼是带着自己的价值判断去选取镜头的。写作时,要引导学生在自己的素材库中,选择那些具有代表性、有说服力的事件去突显文章的中心。

6. 通过几件事情表达一个主要意思。

围绕中心组织材料,首先要让学生明确自己写作的中心思想,明确文章想要表达的意思,然后依中心思想回忆生活中的素材,并从中选取几个事例一起凸显中心。比如,在完成《走,我们去春游》这篇习作时,应该引导他们先提炼自己对本次春游的独特感受,然后选取能表现这一独特感受的几件事来写。

7. 选择触动自己内心的事情表达真情实感。

这个项目的练习并不只是为了按一定顺序记录生活中发生的事情,更重要的是表达自己真实而真挚的想法和情感,也就是我手写我心,这样的写作才有意义。

8.综合性学习。

每个主题的练习,我们都是本着先进行单项练习,再开展综合实践的思路进行的。这个项目的练习任务是《学校大事记》,旨在引导学生梳理校园里发生的大事、要事,从而关注校园里发生的事情,扩大学生的视野,培养学生的参与意识和社会意识。

**附:**

## 项目化习作进阶课程"记事习作"内容纲要

| 序号 | 项目名称 | 探究目标 | 支架策略 | 项目作品 |
|------|---------|---------|---------|---------|
| 项目1 | 叙事完整 | 把一件事写完整 | 了解记叙文的六要素 | 《今天我值日》 |
| 项目2 | "顺"理成章 | 按一定顺序写 | 了解叙事顺序,如时间顺序、空间顺序、事情发展顺序 | 《童年趣事》 |
| 项目3 | 精雕细琢 | 把事情经过写具体 | 关注事情发展变化的过程 | 《精彩的辩论会》 |
| 项目4 | 详略得当 | 详略得当,重点突出 | 通过详略对比突显文章中心 | 《我是小厨神》 |
| 项目5 | 选取典型 | 学会选择素材 | 选取有代表性的、有说服力的事例突显中心 | 《最难忘的时刻》 |
| 项目6 | 围绕中心 | 围绕中心组织材料 | 通过几件事情表达一个主要意思 | 《走,我们去春游》 |
| 项目7 | 以情动人 | 写真事,表真情 | 选择触动自己内心的事情表达真情实感 | 《那一次,我很_____》 |
| 项目8 | 雁过留痕 | 学会整理记录大事、要事 | 综合性学习 | 《学校大事记》 |

## 项目3 精雕细琢

### 🔖 导引

俄国作家陀思妥耶夫斯基曾举过这样的一个例子:"有个小银圆落在地上。"他认为这话不够具体,改为:"有个小银圆,从桌子上滚了下来,在地上叮叮当当地跳着。"艺术起源于至微,打动人的往往是细节,只有把重点部分写详细、写具体,才能让事物本身跃然纸上,才能让读者如临其境,留下深刻的印象。

在这个项目的学习中,我们要在写完整、写通顺的基础上,进一步学习把事情的重要情节写具体、写生动。现在,让我们一起接受新的挑战吧!

### 📚 积累

#### 1. 一张假钞

"假钞?"妈妈手里拿着一张纸币不高兴地嘟囔。原来一个卖菜的找给爸爸一张50元的假钞,爸爸没留意就收下了。"这可怎么办?"妈妈不满地看着爸爸。"甩掉呗,把这个任务交给我吧。"我自告奋勇地说。

"甩掉?"爸爸深深地看了我一眼,沉默了一下,忽然又说,"好吧,就交给你,看这件事情你处理得怎么样。"除了"甩掉"还能怎么样? 50块钱也不算小数目呀。

下午,我便上街溜达了。大商场里有验钞机,肯定不行,看来得从小店下手了。我选择了一家烟酒小百货店,店主人是位阿姨,她这会儿有点忙,我就先站在旁边看着。前面两位顾客是买烟的,他们给了那位阿姨一张100元的钞票,阿姨拿到钱后,先是对着亮处看了看,然后又用手搓一搓,最后还甩了两下,确定是真的后才找钱给那两个人。我的手不知不觉地伸进了口袋,指尖摸到了那张像草纸一样的50元钱,心里顿时感到一阵不安,怎么办? 这位阿姨很小心,这张假钞肯定会被识破的。要是识破了,说不准会把我抓起来呢。我越想越害怕,干脆扭头就走。阿姨在身后问

道:"小姑娘买什么?"

"不,不买东西。"我一边走一边说,感到自己的声音在颤抖。

我继续在大街上满腹心事地走着。得找个不太可能识破的人才行啊,我想。哎,那边有两个卖气球的老人,生意看来还不错。去那儿花掉这钱吧,老人一般眼神不太好。

"买两个气球。"我把那50元钱递过去。老奶奶笑眯眯地帮我解下了两个气球。老爷爷转身翻着钱柜给我找钱。看着两位慈祥的老人,我心里又不安起来:也许他们无依无靠,就靠卖气球为生;也许50元钱,他们三天也赚不到,而我却……老爷爷翻了半天也没找到零钱,转身对我说:"孩子,我这里也没有钱给你,你就先拿着这两个气球,过两天再把钱还我们,反正我们一直在这里。"听着老人的话,我越发内疚起来,有些心慌地接过钱,赶紧往口袋里塞——啊,对,口袋里还有钱,我赶快掏出来递过去,"爷爷,我还有零钱……"

我一个人走在回家的路上,无力地踢着路上的石子:唉,到底该怎么办?看来当初就不该主动请缨,接下这件棘手的事情。爸爸还要看我处理这件事的本事呢,唉,能怎么处理……走着,走着,我脑中忽然浮现出爸爸说话时的眼神,莫非爸爸……

"看这件事情你处理得怎么样。"对,看我怎么处理——猛然间,我从口袋里掏出那张假币,三下五除二地把它撕成了碎片,随手扔进了垃圾桶。我轻轻地松开手里的气球,望着它们欢快地飞上天空,我突然感觉到天真蓝。

**【讲一讲】**

这篇文章把"我"使用假钞的心理变化过程描写得十分逼真,请你根据这个过程,跟你的小伙伴讲一讲这个故事吧!

自告奋勇→不安→越想越害怕→内疚心慌→一身轻松

## 2. 大王杏的记忆(节选)

*刘海云*

有一天放学后,我终于没有抵挡住心中馋虫的怂恿,轻巧地越过篱笆,敏捷地爬上了那棵杏树。别看我是女孩子,但由于自小在乡村里长大,爬树、掏鸟蛋之类的本事,可一点儿也不逊色于男孩子们。

等我刚把四五个熟透的大王杏揣在兜里,要下来的时候,"汪"的一声狗叫,吓了我一大跳,低头才发现,五奶奶家的大黄狗跑到树下,正冲我凶神恶煞般地吠叫。

我以为它要蹿上树来咬我，吓得赶紧往更高处爬。越往上，树干就越细，风一吹，便有点晃晃悠悠。我紧紧地抱着树干，蜷缩在树杈上一动不敢动，眼睛死死地盯着树下的狗，想到即将因此送命，忍不住害怕得哇哇大哭起来。

此起彼伏的哭声和狗叫，终于把五奶奶给招来了。我一看，坏了！这下就算不被狗咬，也要被五奶奶揪着小辫子去向我爸妈告状，然后就等着被爸爸揍或者被妈妈骂吧！

我越发绝望，抱着树干哭得撕心裂肺。

树下，狗已经不叫了，冲五奶奶摇着尾巴。五奶奶脸上带着温和的笑意，招手让我下来，说下来了给我糖吃。

"不……我不！我就不！"我把头摇得像拨浪鼓，心想：先前还放狗咬我，这会儿会给我糖吃？以为我小，好骗？我才不上当呢！我又往上蹿了蹿，死活不肯下来。树枝已经摇晃得很厉害了。

五奶奶见状，赶紧摆手说："好好好，咱不下，咱就好好儿在树上待着，别动，啊！"

耗了半天，五奶奶终于奈何我不得，只好带着大黄狗离开了。

我抖抖索索地待在树上，直到天黑了，才提心吊胆地溜下树回家。一想到等天亮了，五奶奶肯定会来兴师问罪，那时候就要吃不了兜着走了，我整个晚上都睡不踏实。

果然，第二天一大早，五奶奶便来我家了。

不过，她不是来告状的，而是来送杏子的！满满一大篮，红彤彤的大王杏的脸蛋上还沾着晶莹的露珠儿，像是知晓我的糗事一般，调皮地冲我眨着眼睛。

她并没有提及昨天的事，只是临出门前，慈爱地摸了摸我的头，小声对我说："小鬼头，以后想吃杏子就告诉奶奶，可千万别再爬树哟，危险！"

我使劲儿点头，不好意思地笑起来。

转眼，五奶奶已经去世好多年了。我家的杏树上也嫁接了大王杏的枝条，每年都有清香甜糯的大王杏可以吃了。每当杏子成熟的季节，我总会想起五奶奶来，想起她给予那个"馋嘴小丫头"的宽厚与仁慈，不由得感动涌上心头。

【画一画】

摘大王杏的记忆令人印象深刻，面对五奶奶家的大黄狗，"我"的心情就像坐过山车。请你仔细读读文中画线的细节描写部分，并把"我"的心情曲线图补充完整。

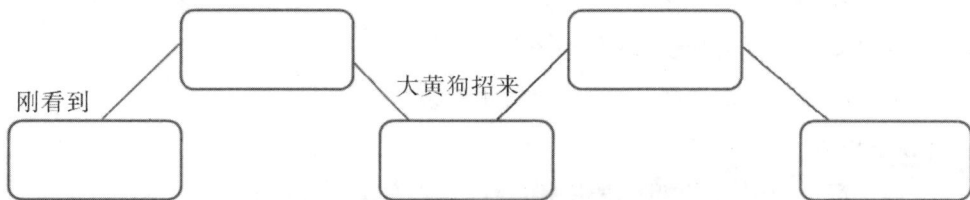

在树上紧盯着　　　　　　　五奶奶劝"我"
大黄狗时　　　　　　　　　下来时

刚看到　　　　　　　大黄狗招来

# 3. 童年的馒头

聂作平

如今的幸福时光使我欣慰,不过有时心底也会泛起一缕儿时的苦涩。那时候,娘拉扯着我和妹妹,家里穷得叮当响。我在五里外的村小上学,六岁的妹妹在家烧火做饭,背着那个比她还高半截的竹篓打猪草,娘起早摸黑挣工分,日子清贫得像一串串干枯的灯笼花。

有年"六一",学校说是庆祝儿童节,每个学生发三个馒头。我兴冲冲地对娘和妹妹说:"明天发馒头,妹妹一个,娘一个,我一个。"妹妹笑了,娘也笑了。

那天,学校真的蒸了馒头。开完典礼,我手里多了片荷叶,荷叶里是三个热腾腾的大馒头。

回家路上,我看着手中的馒头,口水一咽再咽,肚皮也发出"咕咕"的叫声。吃一个吧,我对自己说。于是,我先吃了自己的那个。三两口下去,嘴里还没品出味儿,馒头已不见了。又走了一段,口水和肚子故伎重演,而且比刚才更厉害。咋办? 干脆把娘的那个也吃了,给妹妹留一个就是。娘平时不是把麦耙让给我和妹妹,她只喝羹吗? 娘说过,她不喜欢麦耙呀!

……等回到家时,我呆呆地看着手中空空的荷叶,里边连馒头渣也没一星儿了。我不知道自己怎样进了门,怎样躲开妹妹的目光。娘笑笑,没吭声。

呆立间,同院的二丫娘过来串门儿,老远就嚷嚷:"平娃娘,平娃娘! 你家平娃带馒头回来了吗? 你看我家二丫,发三个馒头,一个都舍不得吃,饿着肚皮给我带回家来了!"

娘从灶间抬起头说:"可不,我家平娃也把馒头全带回来了! 你看嘛!"娘说着打开锅盖,锅里竟奇迹般地蒸着五个白中带黄的大馒头!"你看,人家老师说我家平娃学习好,还多奖励了两个呢!"

二丫娘看看我,我慌乱地点点头……

那天晌午,娘把馒头拾给我和妹妹,淡淡地说:"吃吧,平娃,不就是几个馒头嘛!"妹妹大口大口咬着馒头,我却哇的一声哭了。

后来,我发现,就是在那一天,我的童年结束了。

【说一说】

这篇文章生动刻画了"我"吃馒头的情景,请你找出来画上横线,再认真读一读,然后和同学议一议:作者是怎样把吃馒头的过程写具体的?

## 4. 喝得很慢的土豆汤

### 肖复兴

那天下午两点多,我和妻子路过北大,因为还没有吃午饭,忽然想起儿子曾经特意带我们去过的一家生意很红火的朝鲜小饭馆,就在附近,便去了这家小饭馆。

因为不是饭点儿,小馆里空荡荡的,一个胖乎乎的小姑娘笑着问我们吃点什么。我想起上次儿子带我们来,点了一个土豆汤,非常好吃,很浓的汤,却很润滑细腻,特殊的清香味儿,撩人胃口。不过已经过去两个多月的时间,我忘记是用鸡块炖的,还是用牛肉炖的,便对妻子嘀咕:"你还记得吗?"妻子也忘记了。

没想到,小姑娘这时对我们说道:"上次你们是不是和你们的儿子一起来的,就坐在里面那个位子?"

我和妻子都惊住了。她居然记得这样清楚!更没想到的是,她接着用一种很肯定的口气对我们说:"那次你们要的是鸡块炖土豆汤。"

我还是开玩笑地对她说:"你就这么肯定?"

她笑了:"没错,你们要的就是鸡块炖土豆汤。"

我也笑了:"那就要鸡块炖土豆汤。"

刚才和小姑娘的对话,让我在那一瞬间想起了儿子。思念,一下子变得那么近,近得可触可摸,仿佛一伸手就能够抓到。两个多月前,儿子要离开我们回美国读书的时候,特意带我们来到这家小馆,特别推荐这个鸡块炖土豆汤,所以,那一次的土豆汤,我们喝得很慢很慢,临行密密缝一般,彼此嘱咐着,一直从中午喝到了黄昏。许多的味道,浓浓的,都搅拌在那土豆汤里了。

事情已经过去两个多月,这个小姑娘居然还能够如此清楚地记得我们坐的具体位置,而且还记得我们喝的是鸡块炖土豆汤,这确实让我百思不解。汤上来了,我问

小姑娘:"你怎么记得我们当初要的是这个汤?"她笑笑,望望我和妻子,没有说话,转身离开。

我抿了一小口,两个多月前的味道和情景立刻又回到了眼前,熟悉而亲切,仿佛儿子就坐在面前。

那一天下午的土豆汤,我们喝得很慢。

临走的时候,我忍不住又问小姑娘,她还是那样抿着嘴微微笑着,没有回答。

又过了好几个月,树叶都渐渐变黄了,天也渐渐地冷了。那天下午,还是两点多钟,我去中关村办事,那家小馆,那个小姑娘,和那锅鸡块炖土豆汤,立刻又从沉睡中苏醒过来似的,闯进我心头。离着不远,干吗不去那里再喝一喝鸡块炖土豆汤?

因为不是饭点儿,小馆依然很清静,不过里面已经有了客人,一男一女正面对面坐着吃饭,蒸腾的热气弥漫在他们的头顶。背对着我坐着的是一个年龄颇大的男子,走近了,我发现那个女的,就是那个胖乎乎的小姑娘。她也看见了我,向我笑笑,算是打了招呼。那男的模样长得和小姑娘很像,不用说,一定是她父亲。

我要的还是鸡块炖土豆汤。因为炖汤要一些时间,我走过去和小姑娘聊天,看见他们父女俩要的也是鸡块炖土豆汤。我笑了,她也笑了。

我问:"这位是你父亲?"

她点点头,有些兴奋地说:"刚刚从老家来。我都和我爸爸好几年没有见了。"

"想你爸爸了!"她笑了,她的父亲也很憨厚地笑着。

难得父女相见,我能想象得出,一定是女儿跑到北京打工好几年了,终于有了父女见面的机会。我不想打搅他们,但我的心里充满了感动。我忽然明白了,这个小姑娘当初为什么一下子就记住了我们和儿子,记住了我们要的土豆汤……

那一个下午,我的土豆汤喝得很慢。我看见,小姑娘和她的爸爸那一锅土豆汤也喝得很慢。亲情,在这一刻流淌着,浸润了所有的时间和空间。

(有删改)

**【填一填】**

作者写了_____次去喝土豆汤,你对哪一次印象最深刻?请把你印象最深刻的细节写下来。

_____

_____

练笔

## 精彩的辩论会

**[板块一]赛前细准备**

1. 古人云:"开卷有益。"确实,博览群书能使人拥有高深的学问,能言善辩,受人尊敬。现在,随着书籍的不断增多,更多的人开始加入到了读书的洪流中。大家也就自然地意识到,这么多的书,哪些是我们应该读的,哪些暂时还不适合我们阅读。这就引发了一场"开卷是否有益"的争论。今天,我们就此展开一次辩论。

2. 经过抽签,"我"抽到的是(正、反)方,我方的观点是:
"_____"。

3. "我"和"我"的队员熟悉辩论规则(请先阅读拓展的"辩论小知识")后进行了以下分工:

一辩:_____  二辩:_____

三辩:_____  四辩:_____

4. 为了获得辩论会的优胜,我们进行了激烈的讨论,整理出了一些论据:

(1)_____

(2)_____

(3)_____

(4)_____

(5)_____

……

**[板块二]辩论进行时**

1. 做了充足的准备后,让我们来一场酣畅淋漓的辩论赛吧!

2. 在辩论的过程中,或者辩论结束后,不要忘记根据记录表整理好相关记录哦!

### 辩论赛的观察记录

| 辩论前 | "我"的心情 | |
|---|---|---|
| 辩论时 | "我"的表现 | |
| | 对手的表现 | |
| | 观众的反应 | |
| 辩论后 | 结果 | |
| | "我"的感受 | |

**[板块三] 细节详刻画**

1. 在辩论的过程中,一定有些选手的表现给你留下了非常深刻的印象,回忆一下当时的情景,细致地描写出来吧!

2. 这里有一些词语可以供你选用哦!

| | | | | | |
|---|---|---|---|---|---|
| 胸有成竹 | 先发制人 | 毫不示弱 | 挺身而出 | 唇枪舌剑 | 无言以对 |
| 有理有据 | 迫不及待 | 巧舌如簧 | 你来我往 | 口若悬河 | 互不相让 |
| 针锋相对 | 一针见血 | 妙语连珠 | 剑拔弩张 | 舌战群儒 | 言辞犀利 |
| 滔滔不绝 | 出口成章 | 能说会道 | 语惊四座 | 才辩无双 | 娓娓道来 |
| 侃侃而谈 | 欲擒故纵 | 一语破的 | 咄咄逼人 | 乘胜追击 | 语出惊人 |

[板块四]用心写美文

整理一下上面的素材,快快动笔把这场精彩的辩论会记录下来吧!

**一、评一评自己的习作**

请你根据下面表格中的四个要素评价一下自己的习作,然后再请同学和老师进行评价。

| 评价要素<br>评价主体 | 观察仔细 | 过程具体 | 细节生动 | 气氛热烈 |
| --- | --- | --- | --- | --- |
| 自我评价 | ☆ ☆ ☆ ☆ ☆ | ☆ ☆ ☆ ☆ ☆ | ☆ ☆ ☆ ☆ ☆ | ☆ ☆ ☆ ☆ ☆ |
| 同学评价 | ☆ ☆ ☆ ☆ ☆ | ☆ ☆ ☆ ☆ ☆ | ☆ ☆ ☆ ☆ ☆ | ☆ ☆ ☆ ☆ ☆ |
| 老师评价 | ☆ ☆ ☆ ☆ ☆ | ☆ ☆ ☆ ☆ ☆ | ☆ ☆ ☆ ☆ ☆ | ☆ ☆ ☆ ☆ ☆ |

**二、评一评同学的习作**

先看看老师是怎么点评的,接下来自己试着评一评;从片段开始,再到完整的文章,让我们学会欣赏同学们的习作。

## 1. 小鸡历险记(节选)

深圳市福田区福南小学　欧阳佳娴

炎炎夏日,在庭院里和小鸡玩耍的我热得满头大汗,我不禁担心起小鸡来:它们穿着这么厚的毛衣,如果热坏了怎么办呢?我冥思苦想,突然想起老师在课堂上曾经说过小鸭子会游泳,小鸡和小鸭长得那么像,应该也会游泳吧!

想到这里,我急匆匆地跑进厕所找了个塑料盆,盛满了凉水。看着四溅的水花,想着小鸡一会儿就能在水盆里快乐地游泳,我的心里也乐开了花。准备就绪,我小心翼翼地把小鸡一只只放到水面上,小鸡们见了水,"叽叽"地叫着,使劲扑打自己的翅膀,看它们在水中游得那么欢乐,我端起盆子一路小跑到奶奶面前,迫不及待地想要得到奶奶的表扬。

奶奶看见我的"杰作",大惊失色,非但没有夸奖我,反而把我臭骂了一顿。

**【老师点评】**

生活是写作的源泉,欧阳同学熟练地运用细节描写,将一个简单的生活场景写得如此生动有趣,心理描写和动作描写尤其出彩。小作者"急匆匆地跑""一路小跑"以及小鸡"使劲扑打"让故事情节充满紧凑的节奏感,前后两次心理描写也让我们如身临其境。透过文字,你是否也想起了自己曾经做过的傻事?

## 2. "醉"蚊子(节选)

深圳市福田区福南小学　蓝志濠

三只蚊子远远地飞了过来,带着它们独有的"嗡嗡牌音响",冷不防地在我和表妹的手臂上、腿上叮了好几个包,我和表妹奇痒难忍,扔下手中的飞行棋想去打蚊子。狡猾的蚊子一会儿飞到天花板上,一会儿飞到桌子底下,害得我和表妹一顿好找,灰头土脸的我们很是沮丧。我的眼角瞥见餐桌上大人们喝剩的半杯葡萄酒,脑袋灵光一闪,兴奋地对表妹说:"然然,蚊子不是爱吸血吗?我们把那半杯酒喝下去,这样我们的血里就有酒了,蚊子一吸不就醉倒了吗?"年幼的表妹向来对我的话深信不疑,我们一人一口,龇牙咧嘴地喝完了那半杯酒,葡萄酒一股子苦涩的味道,真是难喝!

一开始,我还在为自己的"妙计"得意扬扬,正襟危坐在客厅中间等待蚊子落入我的圈套。不知怎的,我的脑袋开始发晕,眼皮也开始上下打架,浑身有气无力的,竟躺在沙发上睡着了!

**【学生点评】**

_____

_____

_____

## 3. 雨　中

深圳市福田区福民小学　吴俊良

大雨哗啦啦地下着,把枯枝败叶打到地上,一眼望去到处是白茫茫的一片,我狼狈地在雨中奔跑。

这个暴雨天我的心情也不怎么舒畅,我原本在学校的兴趣班上课,天突然阴下

来,一大片乌云也涌了过来,天暗得好像是晚上。兴趣班老师正百无聊赖地翻看着手机,突然,他脸色一变,急忙跟我们说:"快走！快走！来不及了,要下……"话音还没落,我就冲到了门边,抬头望,漫天全是乌云,但我转念一想:没事的,就以我的速度,几分钟就能到家。雨肯定还没下！

才刚往外走,雨便下了起来。霎时间,雨已经大得像是天上的银河泛滥一般,从天边狂泻而下。风吹雨,雨赶风,风与雨又联合起来去追乌云。几乎整个世界都淹没在茫茫大雨之中了。我撑起伞来也无济于事,滂沱大雨之中,我狂呼大喊:"快跑！"短短一百来米的路程跑下来,我已淋得浑身是泥水。我想:哎呀,走回家肯定不行了,干脆坐公交车回家吧！

上了公交,我想起了几年前的一段事。那时,我还在上幼儿园,也是一场暴雨,阻断了我和爸爸回家的路。我们没有带伞,只好被淋成落汤鸡回家。整身衣服都被淋湿了,变成了更深的颜色。但是,小时候那种雨后"一抹脸,洗个澡"的做法却令我回味,还有爸爸跟我说的话:"男子汉,淋点雨算什么。"

这时公交到站了。我忙不迭走下车,举着伞,背着包,手还慌乱地往书包口袋里塞卡。正当我在泥泞之中"爬行"时,突然脚没踩稳,打了个趔趄,跌倒在地上。我顾不上难堪,只想快些从地上爬起来。可任凭我怎样使劲蹬着地,也无济于事。这时,我在混乱中摸到了一棵树,有希望了！我心里一阵惊喜。终于,我费尽九牛二虎之力爬了起来,一步一跌地向家里走去。

我一手托腮,一手握笔,望着窗外那倾盆大雨,轻轻地笑了。这不正是一个人在成功路上最好的写照吗——受尽挫折方能抵达心中的彼岸。

【老师点评】

雨中赶路是生活中大家常有的经历,但是吴俊良同学却把寻常事情写得波澜曲折而饶有哲理。尤其是雨中赶路的经过,写得具体而清晰。吴俊良同学十分擅长运用环境描写,渲染和烘托出气氛的变化;另一方面,又懂得运用心理描写、动作描写,从而推动这件小事情的发展。从不慎跌倒时"使劲蹬地""一步一跌"这些精准的动作里,一个在挫折面前坚强、永不言弃的人物跃然纸上。

## 4. 第一次独自旅行

深圳福田区福民小学　张渺鑫

时间如流水,记忆中的事很多已经被时间的海水冲刷得模糊了。但是,总有那么几件事,就像海滩上闪烁着迷人色彩的贝壳,让我们时时想起,印象深刻。

记得那是三年级的寒假,我很想回姥姥家,然而爸爸妈妈工作那么忙,准是没时间带我回去的。怎么办呢?总不能一直等着吧!

于是我有了一个大胆的想法——自己坐飞机回姥姥家。

我壮起胆子,没等我向妈妈说完我的提议,她就惊呼:"那怎么行?不行!万一路上出了什么事,那……""妈妈!让我试试嘛,不就是自己坐飞机吗?能有多难?"说完,我赶紧向爸爸使了个眼色。爸爸帮腔道:"孩子大了,是可以让她去锻炼锻炼了。"我连忙附和:"妈妈,常言道,花盆里长不出苍松,鸟笼里飞不成雄鹰。你不让我试试怎么知道不行呢?""那行,但你一定得注意安全!"妈妈总算同意了!真是不容易啊!

出发的日子越来越近,我却由一开始的兴奋变得有点忐忑了,我忍不住想:飞机上两个半小时,周围全是陌生人,我旁边坐的是谁?路上会不会很无聊?要是陪同我的空姐找不到我,那我可怎么办?

独自旅行的日子到了。爸爸妈妈带我去机场办理好无成人陪伴乘机的手续后,便和我分别了。偌大的航站楼人来人往,路人们和同伴有说有笑,唯独我孤零零一个,一种伤感涌上心头。"没事的,就按照往常和妈妈登机那样,肯定没问题!"我忍着胆怯,想给自己鼓鼓劲。平静下来后,我遵照指引找到了航班的空姐,在她的帮助下登机了。

在座位上等了很久,我终于看到了我的邻座——一位看起来非常和蔼的奶奶。她听说我独自一人坐飞机,先是非常惊讶,然后又夸我很勇敢。跟老奶奶聊着天,让我由紧张变得快活起来。飞机起飞了,看着窗外的蓝天白云,我觉得自己仿佛是一只长大了的小鹰,离开父母的襁褓,我也可以独自"飞行"了……

尽管这件事已经过去一年多,但这次旅行却依然令我记忆深刻。我想,今后的人生总难免会遇到这样需要独自出发的时候,但我相信,只要能像当时一样,鼓起勇气,沉着淡定,一定没有什么能难倒我的。

【学生点评】

_____

_____

_____

## 三、改一改自己的习作

检查一下:你的习作是否把事情的经过写清楚了? 有没有用上恰当的描写手法来刻画细节? 快来读一读自己的习作,再认真修改一下吧!

**拓展**

# 辩论小知识

辩论赛在形式上是参赛双方就某一问题进行辩论的一种竞赛活动。

## 一、人员构成

由 8 个人参与。每队 4 名成员,一般分为一辩、二辩、三辩、四辩手。其中,一辩主要是阐述本方观点,要求一辩具有演讲能力和感染能力;二、三辩主要是针对本方观点,与对方辩手展开激烈角逐,要求他们具有较强的逻辑思维能力和非凡的反应能力;四辩要能很好地总结本方观点,并能加以发挥和升华,要求有激情,铿锵有力。

## 二、赛制细则

1. 开篇立论:要求一辩逻辑清晰,言简意赅。

2. 攻辩:

(1)正反方二、三辩参加攻辩。攻辩由正方二辩开始,正反方交替进行。

(2)正反方二、三辩各有且必须有一次作为攻方:辩方由攻方任意指定,不受次数限制。攻辩双方必须单独完成本轮攻辩,不得中途更替。

(3)攻辩双方必须正面回答对方问题,提问和回答都要简洁明确。每一轮攻辩,攻辩角色不得互换,辩方不得反问。

(4)正反方选手站立完成第一轮攻辩阶段,攻辩双方任意一方落座视为完成本次攻辩。攻方可以任意打断。

(5)每一轮攻辩阶段为 1 分 45 秒,用时满时,以钟声终止发言,若攻辩双方尚未完成提问或回答,不做扣分处理。

3. 自由辩论:正反方辩手自动轮流发言,发言辩手落座为发言结束既为另一方发言开始的计时标志,另一辩手必须紧接着发言。

4. 结辩:由四辩对辩论会整体态势进行总结陈词。

## 主题9 写人习作

### 聚焦人物个性，提升高阶思维

人物的描写和塑造是文学作品的重要组成部分，人物有血有肉、有骨骼有灵魂，便能够承载作者的思想内涵，表达出文章的情感态度。翻开一篇一篇写人的课文，一个个活灵活现的人物仿佛朝我们缓缓走来：狼牙山五壮士英勇顽强、宁死不屈，刷子李技艺高超、心细如发，杨氏之子聪明机智、幽默风趣，"凤辣子"王熙凤泼辣张狂……每个人物都性格鲜明、各有特色，让人读后难以忘怀。在小学阶段，写人习作是一项重要教学内容。

## 什么是写人习作

写人习作的中心在于对人物的刻画描写，展现人物的精神面貌和性格特征。而人物的刻画描写包括外部情态（外貌、行动、语言、神态）和内心世界，二者是有机的统一体。人物描写的基本方法有五种：外貌描写、语言描写、动作描写、心理描写、神态描写。文学作品里的人物描写不是任何一个孤立个体的人，或者是生理学上作为研究对象的人。文学作品所描写的人既是有其时代、民族、社会等共性而又有其独特个性的人，又是活生生的、能讲话、能活动、能思考，同时有多种社会实践的人。

## 为什么要实施写人习作教学

### 一、从选材的角度来思考

《义务教育语文课程标准（2011年版）》在写作教学的实施建议中指出："写作是运用语言文字进行表达和交流的重要方式，是认识世界、认识自我、创造性表述的过程。写作能力是语文素养的综合体现。写作教学应贴近学生实际，让学生易于动笔，乐于表达，应引导学生关注现实，热爱生活，积极向上，表达真情实感。"课程标准

中提出习作应当贴近学生实际,引导孩子关注现实,而人物习作的素材便是从生活中来的,生活中各式各样、形形色色的人是学生进行习作的灵感来源。在人物习作中,学生写自己、写书中人物、写敬佩的人、写生活中的陌生人等,人物习作的训练能够引导孩子在日常生活中留心观察生活,认识世界、认识自我与创造性表达。

### 二、从情感表达的角度来思考

习作教学不仅要重视知识与能力,还要加强对情感因素的关注,写作的心理过程从素材选择到段落构思始终都受到情绪、情感的影响。进入小学高年段,孩子的认知能力有了明显的提升,对不同的人、不同的事都有初步的个性化理解,描写人物的练习是一个让孩子自由抒发情感的重要渠道,也是一个形成人生观的过程。

### 三、从能力提升的角度来思考

《义务教育语文课程标准(2011 年版)》在教学建议部分明确指出"在写作教学中,应注重培养学生观察、思考、表达和创造的能力",不仅突出表达能力,还特别对"观察、思考、表达和创造"四种能力加以强调。进行人物习作可以很好地对这四大方面的能力进行训练,孩子在写作过程中,无论是运用心理描写、动作描写、外貌描写还是语言描写、神态描写,都必须要经历先细心观察,再筛选素材,然后进行个性化表达的过程。这个过程,就是一个掌握知识、运用知识,不断提升各项能力的过程。

### 四、从思维发展的的角度来思考

在写人习作中,教师不能只是简单地教一些技法,更重要的是培养学生的思维能力。例如,当学生决定写一个人的时候,人物的形象及所做的事情往往一股脑向写作者扑来,哪些材料是有用的,哪些是需要舍弃的,学生可以根据表达的需要确定一个中心,然后对相关素材进行筛选、归纳;当学生确定了人物"标签"之后,教师可以引导学生画一个思维导图来演绎如何表现人物的相关个性,需要用哪些方面的素材来支撑。再比如,一个人的形象往往是多元的,只有从不同角度来思考审视,才能辩证地、灵动地、全面地去评价,这就需要学生具备审辨式思维。总之,写作教学要以思维发展为核心目标,通过不断地实践来提升学生思维的品质。

## 怎样实施写人习作教学

### 一、探究目标

在这个主题的学习中,我们将从外貌、动作、神态、个性等方面着手,从同学、家长、偶像、历史人物多方面探究。具体探究项目包括：

1. 我的自画像

2. 人物故事会

3. 言语妙天下

4. 人物"动"起来

5. 表情五虎将

6. 打开心之窗

7. 个性签名墙

8. 多元广角镜

8 个项目之下，每一个项目对应着一个探究目标，具体内容如下：

1. 通过外貌描写刻画人物形象。

外貌描写就是通过对人物的外观特征，如容貌、身材、服饰、姿态等方面的描写来塑造人物形象的方式，既要写出人物的外形特征，更要通过人物的外形特征展示人物的精神世界，达到传神的效果。

2. 学习通过具体事例丰满人物性格。

人是处在一定社会关系中的人，人物的性格特质、精神面貌依托一定的具体事例来表现。在人物习作中，人物形象亦不是用空洞的语言来呈现的，而是在特定的事件中，人物的性格、形象才得以呼之欲出，立体可观。

3. 学习通过语言描写突出人物。

语言描写是指通过对人物的独白、对话的描写，表现人物的身份、性格、思想、感情的写作方法。语言是思想的现实，人物语言是人物性格的索引，是人物思想意识最直接的反映，人物的语言直接传达说话人的需求、愿望、态度、认识、情感和理想等，"闻其声而知其人"，足见语言描写的功能和作用。"言为心声"也传递出了语言在心理、个性方面的表现力。

4. 学习通过动作描写凸显人物特征。

动作描写是指对人物行为举止、所作所为的描写来表现人物的性格特点和精神面貌。黑格尔说："能把个人性格、思想和目的最清楚地表现出来的是动作，人的最深刻方面只有通过动作才能见诸现实。"老舍先生也曾说过："只有描写行动，人物才能站起来。"在具体客观的行为动作中，人物形象鲜活而生动。

5. 学习通过神态描写反映人物内心。

神态描写是指描写人物脸部的细微的表情和姿态。一个人心里高兴，往往就喜

上眉梢;内心得意,就眉飞色舞;心里担忧,往往满脸愁容;内心痛苦,就双眉紧皱。神态描写是与外貌描写有区别的,外貌描写是人物容貌、姿态、服饰的描写,神态描写是对人的面部表情进行刻画。人物的神态与人物思想感情是紧密联系的,人物丰富复杂的内心无从窥探,但其内心活动常常通过脸部显示出来。

6.学习通过心理描写刻画人物品质。

心理描写是指对人物在某一情境中的心理状态、内心活动和精神面貌进行的描写,是习作中表现人物特点和人物品质的一种常用方法,恰当的心理描写能让文章内容生动、细腻,人物形象更立体、丰满。

7.学会搜集、整理素材来突出中心思想。

要完成一篇写人习作,有关主题人物的事件、材料很多,如果一一进行讲述,通通收入囊中,便会成为混杂的"一锅炖",让读者抓不住重点,理不清头绪,看不到主题和中心,所以在习作训练过程中,除了学会搜集素材之外,学会整理素材,对素材进行取舍定夺也非常重要。

8.学习多角度、全方位评价一个人。

在生活中,我们所要描写的人物形象往往不是单一特质,有时候甚至是一个矛盾的统一体。在这样的情况下,如果还是局限于简单的总分总结构,用一两件事来突出文章中心等传统记叙方法已经无法满足人物形象表达的需要,这就需要我们具备更高层次的逻辑思维能力,能够辩证地、多角度地看待一个人,评价一个人。这个项目的内容,我们选择让学生写历史人物,把人物置身于一个宏大的历史背景中,置身于历史文化中,引发多角度多方位的思考。

## 二、支架策略

以上8个探究目标,各有侧重,合起来构成一个比较完整的写人习作知识系统。为了达成这样8个目标,我们提供了具体的支架策略,使教学过程更加可视化。对应的支架策略如下:

1.按一定顺序观察,抓住突出外貌特点描写。

外貌描写应按照一定描写顺序进行,可以先整体再局部,也可以从上到下,等等。进行人物外貌描写中切忌"什么都抓",这往往会将重点掩盖,从而出现千人一面的现象。外貌描写应当抓住最显著的特征进行精确描绘,使得笔下的人物栩栩如生,真实可感。

2. 把事例放在具体环境中,选择典型事例写具体。

在写人的时候,选材显得非常重要,选的事件要为人物定位好的"特色"服务,并且应选择最具代表性、最有说服力的事件。除了选择典型事例,还要把事例的经过写具体,特别是能凸显人物个性的细节一定要写详细。此外,我们还可以把事例放到一定的环境中去写,通过写其他人物的反应,或者用其他人物做对比,来突出主要描写对象,这样的方法叫侧面描写。侧面描写是一种辅助手段,它是对正面描写的有益补充,所以侧面描写不能代替正面描写,不能喧宾夺主。

3. 突出语言风格,突出年龄、身份、职业、性格等特点。

语言是人们传递信息、互相了解的主要媒介,也是展露人们内心世界的窗口,写人的时候,语言描写应符合人物的性格特点,体现其所处的角色情境,注意避免重复啰唆,遵循个性化、情境性和简洁性原则,突出人物的年龄、身份、职业、性格等特点。

4. 放慢镜头,仔细观察;连续观察,准确连贯。

在动作描写前,需要我们放慢镜头,仔细观察;有时候还需要我们连续观察,写出前后变化。只有这样,人物形象才能更加传神。

5. 捕捉独特之处写生动,观察前后变化写具体。

在进行神态描写时,应注意捕捉独特之处,发现人物神态的细微变化,注意反映人物的思想感情,神态描写要为表现主题、凸显人物个性服务。

6. 联系生活写生动,刻画细腻显品质。

心理描写应紧紧围绕文章主旨,符合人物的身份,能够体现人物性格,不能脱离故事发生的环境。进行心理描写时,应以心理活动推动事件发展,烘托人物品质,一方面要联系具体的生活实际写真实,另一方面要注意刻画细腻写生动。

7. 搜集、整理多方面素材,围绕中心取舍素材。

在这个项目的学习中,我们要指导学生从写作要求中筛选有效信息,明确写作目标方向,深入研究文章表达的主题,做到不蔓不枝。在这个环节,可以用画思维导图的方式帮助理清脉络。

8. 列小标题描写,多角度刻画。

随着写作能力、思维能力、搜集整理信息能力的不断提升,我们设计了"写历史人物"这一比较综合的写作任务,主要通过列小标题的方法,引导学生从不同角度表现人物不同的性格特点,尝试用辩证的眼光评价一个人物。

附：

## 项目化习作进阶课程"写人习作"内容纲要

| 序号 | 项目名称 | 探究目标 | 支架策略 | 项目作品 |
|---|---|---|---|---|
| 项目1 | 我的自画像 | 学习通过外貌描写刻画人物形象 | 1.按一定顺序观察<br>2.抓住突出特点描写 | 《不一样的我》 |
| 项目2 | 人物故事会 | 学习通过事例描写丰满人物性格 | 1.把事例放在具体环境中<br>2.选择典型事例写具体 | 《好友二三事》 |
| 项目3 | 言语妙天下 | 学习通过语言描写突出人物个性 | 1.突出语言风格<br>2.突出年龄、身份、职业、性格等特点 | 《家有爸妈》 |
| 项目4 | 人物"动"起来 | 学习通过动作描写凸显人物特征 | 1.放慢镜头,仔细观察<br>2.连续观察,准确连贯 | 《身怀绝技的他(她)》 |
| 项目5 | 表情五虎将 | 学习通过神态描写反映人物内心 | 1.捕捉独特之处写生动<br>2.观察前后变化写具体 | 《那一刻,我永远忘不了》 |
| 项目6 | 打开心之窗 | 学习通过心理描写刻画人物品质 | 1.联系生活写生动<br>2.刻画细腻显品质 | 《老师迟到了》 |
| 项目7 | 个性签名墙 | 学会搜集、整理素材突出中心思想 | 1.搜集、整理多方面素材<br>2.围绕中心取舍素材 | 《我的偶像》 |
| 项目8 | 多元广角镜 | 学习多角度、全方位评价一个人物 | 1.列小标题描写<br>2.多角度刻画 | 《我眼中的秦始皇》 |

▶ 课程实施案例展示 ◀

## 项目 7 个性签名墙

### 导引

在生活中,我们经常和各种不同的人打交道。在这些人中,有你喜欢的人,有你敬佩的人,有你欣赏的人,也有让你气愤的人……他们的哪些方面给你留下了深刻的印象呢?

写人就要凸显人物个性,只有写出人物的个性,才能使之成为"这一个人"而不是"这一些人"或"这一群人"。在这个项目的学习中,我们要学习搜集并整理素材,掌握系统、翔实的信息,多角度地刻画人物,使之个性鲜明,形象丰满,富有生命的厚度与质感。

### 积累

## 1. 刘姥姥进大观园

### 曹雪芹

鸳鸯一面侍立,一面递眼色。刘姥姥道:"姑娘放心。"

那刘姥姥入了坐,拿起箸来,沉甸甸的不伏手,原是凤姐和鸳鸯商议定了,单拿了一双老年四楞象牙镶金的筷子给刘姥姥。刘姥姥见了,说道:"这叉巴子,比我们那里的铁锨还沉,哪里拿的动他?"说的众人都笑起来。只见一个媳妇端了一个盒子站在当地,一个丫鬟上来揭去盒盖,里面盛着两碗菜。李纨端了一碗放在贾母桌上,凤姐偏拣了一碗鸽子蛋放在刘姥姥桌上。

贾母这边说说"请",刘姥姥便站起身来,高声说道:"老刘,老刘,食量大如牛。吃个老母猪,不抬头!"说完,却鼓着腮帮子,两眼直视,一声不语。众人先还发怔,后来一想,上上下下都一齐哈哈大笑起来。湘云掌不住,一口茶都喷出来。黛玉笑岔了气,伏着桌子只叫"嗳哟!"宝玉滚到贾母怀里,贾母笑的搂着叫"心肝"。王夫人笑的用手指着凤姐儿,却说不出话来。薛姨妈也掌不住,口里的茶喷了探春一裙子。

探春的茶碗都合在迎春身上。惜春离了坐位,拉着他奶母,叫"揉揉肠子"。地下无一个不弯腰屈背,也有躲出去蹲着笑去的,也有忍着笑上来替他姐妹换衣裳的。独有凤姐鸳鸯二人掌着,还只管让姥姥。

（选自《红楼梦》）

**【连一连】**

选段细致地描写了诸多人物各具情态的笑,人物的个性给读者留下了深刻的印象,请你连一连。

| | |
|---|---|
| 湘云率真、爽朗、不受拘束 | 滚到贾母怀里 |
| 黛玉含蓄、有教养、小心谨慎 | 笑岔了气,伏着桌子叫 |
| 惜春娇气、年龄小、孩子气 | 离了坐位,叫奶母揉一揉肠子 |
| 宝玉天真、孩子气浓、地位尊宠 | 一口饭都喷了出来 |

# 2. 我的偶像

王孚嘉

每个人内心都有偶像,我的偶像就是三国里的诸葛亮,因为他博学多才,无所不能。

诸葛亮是个战略家。早在南阳躬耕时,他就预见了天下三分的局面,被刘备三顾茅庐请出山后,便按此预见的情形进行筹谋,可以说三国就是诸葛亮一手缔造的啊!

诸葛亮是个发明家,他发明的八阵图,困住了敌人的千军万马;他设计的木牛流马,早已失传,至今无人能够再造;他发明的诸葛连弩,是当时最强大的杀敌利器。

诸葛亮是个天文学家。在草船借箭的故事里,诸葛亮知道哪天刮什么风,哪天下雨,要是诸葛亮生活在现代,他早就成气象局的局长了,这样就不需要天气卫星了。

诸葛亮是个心理学家。在空城计里,诸葛亮能摸透敌军的心思,巧布疑云,令敌人进退失据,也能控制住自己的情绪,敌军压城而毫不慌乱。真是佩服呀!

三国里群星璀璨,诸葛亮无疑是其中最耀眼的一颗。周瑜"羽扇纶巾,雄姿英发",但面对诸葛亮时也只能长叹道:"既生瑜,何生亮!"司马懿老谋深算,是魏国后期第一重臣,面对诸葛亮却束手无策,感叹自己无法与诸葛亮相比。

最后,诸葛亮鞠躬尽瘁,病死军中。一代贤相,大智大勇的诸葛亮,就这样谢幕了。

读完《三国演义》，诸葛亮简直成了我的偶像，我希望通过自己的勤奋和努力成为一个像诸葛亮一样博学多才、聪明能干并且将来对社会有用的人。

【找一找】

小作者从诸葛亮是个 ＿＿＿＿＿＿＿＿＿、＿＿＿＿＿＿＿＿＿、＿＿＿＿＿＿＿＿＿、

＿＿＿＿＿＿＿＿＿来突出诸葛亮是个博学多才的人。

## 3.《三国演义》故事选

### 温酒斩华雄

三国前期，曹操发起联军讨伐董卓。董卓的先锋是华雄，华雄是三国第一高手吕布的手下，非常勇猛，一连杀了联军好几员大将。联军正愁无人能敌华雄之时，关羽按捺不住要请战。可是刘备这时没什么地位，关羽的军衔也小得可怜。于是联军盟主袁绍反对，怕被敌人耻笑军中无人。但是曹操见识过关羽的能力，很欣赏他，于是为他斟酒。关羽说等斩了华雄回来喝也不迟。于是飞身上马冲入敌营，不一会儿就提着华雄的人头回来了，这时候酒还是热的。这就是温酒斩华雄。

### 过五关斩六将

徐州之战刘备战败。关羽经张辽劝说，约法三章暂时投降了曹操。为曹操斩颜良诛文丑解白马之围。后得知刘备在袁绍处便想去找刘备。曹操为了挽留关羽便挂避客牌对其避而不见。关羽只能不辞而别。沿路上经过了五个关口，守将都不放行，关羽一一杀之，一共杀了六人，最后与刘备会合。这就是著名的千里走单骑，过五关斩六将。

### 单刀赴会

赤壁一战后，三国鼎立逐渐形成。刘备留关羽镇守荆州，主力向西扩张。荆州是历代兵家必争之地，本属东吴，东吴一直想找机会讨回。鲁肃献上一计：骗关羽过江赴宴，在宴席上埋伏刀斧手，掷杯为号冲出杀之。鲁肃发出邀请，关羽明知是计竟坦然答应，只带了周仓随身为他提刀。席间鲁肃提起索回荆州之事，关羽却绝口不谈，说酒席之间不谈国事。鲁肃再三纠缠，周仓插嘴，关羽借机故作生气状夺过周仓手中大刀，喝退周仓。周仓会意，退出去。关羽假醉，一手提大刀，一手挽住鲁肃手将鲁肃扯到江边。东吴将士怕误伤鲁肃，又摄于关公武力，不敢动手。于是关云长上船乘风而去。

## 刮骨疗毒

水淹七军之后,关羽攻打樊城,在樊城下骂阵。曹仁命令弓箭手射箭,关羽右臂中箭,回兵。箭头有毒,毒已入骨。于是请来了曾经为周泰疗伤的名医华佗。华佗说要割开皮肉,把骨头上的毒刮去,这会极其疼痛,请关羽把手臂套住绑紧,把头蒙住。关羽却说不用,一边和马良下棋,一边伸手刮骨,谈笑中没有丝毫痛苦的神色。事毕,两人互相惊叹,关羽称赞华佗的医术,华佗赞叹关羽的勇气毅力。

【填一填】

请你根据上面的选段,找出表现关羽"忠义神勇"这一特点的素材,完成下面的思维导图。

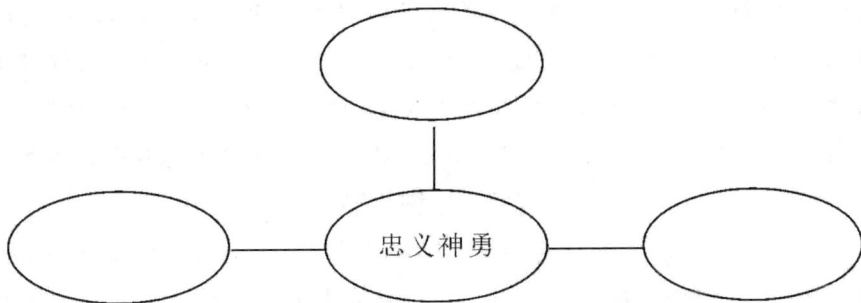

# 4.窗边的小豆豆(节选)

[日]黑柳彻子

## 放回原处

这时候,校长先生走过这条小路。他看到小豆豆正忙活着,问:"你在干什么呢?"小豆豆顾不得停下手里的活,一边舀一边答道:"我的钱包掉到池子里面了。""是吗?"说着,校长先生把手背在身后,就像平时散步那样,又走开了。又过了一会儿,钱包还是没有出现,地上的小山却越来越高。这时,校长先生又走了过来,问:"找到了吗?"小豆豆满头大汗,脸上也红彤彤的,被围在小山当中,回答说"没有"。先生稍微凑近了小豆豆的面孔,像好朋友似的说:"弄完以后,要把这些全都放回去,啊。"说完,他又像刚才那样走开了。

一般来说,大人们要是看到了小豆豆做的事,会说"在干什么蠢事呢"或者"太危险了,快停下"。或者也会有态度截然不同的大人说"我来帮你吧"。但是,只说一句"弄完以后,要把这些全都放回去"的除了校长先生,不会再有第二个人了。所以，当妈妈听小豆豆说了这件事之后，由衷地赞叹校长先生"真是一位了不起的人"。经过这件事之后，小豆豆上厕所的时候，再也不往下看了。而且，她觉得校长先生是一位"可以真心依赖的人"，因而，她比以前更加喜欢校长先生了。

## 图书室

校长先生说："这是你们的图书室。这里摆着的书，谁都可以读，读哪一本都行。不要说什么'因为几年级的学生，就读哪一本'这样的话。只要喜欢，什么时间来图书室都可以。如果有想借的书，也可以带回家读，读完之后，再把书还回来。如果你的家里有什么好书，希望大家都读一读的话，老师非常欢迎你拿来给同学们看。总而言之，请你们多多地读书。"

由于巴学园的孩子们每天都是从自己喜欢的科目开始学习，他们所受的教育是："如果觉得'旁边太吵闹的话，自己就没法学习'，那就很麻烦了。要练习无论周围怎么嘈杂，都能立刻集中精力！"所以，这些孩子们并不怎么在意那"画一个圆……"的声音，虽然也有别的孩子跟着一起唱，但大家都热心地各看各的书。

## "真是一个好孩子！"

每当校长先生有机会，就要对小豆豆说："你真是一个好孩子！"如果一个大人仔细听这句话，就会发现，"真是"这个词中，含有非常大的意义："虽然别人觉得你有好多地方不像是一个好孩子，但是，你真正的性格并不坏，有好多好的地方，老师理解你。"

校长小林先生，一定是想要把这个意思传达给小豆豆。但是遗憾的是，小豆豆明白这一层意思，是在经过了几十年之后。不过，当时的小豆豆虽然还不能理解先生话中的真正的含义，在她的心中，也怀有了"我是一个好孩子"的自信。因为，每当小豆豆要做一件什么事情的时候，她都会想到先生的这句话。不过，有时候，做完一件事之后，会发现"哎，怎么这样"，这种情况也是有的。

正是这么一句宝贵的话，可能决定了小豆豆的一生，而且，令人感动的是，小豆豆在巴学园的日子里，小林先生不断地对她说着这句话："小豆豆，你真是一个好孩子！"

【画一画】

作者黑柳彻子选择了哪些素材来表现小林校长是一位理解孩子的心灵、尊重和信任孩子的好校长，试着画个思维导图吧！

练笔

## 我的偶像

每个人都有自己的偶像,或是勤于钻研的科学家,或是知识渊博的文学家,或是才华横溢的歌唱家,如果想让大家认识自己心中的偶像,可以怎么介绍呢? 我们一起来学一学吧!

[**板块一**]偶像登场

你的偶像最吸引你的地方是什么? 是他(她)独特的样貌,过人的才艺,还是他(她)美好的心灵? 把它写下来吧!

我的偶像是一个_____的人,他(她)最吸引我的是_____

_____

[**板块二**]网罗天下

介绍偶像,手中要有"料",才能有话说。所以,第一步就是搜集资料,请把你最感兴趣的素材摘抄在下面的小卡片上。

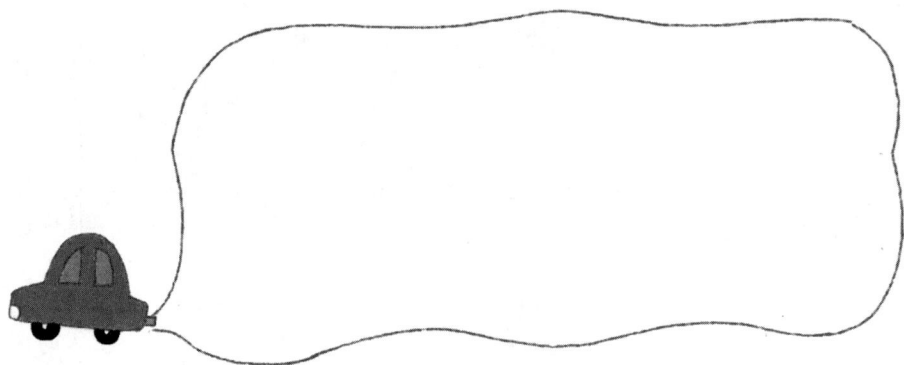

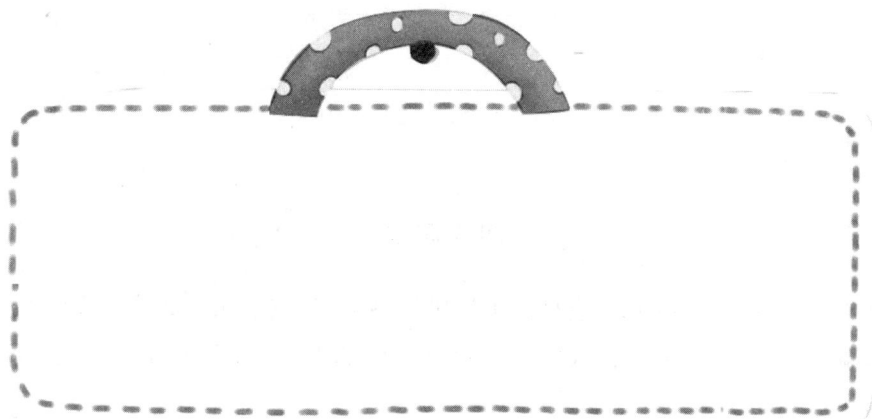

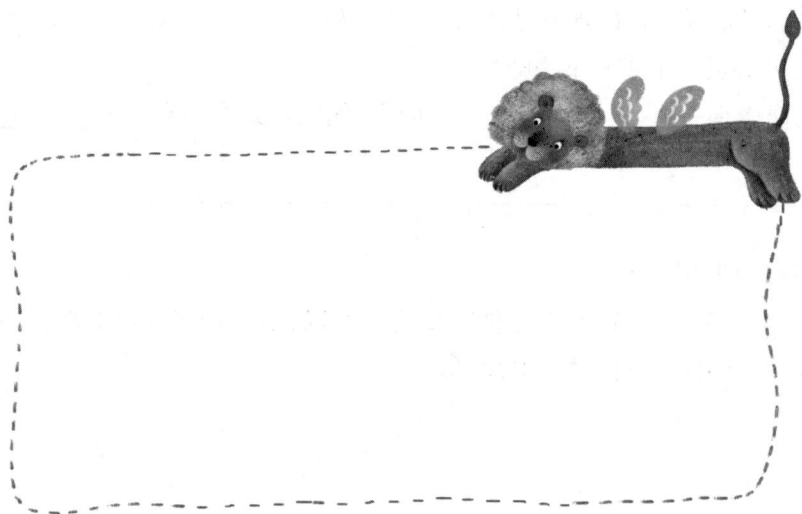

[板块三]分类整理

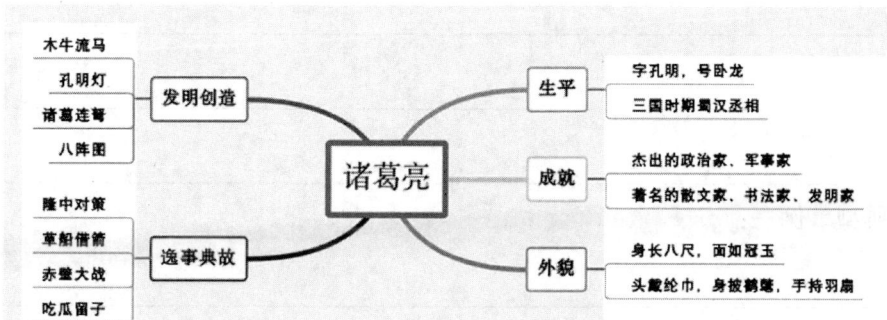

偶像的信息很繁杂,我们学着用思维导图进行分类整理吧!

[板块四]选取典型

整理好素材后,我们要思考哪些素材更能突出偶像的特点,请你围绕一个突出特点试着从不同角度选取典型事例进行详细描写吧。可以综合运用各种描写方法和修辞手法,让你的描写更加生动。

典型事例一:

_____

_____

_____

典型事例二：

_____

_____

_____

典型事例三：

_____

_____

_____

## [板块五] 落笔成文

偶像，如同我们生活中的一面镜子，促进我们的成长和进步。你一定迫不及待地想把心中的偶像介绍给大家认识，赶紧动笔写一写吧！

<table>
<tr><td></td><td></td><td></td><td></td><td></td><td></td><td></td><td></td><td></td><td></td><td></td><td></td><td></td><td></td></tr>
<tr><td></td><td></td><td></td><td></td><td></td><td></td><td></td><td></td><td></td><td></td><td></td><td></td><td></td><td></td></tr>
<tr><td></td><td></td><td></td><td></td><td></td><td></td><td></td><td></td><td></td><td></td><td></td><td></td><td></td><td></td></tr>
<tr><td></td><td></td><td></td><td></td><td></td><td></td><td></td><td></td><td></td><td></td><td></td><td></td><td></td><td></td></tr>
<tr><td></td><td></td><td></td><td></td><td></td><td></td><td></td><td></td><td></td><td></td><td></td><td></td><td></td><td></td></tr>
<tr><td></td><td></td><td></td><td></td><td></td><td></td><td></td><td></td><td></td><td></td><td></td><td></td><td></td><td></td></tr>
</table>

**评改**

### 一、评一评自己的习作

请你根据下面表格中的五个要素评价一下自己的习作,然后再请同学和老师进行评价。

| 评价要素 \ 评价主体 | 素材选取典型 | 事例描写具体 | 人物形象鲜明 | 文章思路清晰 | 语言表达生动 |
|---|---|---|---|---|---|
| 自我评价 | ☆ ☆ ☆ ☆ ☆ | ☆ ☆ ☆ ☆ ☆ | ☆ ☆ ☆ ☆ ☆ | ☆ ☆ ☆ ☆ ☆ | ☆ ☆ ☆ ☆ ☆ |
| 同学评价 | ☆ ☆ ☆ ☆ ☆ | ☆ ☆ ☆ ☆ ☆ | ☆ ☆ ☆ ☆ ☆ | ☆ ☆ ☆ ☆ ☆ | ☆ ☆ ☆ ☆ ☆ |
| 老师评价 | ☆ ☆ ☆ ☆ ☆ | ☆ ☆ ☆ ☆ ☆ | ☆ ☆ ☆ ☆ ☆ | ☆ ☆ ☆ ☆ ☆ | ☆ ☆ ☆ ☆ ☆ |

### 二、评一评同学的习作

先看看老师是怎么点评的,接下来自己试着评一评;从片段开始,再到完整的文章,让我们学会欣赏同学的习作。

## 1. 我的偶像(节选)

深圳市福田区南华小学　朱恩慈

王俊凯,是一个歌手,一个演员,也是一个质朴的学生。在舞台上,他是最耀眼的明星;在好友身边,他是最亲密的兄弟;在粉丝眼里,他是最帅气的男孩;在父母眼里,他是最完美的小孩;在学校,他是最普通的学生。不过,在我心里,他是最优质的偶像。

**【老师点评】**

朱恩慈同学能一句话简要地概括偶像的三重身份,同时用排比的修辞手法,写出不同人眼中王俊凯的身份。结尾处用一个"不过"转折,道出自己心中、眼里的王俊凯——最优质的偶像。

## 2. 令人敬佩的鲁迅(节选)

深圳市福田区南华小学　林冰冰

鲁迅先生十分珍惜时间,越是到晚年,对时间抓得越紧。每当他生病时,还总是在想病好了要做些什么。只要病情稍微好转,就立刻投入到学习工作当中。在他去世的前两天还坚持带病与刻木雕青年交谈,鼓励青年成为有志之士。逝世前一天也不忘写日记,记录一天生活中所发生的事。他曾说过:"珍惜时间就相当于延长一个人的生命。"

他不仅珍惜自己的时间,也珍惜别人的时间。工作中他从不会因为下大雨而拖延开会的时间,因为他曾说过:"时间就是生命,无端地空耗别人的时间,无异于谋财害命。"

他每天都争分夺秒地学习,生怕浪费一点时间。他也说过:"时间就像海绵里的水,只要你肯挤,是总也挤不完的。"你说,他这种珍惜时间的精神怎能不让人敬佩呢?

**【学生点评】**

(提示:为了突出鲁迅"珍惜时间"的性格,他写了哪些典型事例呢?)

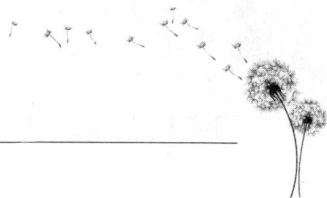

## 3. 特殊的偶像

深圳市福田区南华小学　郑丽颖

长大后,我们的偶像可能不再限于老师口中的伟人,而是自己喜欢的明星。"追星族"一批接一批,高呼着"×××明星好帅!""×××酷毙了!"我却不以为然。的确,明星有迷人的外表,有高超炫酷的技艺,有令人着迷的气质,出门总是被万人簇拥。可在我眼里,他们只是在从事自己的职业。职业没有高低贵贱之分,在我心里,有一种职业更令我佩服——清洁工。

记得曾经看过一个公益广告:一家人在阳台留了灯,只为坐在灯下,依偎在路边的清洁工老夫妇能够好好地吃一顿饭。镜头拉近了,黝黑的脸庞上布满了深深浅浅的皱纹,粗糙龟裂的双手上有许多老茧……这一切的一切都是他们为城市而努力的见证。

你们可能会说:清洁工有什么好敬佩的? 不都是一些没文化的人? 不错,但他们也是凭着自己的劳动来换取这个城市的美好,他们应该得到尊重!

在我眼里,清洁工是唤醒城市的人。凌晨四点是他们的上班时间,他们总在天亮之前将城市焕然一新。当我们睁开眼睛,拉开窗帘,随着略带刺眼的阳光映入眼帘的还有一个崭新的城市! 这,便是清洁工的杰作。

在我眼里,清洁工是哄睡城市的人。午夜十二点是他们的下班时间,当我们早已熄灯进入梦乡时,他们才拖着疲倦不堪的身子回到家中,嚼上几口冷饭,有时甚至累得曲起双臂,伏在餐桌上睡着了……

清洁工是这个城市最不易的人,却时常被忽略;是社会最底层的人,却也是一个城市必不可少的人。他们勤勤恳恳地工作,是我打心底佩服的人!

清洁工,我的偶像!

【老师点评】

郑丽颖同学能准确地引用一则公益广告中的环境描写、外貌描写等,写出清洁工工作的艰辛与不易。她还能运用"唤醒""哄睡"等富含感情的词语及人物的动作描写,写出人物的高贵品质,体现了她善于观察、细致刻画人物的能力。文章结尾运用篇末点题的方法总结全文,表达自己对清洁工的敬佩之情。

## 4.居里夫人

深圳市福田区南华小学　李祥欣

在当今的社会中,"偶像"已不是令人陌生的词语了,一谈到偶像有人就会喋喋不休。看,这边的同学正在听着周杰伦的新专辑,那边的同学在哼着林俊杰的曲子,转眼又看到一群女生叽叽喳喳地说起明星的"那些事儿"。

我的偶像,不是演员,也不是歌手,而是一位两度获得诺贝尔奖的女科学家——居里夫人。

居里夫人,性格稳重,内心有执着的追求。她在研究可穿过黑纸的光源时,偶然发现了某种独特的物质,本以为是实验的失误,当她的丈夫想放弃时,居里夫人却大胆地猜想有没有可能是一种新元素——镭呢？当时有许多科学家并不认同这种想法,学校只给了居里夫妇一间简陋的实验室,但是居里夫妇不畏条件艰难,始终在那间简陋的实验室中认真工作。他们用了三年的时间,辛苦地冶炼了成吨的工业废渣,却只得到几滴水,居里夫妇十分伤心。在一个偶然的瞬间,居里夫人又冒出一个大胆的想法:镭可能就在那几滴水里。居里夫妇又回到实验室,花了九个月的时间,终于提炼出了0.1克镭！居里夫妇没有将镭这种物质申请专利,因为他们只想让这一物质造福于人类！

居里夫人是我心中的光明,她身上锲而不舍的探索精神,对事业的热爱之情,对人类的无私奉献精神,永远值得我们学习！

**【学生点评】**

_____

_____

_____

### 三、改一改自己的习作

检查一下:你的习作是否选取典型事例凸显人物特点？在描写事例的时候,有没有运用多种描写手法？语言生动准确吗？认真读一读自己的文章,如果有不合适的地方,修改一下吧。

# 回忆鲁迅先生(节选)

## 萧 红

鲁迅先生很喜欢北方饭。还喜欢吃油炸的东西,喜欢吃硬的东西,就是后来生病的时候,也不大吃牛奶。鸡汤端到旁边用调羹舀了一二下就算了事。

有一天约好我去包饺子吃,那还是住在法租界,所以带了外国酸菜和用绞肉机绞成的牛肉。就和许先生站在客厅后边的方桌边包起来,海婴公子围着闹得起劲,一会把按成圆饼的面拿去了,他说做了一只船来,送在我们的眼前,我们不看它,转身他又做了一只小鸡,许先生和我都不去看它,对他竭力避免加以赞美,若一赞美起来,怕他更做得起劲。

客厅后没到黄昏就先黑了,背上感到些微的寒凉,知道衣裳不够了,但为着忙,没有加衣裳去。等把饺子包完了看看那数目并不多,这才知道许先生我们谈话谈得太多,误了工作。许先生怎样离开家的,怎样到天津读书的,在女师大读书时怎样做了家庭教师。她去考家庭教师的那一段描写,非常有趣,只取一名,可是考了好几十名,她之能够当选算是难的了。指望对于学费有一点补足,冬天来了,北平又冷,那家离学校又远,每月除了车子钱之外,若伤风感冒还得自己拿出买阿司匹林的钱来,每月薪金十元要从西城跑到东城……

饺子煮好,一上楼梯,就听到楼上明朗的鲁迅先生的笑声冲下楼梯来,原来有几个朋友在楼上也正谈得热闹。那一天吃得是很好的。

以后我们又做过韭菜合子,又做过合叶饼,我一提议鲁迅先生必然赞成,而我做得又不好,可是鲁迅先生还是在饭桌上举着筷子问许先生:"我再吃几个吗?"

因为鲁迅先生的胃不大好,每饭后必吃"脾自美"胃药丸一二粒。

有一天下午鲁迅先生正在校对着一本别人的著作,我一走进卧室去,从那圆转椅上鲁迅先生转过来了,向着我,还微微站起了一点。

"好久不见,好久不见。"一边说着一边向我点头。

刚刚我不是来过了吗?怎么会好久不见?就是上午我来的那次周先生忘记了,可是我也每天来呀……怎么都忘记了吗?

周先生转身坐在躺椅上才自己笑起来,他是在开着玩笑。

## 主题10 描景习作

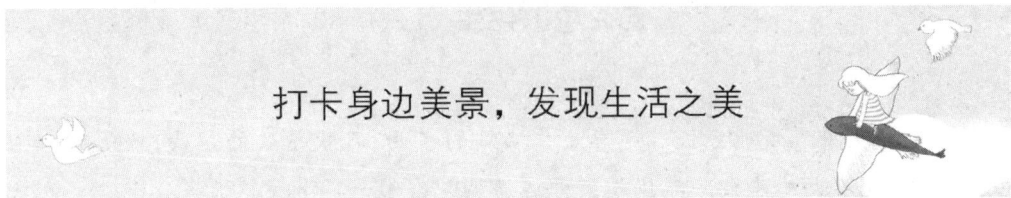

# 打卡身边美景，发现生活之美

林语堂说："人有人趣,物有物趣,自然景物有天趣。"我们身边有许许多多的美景,有自然之景,也有人文之景,因为观察的时间不同、顺序不同、侧重点不同,观察者的感受亦不相同。如何运用自己手中的笔,写出"风景这边独好"? 需要一个走出学校、走向生活的过程,需要一个了解相关知识能力点的过程,需要一个系统的指导过程。

## 什么是描景习作

### 一、描景习作的定义

描景习作是记叙文的一种,是以写景为主的文章。写景习作是通过运用描写、叙述、抒情等表达方式,把我们日常看到的、听到的和接触到的景物用文字记录下来,以表现对景物的赞美,表达自身情感,是小学阶段主要学习的作文类别之一。

写景记叙文与写人记事的记叙文有什么区别呢? 写景记叙文是以自然风光、建筑物、动物、植物等景物描写为主,所描写的景物在文章里占重要位置。而在写人记事的记叙文中,景物描写在文章中不是主要内容,文中对自然环境和人物活动的背景、环境的描写,是为了交代事件发生的时间、地点、环境,是为渲染气氛服务的。同理,写景记叙文里也有写人叙事的内容,但都是为写景服务的。

如王夫之在《姜斋诗话》中说的那样:"关情者景,自与情相为珀芥也。情景虽有在心在物之分,而景生情,情生景。"写景记叙文的中心思想是通过对景物的描写和人物感情抒发表达出来的。景物描写必须为人物的思想感情服务,与人物的思想感情相一致,不能孤立地、无目的地写景。写景不仅是客观事物的再现,更是作者主观感情的外观。景是外在的,情是内在的,"情随物迁,辞以情发"。景是情产生的基础,情是景的产物,透过不同的人物情感也会看到不一样的景。

## 二、描景习作的种类

描景习作选择的"景"大体上可以分为两大类:自然景观和人文景观。自然景观包括日月星辰、雨雪风霜、春夏秋冬、山川花鸟等。人文景观的描写通常涉及社会环境描写,就是对人物活动或事件发生、发展的社会背景和状态的描写。

在小学阶段,写景习作主要分为两类:一类是游记性质的记叙文,往往是通过对景物本身和游人的描写(写游人主要是起侧面衬托的作用),来突出景物自身的特点及它带给人们的某种身心体验,是一种把记叙自然景物和社会环境融为一体的记叙文;另一类是借景抒情为主的记叙文,它有些偏向于抒情性散文,在写作时往往不拘于某一特定的一景一物,而重点在于通过选取不同的景物,来表达自己某种特定的情感,在内容的具体安排上,往往会产生情景交融、情景相生的艺术效果。

# 为什么要实施描景习作教学

语文新课程标准中明确指出,高年级要"养成留心观察周围事物的习惯,有意识地丰富自己的见闻,珍视个人的独特感受,积累习作素材"。与写人记事习作相比,写景习作较抽象,面对美景,不少学生望而却步,往往不知如何下笔。

生活处处皆美景,蓝天白云、花香鸟语、清风明月、阳光原野、高山流水随处可见。但是由于小学生年龄较小,文字组织能力不强,很多情况下不知道怎么去描写,也写不出美景的美来,写作时千篇一律,层次不分,无法抓住景物的独特之处。对学生而言,写景习作是一种挑战。

## 一、从核心素养的角度来思考

语文学科核心素养包括语言建构与运用、思维发展与提升、审美鉴赏与创造、文化传承与理解四个方面。从写作对象的角度来看,自然景观是以其自然之态让人感受大自然的美丽,而人文景观则是通过一些人文历史来传承悠久的文化;从写作过程来看,写作时需要运用一定的逻辑谋篇布局,段落的构成则是对语言文字的具体运用。这一切无不围绕核心素养在进行。

## 二、站在培养社会的人的角度

"世界是学生的教科书"这一理念如今已得到普遍认同。从这个观点出发,孩子的学习场所不单在校园里,更在辽阔的天地里。让孩子来到美丽的大自然,来到一个个文化名胜之地,感受大自然的美好,感受文化的内涵和力量,是一个社会的人成长过程的必要途径。此外,当一个人沉浸在大自然中时,心灵得以净化,精神得以愉悦。走进大自然,拥抱大自然,表达对大自然的热爱,这本身就是一个社会人的生活场景。

### 三、站在习得过程的角度来衡量

在小学阶段,大部分写作练习都是在写人或者写事,这样的写作只要把经过写清楚、写具体,通常也就达到基本要求了,而写景的文章则不然——没有起因,没有经过变化,也没有结局,也就是没有故事性。从哪儿下笔,如何写具体? 对学生而言是个考验。面对美景,很多学生只能说出一个“美”字,至于美在哪里,说不出所以然。归根结底,还是平时积累得不够多,缺乏一双发现美、感受美的眼睛。对于自然景观的写作而言,如何引导学生感受大自然的美,欣赏大自然的美,写出大自然的美,需要一个实践的过程,一个引领的过程;对于人文景观而言,如何欣赏景物的文化内涵,如何了解景物的文化价值,这也需要一个搜集并整理资料、激发兴趣、个性化表达的过程。这个过程虽然有些挑战因素,但在可触摸的高度之内。在这样的学习过程中,学生会获得更大的成长。

## 怎样实施描景习作教学

印度作家普列姆昌德说:“作家应该十分注意地观察自然景色和各种事件。清晨阵阵微风拂起的涟漪会发出什么样的闪光? 天空像什么样子? 有什么变化? 只有仔细地观察过这些景色的人,才能成功地描绘出无数这样的景色。光凭想象是不行的。”

要想描写好景物,细致地观察是前提,抓住景物的特点是根本,融情于景是灵魂,学会理清写作顺序、巧用修饰是技巧。具体怎样落实呢?

### 一、探究内容

在“描景”这个主题,我们设计了 8 个探究项目:

1. 按顺序记景。

通过制定恰当的旅游路线,按照游览顺序记录下所见所闻,把沿途所见风景用文字的形式记录下来。

2. 近距离描景。

围绕文章的主题和中心,聚焦一两处最具特色的景物,对其进行具体的描写,勾勒出景物的特点。在文章的布局上,做到详略得当。

3. 多感官赏景。

全面调动视觉、听觉、嗅觉、味觉和触觉，去感受和体会景物的美。从多种感官角度去感受，写出更具立体感的景物。

4. 动静皆美景。

动静结合是一种重要的写作手法，描景时从动、静两个维度观察，既要注意静态的景，又要善于观察出景中的动态，做到静中有动，动中有静，动静结合，将大自然中的动与静和谐呈现。

5. 虚实生趣景。

"实"是对客观景物的描写，"虚"是对人的情感态度进行描写，需要进行联想和想象，这也是描景习作的小秘诀。在白描的基础上，联系诗词佳句、历史传说等，展开想象和联想写景，融入自己内心的情感，才能使平凡无奇的景物变得富有生命力。

联想是指从某一事物想到与之有一定联系的另一事物。以某一事物为触发点，由此联想出与之有关的事物。联想包括类比联想、对比联想、象征联想、事理联想等。联想时要注意联想的广度、深度和新颖度。

想象是指利用头脑中已有的信息，在头脑中创造出新的形象。想象必须要符合生活的逻辑，想象内容要符合文章主旨。另外，实景和想象的虚景之间的过渡、衔接要做到自然。

6. 情景两相和。

"一切景语皆情语"，所有景物都寄托着情思，写景常常是为了抒发自己的情感。运用多种修辞手法，融情于景，情景交融，将情感融在特定的自然景物中，借对自然景物的描摹刻画抒发情感，让景物形象化、具体化、生动化，是一种间接含蓄的抒情方式。

7. 以景喻精神。

借某一景物的特点，来比喻人的某种品格，将景物与人的品质精神相结合，使得文章主题立意深远，从而抒发作者的思想情感。运用借景物喻人的写作方法时，先抓住所描写景物的特点，分析景物的品质，再找出景物与人的相似处，最后抒发作者的情感。

8. 为家乡代言。

这个项目是一个综合性学习活动，一方面引导学生关注社会，了解自己所在的城市，另一方面引导学生综合运用所学的知识，开展合作探究式学习，激发对家乡的热爱之情。

### 二、支架策略

1.学会按一定顺序写景,写出条理。

描写景物时,通常有两种顺序:一种是时间顺序,例如春夏秋冬,早中晚等;一种是空间顺序,比如由高到低,由远到近,由整体到局部等。"横看成岭侧成峰,远近高低各不同",同一个景物,不同角度看到的风景就不同。在这一项目的训练中,笔者把学生选定景物的观察素材整理出来,并着重展开"序"的讨论,即先写什么,再写什么,在哪里突出重点等。只有把握住了描写景物的顺序,写出的景物才有条理,让读者一目了然。

2.学会把一处景点写具体,仔细观察。

全面观察是写作的前提,要想让自己笔下的景物给人留下深刻的印象,就需要我们能看到景物与众不同的地方。抓住景物的特点展开描写,凡是我们看到的景物,从颜色、形状、声音、神态等各方面,把景物最突出、最美的地方描写出来。要发现此事物区别于彼事物的标志,即特征和个性。只有留心观察周围的事物,写起来笔下才会有景、有物。

3.学会运用多感官描景,深入描绘。

观察景物单靠视觉往往很难准确全面地描绘景物,所以需要多种感官作用于景物。同一篇文章里,我们可以运用多种感官立体展现景物的特点,比如朱自清的《春》:"'吹面不寒杨柳风',不错的,像母亲的手抚摸着你",用的是触觉,"风里带来些新翻的泥土的气息,混着青草味儿,还有各种花的香",用的是嗅觉,"鸟儿将窠巢安在繁花嫩叶当中,高兴起来了,呼朋引伴地卖弄清脆的喉咙,唱出宛转的曲子,与轻风流水应和着",用的是听觉。用眼睛看,用耳朵听,用鼻子闻,并结合身在美景中的感受,多角度、多方位地写出景物的独到之处。

4.写出景物的静态和动态美,写"活"景物。

所谓动静结合,就是指描写景物时,不仅要写出景色的静态,而且要写出它的动态,做到静中有动,动中有静,动静结合。描写时或先写静态后写动态,或先写动态后写静态,使它们很和谐地展现在读者眼前。这里的"动"包括与景物相对应的人物的活动、游玩、嬉戏、奔跑,动物的觅食、跳跃,等等。当人和动物的活动与景物的描写结合起来的时候,会给人一种亲切感,这就是动静结合的美感。只有笔下的景色"活"起来了,才能使读者的印象更深刻。

5. 学会运用想象和联想写景，巧用修辞。

在对景物进行仔细观察的基础上，根据所见所闻展开丰富的联想和想象，突出表现景物的特点，往往会给习作增加可读性。在联想和想象中，准确而合理地运用修辞，可以让平淡刻板的景物变得鲜活、生动起来，能瞬间点亮文章。比如，朱自清在《春》中运用"像牛毛，像花针，像细丝"的比喻和排比写出了春雨的细密、闪亮、绵长的特点。这需要作者对写作对象要有情感投入，想象眼前的景物是一个人，是你的朋友等。也可以透过童眼来看景，与生活结合起来，运用拟人和比喻等手法，使想象发挥得更淋漓尽致，使景物充满灵气，使写景作文充满个性。

6. 学会写景与抒情相结合的表达方式，巧妙借力。

景物描写是作者心灵感受的具体体现，相同的景物在不同的人看来是不同的。融情于景，既可直抒胸臆，也可间接抒情。情景相融是写景作文的最高境界，写景的目的，不是为写景而写景，重要的是要写出真情实感，写出让人有共情的文章。只有将景物与自己的感情相结合，写出来的景物才有血有肉，富有生命力。"一切景语皆情语""登山则情满于山，观海则意溢于海"，这些都说明景物描写应该融入作者的真切情感。

7. 学会运用借物喻人的方法写景，抓住"相似之处"。

情与思是密不可分的，观察是知其表，思考就是知其里，借物喻人就是借某一种事物的特点，来比喻人的一种品格，使文章更加深刻，更具感染力。水滴能够折射出太阳的光辉。无论是山川平原，还是花草树木，只要你抓住这种事物的特点与要表达的道理的相似之处进行描写，就能够启迪读者。

8. 为家乡制作一张独一无二的名片。

这次综合性学习以做名片的方式进行，一方面高度凝练所收集的素材，同时也充分体现学生的创意，旨在用一种活动、一种设计引导学生观察、思考、实践、创新，并在过程中体会自主探究之快乐、交流、合作之重要，并在不知不觉中激发对家乡的热爱之情。

附：

## 项目化习作进阶课程"描景习作"内容纲要

| 序号 | 项目名称 | 探究目标 | 支架策略 | 项目作品 |
|---|---|---|---|---|
| 项目1 | 按顺序记景 | 学会按一定顺序写 | 制定恰当的旅游路线,按游览顺序记景 | 《香蜜公园游玩攻略》 |
| 项目2 | 近距离描景 | 学会把一处景点写具体 | 聚焦某一景物具体描写 | 《打卡莲花山》 |
| 项目3 | 多感官赏景 | 学会运用多感官描景 | 调动视觉、听觉、嗅觉、触觉等多感官进行描写 | 《难忘漾日湖》 |
| 项目4 | 动静皆美景 | 写出景物的静态和动态美 | 从动、静两个维度观察、描写景物 | 《深圳红树林》 |
| 项目5 | 虚实生趣景 | 学会运用想象和联想写景 | 在白描的基础上联系诗词佳句、历史传说等,发挥想象与联想写景 | 《那片蓝色的海》 |
| 项目6 | 情景两相和 | 学会写景与抒情相结合的方法 | 运用多种修辞手法,融情于景,让景物形象化、具体化、生动化 | 《乡村四季》 |
| 项目7 | 以景喻精神 | 学会运用借物喻人的方法写景 | 将景物与人的品质精神相结合,使得文章主题立意深远 | 《深圳市花簕杜鹃》 |
| 项目8 | 为家乡代言 | 学会选择典型素材 | 综合性学习 | 《我为家乡做名片》 |

# 项目1 按顺序记景

## 导引

如今,旅游已经成为我们生活的一部分。通常,出发前,我们会做好旅游攻略,安排好每天的行程;旅游时,我们会根据攻略上的计划游览各个景点;观赏时,我们会举起相机把最美的风光定格在照片里。

在这个项目的学习中,让我们学做旅游攻略,一起制定恰当的旅行路线,然后按游览顺序把沿途的美景用文字记录下来。一起来做旅游小达人吧!

## 积累

### 1. 松堂游记(节选)

朱自清

去年夏天,我们和S君夫妇在松堂住了三日。难得这三日的闲,我们约好了什么事不管,只玩儿,也带了两本书,却只是预备闲得真没办法时消消遣的。

出发的前夜,忽然雷雨大作。枕上颇为怅怅,难道天公这么不作美吗!第二天清早,一看却是个大晴天。上了车,一路树木带着宿雨,绿得发亮,地下只有一些水塘,没有一点尘土,行人也不多。又静,又干净。

车行未久,正想着到还早呢,过了红山头不远,车却停下了。两扇大红门紧闭着,门额是国立清华大学西山牧场。拍了一会门,没人出来,我们正在没奈何,一个过路的孩子说这门上了锁,得走旁门。旁门上挂着牌子,"内有恶犬"。小时候最怕狗,有点趑趄。门里有人出来,保护着进去,一面吆喝着汪汪的群犬,一面只是说,"不碍不碍"。

过了两道小门,真是豁然开朗,别有天地。一眼先是亭亭直上,又刚健又婀娜的白皮松。白皮松不算奇,多得好,你挤着我我挤着你也不算奇,疏得好,要像住宅的院子里,四角上各来上一棵,谁爱看?这儿就是院子大得好,就是四方八面都来得好。中间便是松堂，原是一座石亭子改造的，这座亭子高大轩敞，对得起那四围的松树，大理石柱，大理石栏杆，都还好好的，白，滑，冷。白皮松没有多少影子，堂中明窗净几，坐下来清清楚楚觉得自己真太小。在这样高的屋顶下。树影子少，可不热，廊下端详那些松树灵秀的姿态，洁白的皮肤，隐隐的一丝儿凉意便袭上心头。

堂后一座假山，石头并不好，堆叠得还不算傻瓜。里头藏着个小洞，有神龛，石桌石凳之类。可是外边看，不仔细看不出。得费点心去发现。假山上满可以爬过去，不顶容易，也不顶难。后山有座无梁殿，红墙，各色琉璃砖瓦，屋脊上三个瓶子，太阳里古艳照人。殿在半山，岿然独立，有俯视八极气象。天坛的无梁殿太小，南京灵谷寺的太黯淡，又都在平地上。山上还残留着些旧碉堡，是乾隆打金川时在西山练健锐云梯营用的，在阴雨天或斜阳中看最有味。又有座白玉石牌坊，和碧云寺塔院前那一座一般，不知怎样，前年春天倒下了，看着怪不好过的。

**【填一填】**

作者按照游览的顺序为我们展示了一幅幅图景，请你把游览路线补充完整，再选一处景点跟其他同学介绍一下吧。

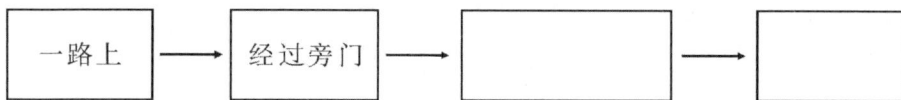

```
┌────────┐     ┌────────┐     ┌────────┐     ┌────────┐
│ 一路上 │ ──▶ │经过旁门│ ──▶ │        │ ──▶ │        │
└────────┘     └────────┘     └────────┘     └────────┘
```

## 2. 记金华的双龙洞

叶圣陶

4月14日，我在浙江金华，游北山的双龙洞。

出金华城大约五公里到罗店，过了罗店就渐渐入山。公路盘曲而上。山上开满了映山红，无论花朵和叶子，都比盆栽的杜鹃显得有精神。油桐也正开花，这儿一丛，那儿一簇，很不少。

山上沙土呈粉红色，在别处似乎没有见过。粉红色的山，各色的映山红，再加上或浓或淡的新绿，眼前一片明艳。

一路迎着溪流。随着山势，溪流时而宽，时而窄，时而缓，时而急，溪流声也时时变换调子。入山大约五公里就来到双龙洞口，那溪流就是从洞里出来的。

在洞口抬头望，山相当高，突兀森郁，很有气势。洞口像桥洞似的，很宽。走进去，仿佛到了个大会堂，周围是石壁，头上是高高的石顶，在那里聚集一千或是八百

人开个会，一定不觉得拥挤。泉水靠着洞口的右边往外流。这是外洞。

⋯⋯⋯⋯⋯

内洞一团漆黑，什么都看不见。工人提着汽油灯，也只能照见小小的一块地方，余外全是昏暗，不知道有多么宽广。工人高高举起汽油灯，逐一指点洞内的景物。首先当然是蜿蜒在洞顶的双龙，一条黄龙，一条青龙。我顺着他的指点看，有点儿像。其次是些石钟乳和石笋，这是什么，那是什么，大都依据形状想象成神仙、动物以及宫室、器用，名目有四十多。这些石钟乳和石笋，形状变化多端，再加上颜色各异，即使不比作什么，也很值得观赏。

在洞里走了一转，觉得内洞比外洞大得多，大概有十来间房子那么大，泉水靠着右边缓缓地流，声音轻轻的。上源在深黑的石洞里。

我排队等候，又仰卧在小船里，出了洞。

【画一画】

作者是按照＿＿＿＿＿＿顺序来写的，你从哪里发现的？请你把相关内容用横线画下来。

## 3. 登黄山记（节选）

### 季羡林

早就听人说过："五岳归来不看山，黄山归来不看岳。"又经常遇到去过黄山的人讲述那里的奇景，还看到画家画的黄山，摄影家摄的黄山，黄山在我的心中就占了一个地位。我也曾根据那些绘画和摄影，再搀上点传闻，给自己描绘了一幅黄山图，挂在我的心头。我带着这样一幅黄山图曾周游国内，颇看了一些名山大川。五岳之尊的泰山，我曾凌绝顶，观日出。在国外，我也颇游览了一些国家，徜徉于日内瓦的莱蒙湖畔，攀登了雪线以上的阿尔卑斯山，尽管下面烈日炎炎，顶上却永远积雪皑皑。所有这一切都是永世难忘的。但是我心中的那一幅黄山图，尽管随着游览的深广而多少有所修正，但毕竟还是非常美的，非常迷人的。

⋯⋯⋯⋯⋯

我就是这样一边爬，一边看，一边改着古人的诗，一边想到徐霞客，手、脚、眼、耳、心，无不在紧张地活动着，好不容易才爬到了天都峰脚下。这是一个关键的地方。向右一拐，走不多远，就可以登上台阶，向着天都峰爬上去。天都峰是黄山的主峰。不到天都非好汉，何况那天险鲫鱼背我已经久仰大名，现在站在天都峰下，一抬头就可以看到，上面有蚂蚁似的人影在晃动，真是有说不出的诱惑力啊！但是一看到那一条直上直下的登山盘道，像一根白而粗的线绳一样悬在那里，要爬上去还真需要有一把子力气呢。我知道，倘若给我半天的时间，登上去也是没问题的。可惜现在早已经过了中午，到我们今天住宿的地方玉屏楼还有一段路要走。我再三斟酌，只好丢掉登天都峰的念头，这好汉看来当不成了。我一步三回头地向左一拐，拾级而上一直爬到了一线天的门口。这时我们坐了下来，背对一线天口，脸朝前望，可以看到近在咫尺的蓬莱三岛。所谓蓬莱三岛只是三个石笋似的小山峰，上面长着几棵松树。下面是一片深不见底的山谷。据说，白云弥漫时，衬着下面的云海，它们确确实实像蓬莱三岛。但现在却是赤日当空，万里无云，我只能用想象力来弥补天公的不作美了。

一线天真正是名副其实。在两个峭壁中，只存一条缝隙，仅容人体，抬眼一看，只见高处露出一线光明，上面是蓝蓝的天。这一团光明就召唤着我们，奋勇前进，我们也就真的一个个精神抖擞，鼓足了余勇，爬了上去。低头从我们两条腿中间向后看去，还可以看到悬挂在天都峰上的那一条白练似的磴道。

过了一线天，再向右一拐就走上了玉屏楼，这里是从温泉到北海去的必由之路。一般人都是在这里过夜的。徐霞客时代，这里叫玉屏风，他在《游记》里写道："四顾奇峰错列，众壑纵横，真黄山绝胜处。"可见徐霞客对此处评价之高。原来这里有一座庙，叫作文殊院，古人曾说过："不到文殊院，没见黄山面。"这同徐霞客的意见是一致的。

这里有什么特点呢？这里是万山丛中一块比较平坦的地方，好像天造地设，就是一个理想的中途休息的地方。一转过山脚，就能看到峭壁上长着一棵松树。提起此松，真是大大地有名。全中国人民和全世界人民大概都经常能看到它的形象。挂在人民大会堂里的那一幅叫作"迎客松"的照片，就是它。这棵松树的大名就叫"迎客松"。许多来访的外国领导人，以及名人、学者会见中国领导人时，就在那个照片下面照相。你看它伸出双臂，其实是不知道多少臂，仿佛想同来游的人握手、拥抱，它那青翠的枝头仿佛能说出欢迎的语言，它仿佛就是黄山好客的象征，不，它实际上成了中国人民好客的象征。你若问它的高寿，那就很难说。它干并不粗，也不特别高，看样子它至多也不过几十年至百年，然而据人说，它挺立在这里已经有一千多年的历史了。这里山高风劲，夏有酷暑，冬有寒冰，然而它却至今巍然屹立，俊秀挺拔，苍翠欲滴，枝头笼烟，仿佛正当妙龄青春。我在这里祝它长寿！

至于玉屏楼本身，可看的东西并不多。只是因为此地处万山之中，抬眼四顾，前

有大谷深壑,下临无地。上面有参天云峰,耸然并立。同前一段的地无三尺平的情况比较起来,当然显得空阔辽廓,快人心目。当白云弥漫时,云海苍茫,必然另有一番景色。可惜我们没有这个福气,只看到了一片干涸了的大海。在玉屏楼的右边,就是那一棵在名声上稍逊一筹的送客松。它也像迎客松一样,伸出了它那许多路臂,好像向游客告别,祝他们身强体健,过一些时候再来黄山。我也祝它长寿!

**【画一画】**

在选文中,季羡林爷爷登黄山时游览了哪些景点?请你用横线在文中画出来吧。

## 4. 探访乌孙古道(节选)

彭绪洛

在出发之前,我就在网上查看了相关的资料和照片,确实被那种独特的美吸引。

当我坐了飞机换火车,下了火车再换汽车,最后在接近琼库什台村时,确实被北疆的绿色草原惊到。

汽车行驶在颠簸不平的公路上,在进村之前,远远地映入视线的全是绿色的草地和牧场,就像给大地铺上了一层绿油油的地毯,地面那样平整,颜色那样均匀,远远地看上去就像假的一样。

我们从琼库什台村出发,沿着琼库什台河逆流而上。刚进山,就可以看到大片的雪松,河水从山中倾泻而下。没有大树的地方就是草皮,不时会看到牛、羊、马出现。它们悠然自得,看见人了也不慌张,而是慢条斯理地吃着地上的青草,或者是悠闲地晒着太阳。

第一天,我们行进了15千米后,在琼库什台河边的草地上扎营。在这里,可以看到很多牛羊马群,可以看到远处白皑皑的雪山,营地旁边就是湍急的河流和成片的雪松林。四周的景色十分养眼,感觉这就是天然的氧吧。

第二天,我们继续沿着琼库什台河逆流而上,走的依然是牧道,一路风景依旧。但下午过了雪线后,大多都是乱石岗,全是被大水冲刷过的痕迹,怪石嶙峋,或尖或圆,或大或小,千奇百怪,也是一种难得的风景。特别是当我们爬上琼达坂的山顶后,远远地望去,真有"一览众山小"的感觉,那是一种心灵享受。

第三天,我们沿着库诺依河谷下山。草地上的野花漫山遍野,散落在草丛中。内心的喜悦和怜惜让我不敢往前迈一步,生怕一脚下去,踩中某朵小野花,那样我将会于心不安。恍惚中感觉这里就是童话王国一样，有漫山遍野的野花，有牧民简陋的小木屋，有无数的牛羊马群，有连绵起伏的雪山和无边无际的草原，有时还伴有牧羊犬的叫声，当然还有奔流不息的冰川河流。你敢说这不是真的童话王国吗？

第四天，我们历尽千辛万苦，终于，远远地，可以看到传说中的白湖了。白湖又叫阿克库勒湖，它就像一颗蓝宝石，镶嵌在天山山脉之中，被山上的冰川和白雪紧紧地包裹着，湖边草地上的小花也来点缀着它的美丽和神奇，一颗颗若隐若现的石头似乎也在守护着它无与伦比的美。

白湖恰似一位少女，静静地躺卧在四周的高山之中。湖泊没有明显的进口和出口，终年不枯。白湖轻盈、纯洁、神秘而又安静，我坐在草地上，久久不敢说话，生怕惊醒了沉睡中的白湖。

第五天，我们需要翻过海拔3850米的阿克布拉克达坂。先是围着白湖走了半圈，从不同的角度领略了白湖的秀美，然后就开始攀爬一段险要的栈道。我们穿行在乱石之中，越向上，海拔越高，行走得越艰难，风景越独特。

接下来第六天和第七天，我们主要就是沿着博孜克日格河谷一直朝外走。河岸和河床的风景虽然不及牧场草甸，但峻峭的山峰、宽广的河谷、湍急的河水、偶然出现的一些胡杨木和灌木丛，仍然是一道别样的风景。

走出乌孙古道，发现视线转换得太快，我都有些适应不了。我们从北疆穿越到了南疆，跨越天山南北，北疆是草原、牧场、河流、冰川、雪山，空气湿润，而南疆则是戈壁、沙漠、雅丹地貌，空气干燥。

**【写一写】**

作者为我们展示了自己在探访乌孙古道时的所见所感，其中有哪些你喜欢的景色呢？请把你喜欢的语句摘抄下来吧。

_____

_____

_____

_____

_____

## 香蜜公园游玩攻略

**[板块一]了解公园资料**

1.你知道吗？最近深圳新开发了一个公园,它就是坐落在深圳市侨香路边的香蜜公园,听说"风景这边独好",我们约个时间一起去看看吧。

2.出发前,我要上网查查这个公园的资料。

图片资料

文字资料

_____

_____

_____

_____

_____

3.想一想:我准备_____(时间)带上_____(物品)和_____

_____(人物)一起去香蜜公园游玩。

**[板块二]设计游览路线**

1.参观浏览景点可是一门学问哟!仔细观察,景区大门的一侧总会有景区地图。进入香蜜公园,第一件事就是赶紧找到景区地图,拍下来,以免在偌大的公园中找不到方向;或者到公园内的 U 站,找义工们要一份景区景点介绍图册,"一册在手,游玩无忧"啊!

2.仔细阅读景区地图后,我决定按以下路线游览。

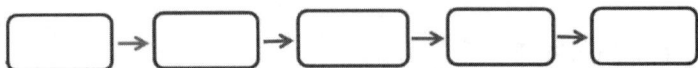

```
┌─────┐   ┌─────┐   ┌─────┐   ┌─────┐   ┌─────┐
│     │ → │     │ → │     │ → │     │ → │     │
└─────┘   └─────┘   └─────┘   └─────┘   └─────┘
```

[板块三] 按计划进行浏览

浏览完毕,做个简单记录吧。

| 景点名称 | 主要景物 | 吸引游人的原因(独特之处) |
|---|---|---|
|  |  |  |
|  |  |  |
|  |  |  |
|  |  |  |
|  |  |  |

[板块四] 写下我的浏览体验

1.游玩了一天,我觉得香蜜公园是个_____的大公园。

2.我按照预先设定的路线游览了_____处景点,其中_____景点(哪几处)特别值得游玩。按浏览的顺序把自己的浏览体验写下来吧。写之前先看看下面的例文,特别留意一下画线的句子,注意把上下文写连贯。

## 颐 和 园

北京的颐和园是个美丽的大公园。

进了颐和园的大门,绕过大殿,就来到有名的长廊。绿漆的柱子,红漆的栏杆,一眼望不到头。这条长廊有 700 多米长,分成 273 间。每一间的横槛上都有五彩的画,画着人物、花草、风景,几千幅画没有哪两幅是相同的。长廊两旁栽满了花木,这一种花还没谢,那一种花又开了。微风从左边的昆明湖上吹来,使人神清气爽。

走完长廊，就来到了万寿山脚下。抬头一看，一座八角宝塔形的三层建筑耸立在半山腰上，黄色的琉璃瓦闪闪发光。那就是佛香阁。下面的一排排金碧辉煌的宫殿，就是排云殿。

登上万寿山，站在佛香阁的前面向下望，颐和园的景色大半收在眼底。葱郁的树丛，掩映着黄的绿的琉璃瓦屋顶和朱红的宫墙。正前面，昆明湖静得像一面镜子，绿得像一块碧玉。游船、画舫在湖面慢慢地滑过，几乎不留一点儿痕迹。向东远眺，隐隐约约可以望见几座古老的城楼和城里的白塔。

从万寿山下来，就是昆明湖。昆明湖围着长长的堤岸，堤上有好几座式样不同的石桥，两岸栽着数不清的垂柳。湖中心有个小岛，远远望去，岛上一片葱绿，树丛中露出宫殿的一角。游人走过长长的石桥，就可以去小岛上玩。这座石桥有十七个桥洞，叫十七孔桥；桥栏杆上有上百根石柱，柱子上都雕刻着小狮子。这么多的狮子，姿态不一，没有哪两只是相同的。

颐和园到处有美丽的景色，说也说不尽，希望你有机会去细细游赏。

|  |  |  |  |  |  |  |  |  |  |  |  |  |
|---|---|---|---|---|---|---|---|---|---|---|---|---|
|  |  |  |  |  |  |  |  |  |  |  |  |  |
|  |  |  |  |  |  |  |  |  |  |  |  |  |
|  |  |  |  |  |  |  |  |  |  |  |  |  |
|  |  |  |  |  |  |  |  |  |  |  |  |  |
|  |  |  |  |  |  |  |  |  |  |  |  |  |

**评改**

### 一、评一评自己的习作

请你根据下面表格中的四个要素评价一下自己的习作,然后再请同学和老师进行评价。

| 评价要素<br>评价主体 | 按一定顺序 | 详略得当 | 特点鲜明 | 连贯通顺 |
|---|---|---|---|---|
| 自我评价 | ☆ ☆ ☆ ☆ ☆ | ☆ ☆ ☆ ☆ ☆ | ☆ ☆ ☆ ☆ ☆ | ☆ ☆ ☆ ☆ ☆ |
| 同学评价 | ☆ ☆ ☆ ☆ ☆ | ☆ ☆ ☆ ☆ ☆ | ☆ ☆ ☆ ☆ ☆ | ☆ ☆ ☆ ☆ ☆ |
| 老师评价 | ☆ ☆ ☆ ☆ ☆ | ☆ ☆ ☆ ☆ ☆ | ☆ ☆ ☆ ☆ ☆ | ☆ ☆ ☆ ☆ ☆ |

### 二、评一评同学的习作

先看看老师是怎么点评的,接下来自己试着评一评;从片段开始,再到完整的文章,让我们学会欣赏同学的习作。

## 1. 奇妙的圣诞老人村一日游(节选)

深圳市福田区梅林小学　曹语杨

这时,天渐渐黑了,我们向圣诞老人村的更深处走去。风伴随着冰凉的雪花,如一团团黑影,向远处卷去。漆黑的夜空中突然隐约透着好些月光。不,那不是月光,是极光!极光犹如跳动的彩火,在天空中舒展着它美丽妖娆的身姿,旋转着,跳跃着,尽情地舞蹈。又好似一位姑娘牵着轻纱在空中奔跑。我们目不转睛地欣赏着这

人间奇景,直到它慢慢在夜空中消失。

**【老师点评】**

这个片段以优美的语言介绍了圣诞老人村的景色,冰凉的雪花,舒展着美丽妖娆的身姿的极光,给人留下了深刻的印象,仿佛身临其境。

## 2. 秋日之旅(节选)

深圳市福田区荔园外国语小学西校区　杨雨润

进入公园后一直向右走就会看到两旁的荔枝树。走着走着就会看见右边的一条林间小道。走上台阶,一步、两步、三步……上面是一个没人的小道。一大片的玫瑰花中有一个很有特色的小道,它是用台风"山竹"吹倒的树枝和树干铺成的。有的大,有的小,走在用木头铺的小路上就是有种不一样的感觉呢!

**【学生点评】**

_____

_____

_____

## 3. 天下第一缸——龙缸

深圳市福田区梅林小学　王鲁渝

"天生奇险世无双,试看云阳第一缸。"位于重庆市云阳县境内的龙缸风景区,地貌奇特,溶洞密布,风景奇丽。早想去大饱眼福,今天,终于如愿了。

来到大门口,只见高高的牌坊,上书"天下龙缸"四个金灿灿的大字。仰望俊丽陡峭的山峰,就已被它的霸气和魅力所折服。正当我为此着迷时,妈妈已把我拉上了景区旅游车。

车沿着弯弯曲曲的公路一直往上开,两旁苍翠欲滴的草木和五颜六色的花朵一直往后退,我的眼睛忙极了,不知看哪儿好;小鸟的叽叽声,小虫的啾啾声,风吹树叶的簌簌声,声声入耳。这真是一场视觉与听觉的盛宴。

车到站了,令人望而生畏却又跃跃欲试的玻璃栈道也到了。栈道建在石笋河上方的高山崖壁上，与河谷的高低之差约五百米，从上往下看风景美如画，石笋河宛如一条银色的锦缎。刚走两步，我有一丝眩晕，踌躇不前，在妈妈的鼓励下，才又大胆而坚定地迈开了步伐。

走完有惊无险的玻璃栈道，就来到了龙洞。龙洞是石灰岩与地下水的结晶。刚入洞口，一股凉气扑面袭来，瞬间缠绕着我全身。走进洞中，千姿百态的钟乳石更是琳琅满目，有的洁白如玉，有的高大挺拔，有的玲珑剔透。神奇瑰丽的钟乳石在彩灯的辉映下更加绚丽多彩，让我仿佛置身在色彩斑斓的世界中。

走出洞，我们沿着从绝壁上凿出的一条小路，小心翼翼地向卧龙岭爬去。我扶着栏杆，山底离我们仿佛有万丈之远，我顿时胆战心惊，于是紧握栏杆，生怕掉下去了。

终于到卧龙岭了，也就是景区的最高点。放眼望去，"天下第一缸"几个铿锵有力的大字映入眼帘。龙缸是一个岩溶坑，横贯数百米，形似一口巨大的水缸。缸体四壁陡峭如刀削斧凿，自上而下深不见底。这种直上直下的形态世间少见，因而获得"天下第一缸"的美誉。巨缸四周树木郁郁葱葱，缸内百鸟争鸣，使"天下第一缸"更显雄伟与灵秀。

此时的我站在山巅上，向上看，白云、蓝天、骄阳；向下看，峭壁、悬崖、碧潭；眺望远处，群山浸在云海之中，若隐若现，恍如人间仙境，美不胜收。我不禁感叹："天下第一缸"果然名不虚传！

**【老师点评】**

这篇游记以行踪为主线，全文围绕"玻璃栈道、龙洞、卧龙岭"进行细致的描写，文章字里行间流露着畅游"天下第一缸"的快乐。全文语言流畅自然，较为生动，是一篇不错的习作。

## 4. 游海洋王国

深圳市福田区荔园外国语小学西校区　纪钰霖

寒假，爸爸妈妈带我和哥哥到珠海横琴长隆海洋王国游玩。

进入海洋王国，我们发现了一条宽阔的海洋大街。这个海洋大街非同一般，头顶上有一个巨大的4D投影屏幕，投影着海洋中生活的各种生物（荧光版）的图片，有水母、鲸、海豚等。再向左右两边瞧一瞧，大街的两壁又是何等的美丽呀！这有鱼、有海草、有沙、有水母的两壁让人眼前一亮，而对园内的世界更加期待了呢！

步行过海洋大街，才真正来到了海洋世界。这里有个动物展览馆，有可以观赏的海豚，聪明绝顶的白鲸，可爱的海牛、海象，美丽的珊瑚等生物，还有刺激的高空过山车、水上过山车、冰山过山车、5D电影，有梦幻的海底潜水船等，好多好玩的呢！我和哥哥东窜窜、西窜窜，把所有过山车、所有漂流以及所有刺激的项目玩了个遍。

夜幕降临了，我们一家人在湖边看水上烟花。这个表演有个名字叫《海洋保卫战》，主要以喷泉为主题，再配上天空中无人机排成的图案和烟花，整个湖边人山人海。突然，蹿出3个水上飞人。他们伴着美妙的旋律，忽高忽低，跌宕起伏，令人赏心悦目。在大海怪追上动物们的时候，也就是音乐高潮的时候，湖中央突然蹿出了一串火，让人身临其境。刚才还热闹非凡的湖上，一下子清净了许多，游客们也纷纷退场了。

我回头望了望天上那几十台无人机隐隐撤退。

好一个海洋王国，好一个让我激动、兴奋的一天。

**【学生点评】**

_____

_____

_____

### 三、改一改自己的习作

在你的习作中，是否有按游览顺序对沿途的美景进行描写呢？快来读一读自己的习作，再认真修改一下吧。

拓展

## 小石潭记

柳宗元

从小丘西行百二十步，隔篁竹，闻水声，如鸣珮环，心乐之。伐竹取道，下见小潭，水尤清冽。全石以为底，近岸，卷石底以出，为坻，为屿，为嵁，为岩。青树翠蔓，蒙络摇缀，参差披拂。

潭中鱼可百许头，皆若空游无所依，日光下澈，影布石上。怡然不动，俶尔远逝，往来翕忽,似与游者相乐。

潭西南而望,斗折蛇行,明灭可见。其岸势犬牙差互,不可知其源。

坐潭上,四面竹树环合,寂寥无人,凄神寒骨,悄怆幽邃。以其境过清,不可久居,乃记之而去。

同游者:吴武陵,龚古,余弟宗玄。隶而从者,崔氏二小生,曰恕己,曰奉壹。

**【译文】** 从小丘向西走一百二十多步,隔着竹林,可以听到水声,就像人身上佩带的珮环相碰击发出的声音,(我)心里感到高兴。砍倒竹子,开辟出一条道路,沿路走下去看见一个小潭,潭水格外清凉。小潭以整块石头为底,靠近岸边,石底有些部分翻卷过来露出水面,成了水中高地、小岛、不平的岩石和石崖等各种不同的形状。青翠的树木,翠绿的藤蔓,遮掩缠绕,摇动下垂,参差不齐,随风飘拂。

潭中的鱼大约有一百来条,都好像在空中游动,什么依靠都没有。阳光直照(到水底),(鱼的)影子映在石上,呆呆地(停在那里)一动不动,忽然间(又)向远处游去了,来来往往,轻快敏捷,好像和游玩的人互相取乐。

向小石潭的西南方望去,看到溪水像北斗星那样曲折,水流像蛇那样蜿蜒前行,时而看得见,时而看不见。两岸的地势像狗的牙齿那样相互交错,不能知道溪水的源头。

我坐在潭边,四面环绕合抱着竹林和树林,寂静寥落,空无一人,使人感到心情凄凉,寒气入骨,幽静深远,弥漫着忧伤的气息。因为这里的环境太凄清,不可长久停留,于是记下了这里的情景就离开了。

一起去游玩的人有吴武陵、龚古、我的弟弟宗玄。跟着同去的有姓崔的两个年轻人,一个叫恕己,一个叫奉壹。

**【赏析】** 柳宗元的《小石潭记》是一篇充满诗情画意、情景交融的山水游记。文章按游览顺序,先写发现小石潭,然后描写潭中景物(水、石、树、鱼),再写小潭源流(溪身、溪岸)及潭中清冷寂寥的气氛,最后记录了同游者,全篇游记结构完整,构思新颖,匠心独具。

关注综合运用，拓展探究领域

《义务教育小学语文课程标准(2011 年版)》中指出："写作是运用语言文字进行表达和交流的重要方式,是认识世界、认识自我、创造性表述的过程。写作能力是语文素养的综合体现。"写作教学是小学语文教学的重要组成部分,在小学语文中开展习作教学,能够有效培养学生语言表达能力和思维能力,提高学生语文素养。在我们的课程中,为了给学生建构起完整的知识体系,形成更加深刻、立体的认知,一至五年级中,我们每学期只设一个主题,例如五年级上学期是"写人习作",五年级下学期是"描景习作"。经过前面的 10 个学期的扎实学习,学生已经掌握了丰富的习作知识,在六年级上学期,我们将学习探究前面未涉及的文体,一方面拓宽习作学习的广度,另外也推进习作学习的进度,各种文体的尝试应用更是对前面系统学习的一种综合检验。

## 综合习作包含哪些内容

### 一、读后感

所谓读后感,就是读了某部作品或某段文字之后,心中产生某种感想,通过文字写下来。读后感也可以叫读书笔记,是一种常用的应用文体,简单说就是看完书后的感触。写好读后感,内容上要把握好四个方面:引(概述所读作品内容)、议(对作品内容发表观点)、联(谈谈作品内容与现实生活的关系)、结(总结全文,升华观点)。"引"是全文的引子,行文应简明扼要;"议""联"是主体;"结"是对所读作品的感想的概括。

### 二、说明文

说明文是运用说明的表达方式向人们客观地介绍、解说人物、事物、事理等有关知识的文章。说明文具有知识性、实用性、通俗性的特点。在说明事物的时候,一般方法有:举例子、列数字、分类别、做比较、打比方、引用、下定义、做诠释、画图表、摹状貌等。

### 三、课本剧

课本剧就是以课本为基础,把课文中叙事性的文章改编为戏剧形式,以戏剧语言来表达文章主题,通过改编或原文表演的方式,靠学生的理解饰演完成戏剧表演。它有戏剧的人物、情节、环境、矛盾冲突等基本要素。"艺术源于生活,但高于生活",在编写剧本时,需要我们充分发挥想象力,在情节安排上设置悬念,充分激起读者的好奇心。

### 四、诗歌

我国是一个诗的国度,诗歌拥有悠久的历史。早在 2500 年前,我国就有了第一部诗歌总集——《诗经》。诗歌是一种抒情言志的文学体裁。南宋严羽《沧浪诗话》云:"诗者,吟咏性情也。"诗歌往往饱含着情感,抒发心灵深处的情思。"没有美丽的想象,诗就飞翔不出来。"诗歌需要有丰富的想象,善用修辞,营造优美的意境。语言上,诗歌精练而具有节奏感,要注意诗歌的格律和韵脚。把平凡的事物变得美轮美奂,每每读起,都能让人产生无限遐想,这便是诗歌的魅力所在。

### 五、小古文

篇幅精短是小古文的"形",内容浅显是小古文的"义",富有情趣是小古文的"神"。"小古文"一词是 2006 年由《小学语文教师》原主编李振村先生在他领衔的一个国家级课题"新经典诵读"中提出的。经典诵读里包括文言诵读,文言分为古诗词、古文。由于古诗词在各学段语文教材中较为广泛,研究较多,而对小古文的探索较少,李振村先生提出了"小古文"这一概念。从严格意义上说,古文应该叫文言文,而小古文,即是适合儿童阅读的、浅近易懂、篇幅短小、读起来有趣好玩的文言文。

### 六、议论文

议论文即是以议论为主要表达方式,或提出观点、发表见解,或阐明道理的实用文体。议论文就是对某个问题或某件事进行分析、评论,表明自己的观点、态度、看法和主张的一种文体。议论文三要素,即论点、论据和论证。论点是作者对所论述问题的见解和主张,要求观点正确,认真概括,有实际意义。论据是议论文用于证明论点、支撑论点的材料,要求真实可靠,充分典型。论证是运用论据来证明论点的过

程和方法,是论点和论据之间的逻辑关系纽带,要求推理必须符合逻辑。议论文的论证方法有举例论证、对比论证、引用论证、比喻论证、道理论证、排比论证等。

### 七、科幻小说

科幻小说是以小说的表现形式,在科学现实的基础上,对未来进行幻想性描述,以预言人类社会的各种可能性。科幻小说包含三个要素:科学、幻想与小说。科幻小说具有鲜明的科学探索性、科学幻想性和文学艺术性。科幻小说的创作要基于一定科学基础之上,大胆进行想象和联想,刻画生动丰富的情节,设置耐人寻味的结局。科幻小说的内容交织着科学事实和预见、想象。在小学阶段,进行科幻作品写作能最大限度激发学生的创造性想象,培养儿童不一样的思维方式,培养其以想象力与创造力为核心的人文科学素养。

### 八、研究报告

在中小学写作教学中,研究报告常常被称为论文或小论文,其写作的过程就是研究的过程。学生围绕某一个感兴趣的选题,通过多种途径收集信息并加以整理,最后将学习所得按照小论文的形式进行组织和呈现。

研究报告是总结研究成果时的重要表现形式,它对研究的内容和方法进行全面的阐述和论证,对研究过程中所获取的资料进行全面系统的整理和分析,通过图表、统计结果及文献资料,或以纵向的发展过程,或以横向类别分析提出论点、分析论据,进行论证。

研究报告包括研究的对象和方法、研究的内容和假设、研究的步骤及过程以及研究结果的分析与讨论。研究报告的写作过程本身就是一种探究性学习过程,要注意研究报告是基于事实的,结论得在分析相关资料的基础上形成,必须如实地反映客观情况,文字、用词应力求准确。

## 为什么要实施综合习作教学

语文作为基础学科,在重视学生语言素养获得的同时,也要重视发展学生各方面的思维能力,培养学生的思维个性。习作教学作为语文教学一个重要组成部分,同样也是一个发展人和培育人的过程,在写作中,文体类型和表达方式影响着学生运笔时的思维方式。综合习作在基础习作的基础上进行提升,需要综合运用到各项基础能力,它通过多种不同文体的写作激发学生习作兴趣,锻炼学生的语言表达能力,提升学生思维能力,发展学生创新能力,深化学生的探究能力,既能够巩固学生写作基础,提升学生的语文学科素质,又切合了新课标的理念,提高学生独立思考能力,厚实语文素养,有利于学生全面发展,增强文化自信。

### 一、巩固写作基础,激发习作动力

综合习作训练有助于学生巩固写作知识,激发学生写作兴趣。学生在前面项目化课程中进行一学期一主题的学习已经夯实了习作基本功,到了六年级,随着学生思维的不断发展、探究能力的不断提升,探究的深度、文体的广度都可以适当增加。由于学生已经有了一定的习作基础,新增的八类文体,学生都能运用已有的习作知识很快地上手,新文体的训练需要对前面学习的习作知识进行综合运用,学习新文体对原有的习作基础知识也是一种巩固。

八种文体中如课本剧、诗歌、研究报告等,对于大部分学生来说,很多都是初次尝试创作,非常新颖,初次尝试的新鲜感及有趣的文体形式能够带给学生不一样的文学体验,让学生感受到文字与众不同的魅力,获得成就感,从而进一步激发学生的习作动力。

### 二、践行课改理念,拓宽文体知识

新课标对不同学段的习作训练设立了不同的要求和目标,综合习作的训练符合新课标的要求。《义务教育语文新课程标准(2011 版)》中提出,第三学段的习作目标为:以谋篇训练为主。重在多读书,广见闻,善思考,有个性地表达。要求能写简单的纪实作文和想象作文,内容具体,感情真实。能根据习作内容表达的需要,分段表述。能写常见的应用文。可见新课标在对第三学段的学生习作要求上,文体要求更为丰富,对学生综合能力的运用要求更高,既要学生会写纪实想象类文章,也需要掌握一定实用性强的应用文。

从最新的部编版教材来看,习作一直跟在人文性阅读主题的后面,内容主要是写人、记事、说明、写景四大类,其余还有一些说明文、建议书、书信等应用文体。我们的课程除了在前面的学习中增加了听记习作、体验习作、看图习作、想象习作、游戏习作和观察习作,还在综合习作这一大主题下新增了课本剧的写作、诗歌的写作、小古文的写作、议论文的写作,以及科幻小说的写作。

### 三、综合习作训练,深化探究能力

叶圣陶先生曾说过:教是为了不教。每一种文体都有其鲜明的特点和表达的特色。例如,一个简单的人物描写,就涉及外貌、语言、动作、神态、心理等诸多因素,如

果我们一次性传授,学生往往是囫囵吞枣,看似都知道,实则都不扎实。如何让学生夯实其所学？在前面10个学期的教学中,我们都是在做"分解动作"——把一个主题分解成6~8个探究项目,让学生一次习作只达成一个目标,最后再做综合练习。经过长达五年的梯度训练,到了六年级,我们一学期给出了8个探究主题,也就是8种体裁,目的在于检验学习功底,增加探究的难度和范围的广度,迁移习得的方法,让学生经历更加综合的探究过程,不断提升学生的探究能力。

### 四、强化语言表达,锻炼思维能力

在新课程理念的指导下,我们的习作教学不仅致力于提高学生写作能力,更应努力培养出有独立思考能力的人。思维发展与提升是指学生在语文学习过程中获得的思维能力发展和思维品质的提升。语言的发展与思维的发展相互依存,相辅相成。在前面的学习中,我们从培养学生的顺序逻辑开始,一路上经历了想象能力、归纳演绎能力的锻炼,到了六年级,我们将进一步向着求异思维、创新思维、批判性思维的方向迈进。例如,六年级上学期,我们设计的内容如"矛盾冲突课本剧",就是指导学生在阅读理解的基础上创造性地编写剧本;又比如"神秘莫测科幻篇",更是引导学生大胆想象、大胆创新的举措。特别是最后的综合性学习实践"像科学家一样做研究",研究报告的习作训练,目标非常清晰,就是要培养科学研究的态度、严谨细致的逻辑思维能力,学生从中能够掌握收集处理信息能力,提高观察和思辨能力。这些内容的设计关乎语文,更关乎思维,目的在于培养有独立思考能力的人。

### 五、厚实语文素养,增强文化自信

语文素养的核心包括四个方面:语言的建构与运用、思维的发展与提升、审美鉴赏与创造、文化传承与理解。我们的习作课程正是站在核心素养的高度,为学生的全面发展、终身发展而奠基。例如,新增的诗歌写作与小古文写作,就是站在文化传承与语言审美的高度而设计的。诗歌是我国文学宝库中一颗璀璨的明珠,自《诗经》以来,流传于世的作品非常多,这种体裁以其高度凝练的语言和丰富浪漫的想象把语言文字的美感表现得淋漓尽致;小古文更是祖国传统文化的瑰宝。我们希望通过有主题的探究,培养学生学习祖国传统文化的兴趣,提升他们运用语言的能力,形成自己的文化审美和文化自信。

## 怎样实施综合习作教学

与前面10个主题不同,这个项目更为综合,更好地体现了"语文的外延等于生活的外延"这个理念,在实施的过程中也更加深化了学生的自主学习与探究学习。在我们的课程中一直强调以学习者为中心,其核心意义在于变"教"为"学"。根据金字塔学习原理,采用教的方式,两周以后知识的留存率为5%,而让学生自主探究学习,两周后知识的留存率为75%,如果学生还能够讲给其他人听,知识的留存率则进一步提升为90%。如何展开综合习作探究? 当然是以学生的自主探究为主要方式来进行。

**一、探究目标**

根据我们的课程设置,每一个项目主题下有5个模块的内容,每一个模块,我们都赋予其明确的价值追求。"综合习作"这个主题共包括以下8个探究项目:

1.有感而发读后感

2.科学准确说明文

3.矛盾冲突课本剧

4.浪漫想象诗歌情

5.简洁凝练小古文

6.有理有据议论文

7.神秘莫测科幻篇

8.像科学家一样做研究

与之相对应,这8个探究项目需要达成以下8个探究目标:

1."读""感"结合,写出独特的阅读思考。

读后感的写作相对来说比较简单,但学生在写作时常常是以"读"为主,很少写"感",或者空洞地写"感"。所以教学的重点放在"感"上,让"读"和"感"相结合,写出个性化的阅读思考。

2.了解说明文的特点,学习运用说明方法。

说明文的写作相对比较简单,一是通过阅读教材的学习,学生对常用的说明方法基本上都能够掌握,在写作时有意识地引导学生运用这些方法来展开即可;二是说明文的语言准确、简洁、科学,引导学生写作的同时也是在培养学生的科学精神和科学态度。

3.了解剧本特点,大胆创编、尝试表演。

课本剧的表演深受学生喜爱,如果能够大胆表演自己创编的课本剧则更有意义。设置这个项目的意义并不完全在创编上面,而是让学生经历一个真实的、完整的过程,增加生活的体验,全面提升学生的创编能力、演绎能力、合作能力等。

4.感受诗歌的特点,体会诗意的美好。

在小学阶段,学生读过不少诗歌,但所有教学内容都没有教过学生如何创作诗歌。这个主题的学习,意在让学生了解诗歌的特点,进一步感受诗意的美好。

5.感受小古文的特点,激发探究的兴趣。

在小学语文教学中,有少数的小古文出现,学习要求是能够有节奏地读出小古文并能大致理解小古文讲述的意思。在我们的写作课程中,小古文主题的学习是引导学生把简单的现代文改写成小古文,有一定的难度,但这也是一次有趣的尝试,重在激发学生进一步探究的兴趣,积累初步的古文知识。

6.了解议论文的三要素,让表达有理有据。

在小学阶段,学生以写记叙文为主,但教材中出现了议论文。这个主题的设计一方面是让学生清晰了解议论文的特点,另一方面也是在培养学生的表达逻辑。

7.大胆展开想象,创编科幻小说。

我们曾通过想象主题和童话主题引导学生展开大胆的想象。事实证明,学生喜欢想象、善于想象,在具备了一定的叙事能力的基础上,进一步引导学生创作自己的科幻小说,是对学生想象能力和构思能力的进一步挑战。

8.培养研究态度,整理研究成果。

比知识更重要的是如何获取知识。而研究报告的撰写需要有一个真正的研究过程。引导学生去发现身边的问题或者有趣的现象,进而通过小组合作展开探究,并根据探究内容进行归纳提炼,目的在于培养学生的探究能力,培养学术心态。

**二、支架策略**

相比前面的 10 个主题,综合习作项目的内容涉及 8 种文体,而且内容与内容之间并无关联,意在综合运用前面所学到的知识、形成的能力,去解决小学阶段一些相对比较小众的内容主题。因为一个项目涉及一种体裁,相对而言,难度会大一些,这就要求我们提供的支架更加精准、有效。对应上文的 8 个目标,我们提供了如下支架策略:

1.寻找"感点",联系生活实际抒发真情。

写读后感,读是基础,情是纽带,感是核心。应引导学生在"读"上下功夫,在情上找共鸣,在感上做升华。写读后感时首先在于找到"感点",然后才能围绕"感点"联系实际写出自己的感想。

2.理清说明思路,引导学生从多个角度进行思考。

写作说明文首先要从认识入手,理清说明文写作的思路,区分它同记叙文、议论文的不同。说明文是用准确的语言对一个事物进行客观解说,不带主观感情色彩。接着进行多角度观察,收集各方面信息,尽可能全面地把握说明对象的特征,然后将收集到的材料信息进行排列,按一定说明顺序去写作文。小学阶段常见的说明方法有列数字、做比较、打比方、举例子、分类别等,根据介绍事物的需要采用相应的表达方法。

3.了解台词语言和舞台说明。

剧本语言包括台词和舞台说明两方面。台词是人物说的话,包括对话、独白、旁白,在改编时应将台词简练化、口语化。独白是人物独自抒发个人情感时说的话。旁白可以串联情节或点明含义。舞台说明又叫舞台提示,是剧本里的一些说明性的语言,包括剧情发生的时间、地点、服装、道具、布景、人物的表情、动作、上下场等,这部分语言要简练、扼要、明确。一般出现在每一场的开头结尾和对话中间,一般用括号括起来。再次,把握剧本特点,大胆想象加工。改写的时候注意保留原意,不能改得面目全非。

4.从诗歌的意象、修辞、情感等方面着手。

诗歌意象的提炼与选择是诗歌写作的核心,指导创作意象亦是诗歌写作指导的关键。通过赏析诗歌,帮助学生明确意象选择的注意点。一些古诗中的意象在历史中已被赋予感情色彩,例如鸿雁、月亮表示思乡,丁香代表愁怨,黄昏暗示感伤的情绪,等等。情动于衷,亦要形诸于诗,意象的选择要考虑符合情境、营造意境。意象的选择还应注意情景交融,力求"意"与"象"、"物"与"我"的完美结合。除此之外,在指导时设置抓手,让学生轻松走入诗歌创作,以文章改诗,为图画配诗,或者是进行片段改写或者仿写练习,进行想象力训练。

5.通过仿写小古文感受小古文的语言凝练。

儿童是天生的学习者,善于模仿是他们的天性。古人云:"操千曲而后晓声,观千剑而后识器。"小古文的写作相对较难,写作的过程中,主要以模仿为主,其目的不在于写得是否正确,而在于进一步引导学生感受小古文的语言特点,激发学生的探究兴趣。

6.从不同的角度展开论述,通过具体事例进行论证。

议论文作为实用文体,结构简明,论点精当,有较为固定的结构框架,所以先了解文体,才能更好地把握文章结构。议论文要有明确的论点,然后针对论点,用论据

进行论证,论证的过程中可以根据需要使用论证方法,比如举例论证、对比论证、引用论证、比喻论证、道理论证、排比论证……最后使论点成立,具有说服力。小学阶段议论文写作训练以"一事一议"为基本写法,以简洁精练的文笔概括事件的主要内容,然后围绕一个要点,结合生活实际,用具体事例进行论证。引导学生关注现实,选取合适的素材是议论文习作指导的重要内容。学生选择了合理的议论素材,使得观点和素材和谐统一,文章才能以理服人。

7. 从场景、人物、情节着手。

科幻小说的写作包含富有科幻色彩的场景、生动的人物形象、完整的故事情节三个方面。其中,体现了作者的创作意图和作品所要表现的主题思想的人物是小说的中心人物,也叫主人公,主人公应做重点刻画。

8. 制定合理的研究计划,学习恰当地表述研究成果。

学生选择自己想探究的某个问题入手,独立或与他人合作开展探究活动。首先要制定合理的研究计划,从细微的发现入手,提出探究的课题,再通过多种途径收集信息,在对信息分析研究的基础上得出解决问题的方案。在探究的基础上,再将这些过程以研究报告的形式呈现出来。研究报告的撰写大致包括发现问题、提出问题、搜集信息、整理信息、分析信息、解决问题等环节。

总之,"综合习作"这一主题把小学阶段没有练习到的内容集中进行了学习,而且还进一步拓宽了小学阶段的原有习作内容,学习过程以探究为主要方式,让看似有难度的内容变得简单易学,让枯燥的写作任务变得充满乐趣。


# 附:

## 项目化习作进阶课程"综合习作"内容纲要

| 序号 | 项目名称 | 探究目标 | 支架策略 | 项目作品 |
|---|---|---|---|---|
| 项目1 | 有感而发读后感 | "读""感"结合,写出独特的阅读思考 | 1. 指导寻找"感点"<br>2. 联系生活实际抒发真情 | 《读＜鲁滨孙漂流记＞有感》 |
| 项目2 | 科学准确说明文 | 了解说明文的特点,学习运用说明方法 | 1. 帮助理清说明思路<br>2. 培养多角度思考的习惯 | 《_____的自述》 |

| 序号 | 项目名称 | 探究目标 | 支架策略 | 项目作品 |
|---|---|---|---|---|
| 项目3 | 矛盾冲突课本剧 | 了解剧本特点,大胆创编、尝试表演 | 1.指导台词语言,写出人物个性<br>2.指导舞台说明,做到明晰具体 | 《卖火柴的小女孩》(课本剧) |
| 项目4 | 浪漫想象诗歌情 | 感受诗歌的特点,体会诗意的美好 | 从诗歌的意象、方法、情感等方面做具体指导 | 《我是……》 |
| 项目5 | 简洁凝练小古文 | 感受小古文的特点,激发探究的兴趣 | 1.古文中常用实词和虚词的含义<br>2.通过指导仿写感受语言的凝练 | 题目自拟 |
| 项目6 | 有理有据议论文 | 了解议论文的三要素,让表达有理有据 | 1.从不同的角度展开论述<br>2.通过具体事例进行论证 | 《玲玲应该(不应该)上课外辅导班》 |
| 项目7 | 神秘莫测科幻篇 | 大胆展开想象,创编科幻小说 | 从故事的场景、故事的主人公、故事的情节、故事的结局等方面给予具体指导 | 题目自拟 |
| 项目8 | 像科学家一样做研究 | 培养研究态度,整理研究成果 | 1.指导制定合理的研究计划<br>2.指导总结、提炼、表述研究成果 | 《关于_____的研究报告》 |

▶ **课程实施案例展示** ◀

## 项目7 神秘莫测科幻篇

🖋 **导引**

你们看过《超人》《星球大战》《蜘蛛侠》吗?你有没有被故事中人物的超常能力所吸引,是不是觉得这些科幻故事很神奇?所谓科幻故事是人们基于一定的科学基础,凭借自己的想象进行编写的引人入胜的故事,故事结尾反映出人们对真善美的追求和对美好生活的向往。

在这个项目的学习中，我们一起来创编科幻小说。现在请科幻小主编——你，大胆想象这个光怪陆离、神秘莫测的世界会发生什么事情，然后开始创意编写吧。

**积累**

# 1. 流浪地球：第1章（节选）

刘慈欣

我没见过黑夜，我没见过星星，我没见过春天、秋天和冬天。

我出生在刹车时代结束的时候，那时地球刚刚停止转动。

地球自转刹车用了四十二年，比联合政府的计划长了三年。妈妈给我讲过我们全家看最后一个日落的情景：太阳落得很慢，仿佛在地平线上停住了，用了三天三夜才落下去。当然，以后没有"天"也没有"夜"了，东半球在相当长的一段时间里（有十几年吧）将处于永远的黄昏中，因为太阳在地平线下并没落深，还在半边天上映出它的光芒，就在那次漫长的日落中，我出生了。

黄昏并不意味着昏暗，地球发动机把整个北半球照得通明。地球发动机安装在亚洲和美洲大陆上，因为只有这两个大陆完整坚实的板块结构才能承受发动机对地球的巨大推力。地球发动机共有一万两千台，分布在亚洲和美洲大陆的各个平原上。从我居住的地方，可以看到几百台发动机喷出的等离子体光柱。你想象一个巨大的宫殿，有雅典卫城上的神殿那么大，殿中有无数根顶天立地的巨柱，每根柱子像一根巨大的日光灯管那样发出蓝白色的强光。而你，是那巨大宫殿地板上的一个细菌，这样，你就可以想象到我所在的世界是什么样子了。其实这样描述还不是太准确，是地球发动机产生的切线推力分量刹住了地球的自转，因此地球发动机的喷射必须有一定的角度，这样天空中的那些巨型光柱是倾斜的，我们是处在一个将要倾倒的巨殿中！南半球的人来到北半球后突然置身于这个环境中，有许多人会精神失常。比这景象更可怕的是发动机带来的酷热，户外气温高达七八十摄氏度，必须穿上冷却服才能外出。在这样的气温下常常会有暴雨，而发动机光柱穿过乌云时的景象简直是一场噩梦！光柱蓝白色的强光在云中散射，变成由无数种色彩组成的疯狂涌动的光晕，整个天空仿佛被白热的火山岩浆所覆盖。爷爷老糊涂了，有次被酷热折磨得实在受不了，看到下大雨喜出望外，就赤膊冲出门去，我们没来得及拦住他。外面雨点已被地球发动机超高温的等离子光柱烤热，把他身上烫起了一层皮。

但对于我们这一代在北半球出生的人来说,这一切都很自然,就如同在刹车时代以前的人们看到太阳星星和月亮那么自然一样。我们把那个时代的人类历史叫作前太阳时代,那真是个令人神往的黄金时代啊!

我小学入学时,作为一门课程,老师带我们班的三十个孩子进行了一次环球旅行。这时地球已经完全停转,地球发动机除了维持这个行星的这种静止状态外,只进行一些姿态调整,所以在我三岁到六岁这三年的时间当中,光柱的光度大为减弱,这使得我们可以在这次旅行中更好地认识我们的世界。

我们第一次近距离见到地球发动机是在石家庄附近的太行山出口处,那是一座金属的高山,在我们面前赫然耸立,占据了半个天空,同它相比,西边的太行山山脉如同一串小土丘。有的孩子惊叹它如珠峰一样高。我们的班主任小星老师是一位漂亮姑娘,她笑着告诉我们,这座发动机的高度是一万一千米,比珠峰还要高两千多米,人们管它叫"上帝的喷灯"。我们站在它巨大的阴影中,感受着它通过大地传来的振动。

地球发动机分为两大类,大一些的叫"山",小一些的叫"峰"。我们登上了"华北794号山"。登"山"比登"峰"花的时间长,因为"峰"是靠巨型电梯上下的,上"山"则要坐汽车沿盘"山"公路走。我们的汽车混在不见首尾的长车队中,沿着光滑的钢铁公路向上爬行。我们的左边是青色的金属峭壁,右边是万丈深渊。车队是由50吨的巨型自卸卡车组成的,车上满载着从太行山上挖下的岩石。汽车很快升到了五千米以上,下面的大地已看不清细节,只能看到反射的地球发动机的一片青光。小星老师让我们戴上氧气面罩。随着我们距喷口越来越近,光度和温度都在剧增,面罩的颜色渐渐变深,冷却服中的微型压缩机也大功率地忙碌起来。在六千米处,我们见到了进料口,一车车的大石块倒进那闪着幽幽红光的大洞中,一点声音都没传出来。我问小星老师地球发动机是如何用岩石做燃料的。

"重元素聚变是一门很深的学问,现在给你们还讲不明白。你们只需要知道,地球发动机是人类建造的力量最大的机器,比如我们所在的华北794号,全功率运行时能向大地产生150亿吨的推力。"

我们的汽车终于登上了顶峰,喷口就在我们的头顶上。由于光柱的直径太大,我们现在抬头看到的是一堵发着蓝光的等离子体巨墙,这巨墙向上延伸到无限高处。这时,我突然想起不久前的一堂哲学课,那个憔悴的老师给我们出了一个谜语,"你在平原上走着走着,突然迎面遇到一堵墙,这墙向上无限高,向下无限深,向左无限远,向右无限远,这墙是什么?"

我打了一个寒战,接着把这个谜语告诉了身边的小星老师。她想了好大一会儿,困惑地摇摇头。我把嘴凑到她耳边,把那个可怕的谜底告诉了她。

"死亡。"

她默默地看了我几秒钟,突然把我紧紧地抱在怀里。我从她的肩上极目望去,迷蒙的大地上耸立着一片金属的巨峰,从我们周围一直延伸到地平线。巨峰吐出的光柱如一片倾斜的宇宙森林,刺破我们摇摇欲坠的天空。

我们很快到了海边,看到城市摩天大楼的尖顶伸出海面,退潮时白花花的海水从大楼无数的窗子中流出,形成一道道瀑布……刹车时代刚刚结束,其对地球的影响已触目惊心:地球发动机加速造成的潮汐吞没了北半球三分之二的大城市,发动机带来的全球高温融化了极地冰川,更使这大洪水雪上加霜,波及南半球。爷爷在三十年前目睹了百米高的巨浪吞没上海的情景,他现在讲这事的时候眼睛还直勾勾的。事实上,我们的星球还没启程就已面目全非了,谁知道在以后漫长的外太空的流浪中,还有多少苦难在等着我们呢。

我们乘上一种叫船的古老的交通工具在海面上航行。地球发动机的光柱在后面越来越远,一天以后就完全看不见了。这时,大海处在两片霞光之间,一片是西面地球发动机的光柱产生的青蓝色霞光,另一片是东方海平面下的太阳产生的粉红色霞光,它们在海面上的反射使大海也分成了闪耀着两色光芒的两部分,我们的船就行驶在这两部分的分界处,这景色真是奇妙!但随着青蓝色霞光的渐渐减弱和粉红色霞光的渐渐增强,一种不安的气氛在船上弥漫开来。甲板上见不到孩子们了,他们都躲在船舱里不出来,舷窗的帘子也被紧紧拉上。一天后,我们最害怕的那一时刻终于到来了,我们集合在那间用作教室的大舱中,小星老师庄严地宣布:"孩子们,我们要去看日出了。"没有人动,我们目光呆滞,像突然冻住一样僵在那儿。

(选自《流浪地球》,湖北长江出版集团)

【议一议】

作者描写的地球完全颠覆了我们的认知,但又是那样真实。你喜欢科幻小说吗?和同学议一议。

## 2. 好玩儿的回家(节选)

刘慈欣

话音刚落,眼前的蓝天和人海消失了,三个孩子悬浮于无际的黑色虚空之中,当他们的眼睛适应了这一切时,看到有星星在深邃的远方出现。接着,一个蓝色的星球在太空中出现了,像一个发着蓝光的水晶球悬浮在宇宙无边的夜海之中,表面上分布着旋涡状的雪白云带。她看上去是那么脆弱,仿佛轻轻一触就会破碎,她那天蓝色的血液就会漏到冷寂的太空中。蓝色的水晶球慢慢移近,渐渐显示出她的巨大,最后,这巨大的蓝色星球占满了整个空间,孩子们已能够看清海洋和陆地的分界线。完整的亚洲大陆出现在上万公里的远方,有一条弯弯曲曲的红线开始在褐色的大陆上出现,红线闭合了,画出了这个东方古国的边境线和海岸线。国土在继续移近,人们已能隐隐约约地看到国土上皱纹似的山脉和血脉似的大河,大量子的声音响起:"我们现在是在两万多公里高度的地球轨道上。"

地球在脚下缓缓移动,他们似乎在向什么方向飞去。晓梦突然喊:"你们看,前面好像有一条长丝线呢!"

那条长丝线从太空中向国土上垂下去,它的上一半以黑色的太空为背景,能看得很清楚,好像一根从太空垂向地球的纤细的蛛丝,它的一端就悬在太空中;而下半部分同大陆的色彩混在一起,看不太清,但也能勉强看到这根"蛛丝"一直垂下去,其另一端远远地落在大约是北京的位置。三个孩子就是在向这根"蛛丝"飞去,随着距离的接近,他们看到那"蛛丝"像丝线一样光滑,不时有一段反射着耀眼的阳光。还能看到"蛛丝"在太空中的顶端也闪闪发光,好像有一盏灯。随着距离的接近,那根"蛛丝"从一条极细的长线变得有了一定的宽度,接着,便能隐约看到"蛛丝"上的细微结构。到这时,孩子们才知道那根超长的"蛛丝"是什么,它不是从太空中垂到地球上,而是从地球上升起来的,孩子们一时难以相信自己的眼睛。

"哇,那是座大楼耶!"华华惊叫道。

那确实是座摩天大楼,楼面是晶莹的全反射镜面,从地面耸立到太空中。

他们一直向下走过了二十多层,每层都是一个各不相同的小世界,有的永远下着小雨,有的是金黄的沙漠。他们甚至还见到一层小小的海洋,海上漂浮的帆船就是孩子们的家。

"这些都是怎么做出来的?"眼镜问。

大量子回答说:"这是用一个虚拟国家的游戏软件生成的,这个软件来源于以前的虚拟城市游戏软件,可以让一个人建起一座城市。虚拟国家软件可以用部件库提供的部件来构造虚拟世界,也可以自己生成虚拟图形。"

这时,一个尾部喷火的电梯以惊人的速度,从大楼下方的无底深渊中升上来。快到顶时,那流线型的电梯尾部的火焰消失了,顶部却开始喷火,使它减速停下。虚

拟公民1介绍说："这种电梯的速度可以达到每小时六万公里,从地面到这儿只需二十多分钟。"

眼镜从鼻子里哼了一声："照我刚才看到的刹车速度,那电梯里的人怕被压成肉酱罐头了。"

许多年后的超元历史学家们认为,超级大楼的设想有深刻的象征意义,它可能源自公元钟熄灭后孩子们心中共有的孤独感。

(选自《超新星纪元》,重庆出版社)

**【画一画】**

文章利用对话把"神奇"表现得淋漓尽致,请你找出你认为描写最生动的几句话,画上横线。然后闭上眼睛想象这个国家的模样,再把这个国家画一画。

<br><br><br><br><br><br><br><br><br>

## 3. 霜与火(节选)

故事发生在一个冰霜与烈火肆虐的星球上。人们无力地等待着死亡,因为在这个星球,温差剧烈变化,加速了人体的新陈代谢,人只能活八天,生下来就懂事。虽然人们一直不停地努力尝试逃出这困境,但是经过5000代不懈的努力,人们依旧处于原来恶劣的环境下,无法逃脱。

漫漫长夜中,西姆出世了,躺在山洞冰凉的石头上,嗷嗷大哭,浑身血液奔流,脉搏每分钟一千跳。他不停地长大。

…………

传说,这个星球的顶上有一颗"金属种子",这是他在娘胎里曾经梦寐以求的"宇宙金属种子"!那儿,孕育着他的前程,寄托着求生的希望!几天之后,等他长大成人的时候(一个奇怪的念头),他就要到那里去!

…………

西姆和朋友莱特守候在新的山洞洞口。太阳落山了，岩石冷却，人可以行走了。远山顶上，飞船闪闪发光。现在是时候了，他们应该跃出洞口，奔向飞船了。

他们俩冒着不是烧死就是冻死的危险，飞跑出洞，奔向远方的飞船。飞船，在召唤！

"飞船！"莱特躺在地上叫着说，"西姆，飞船！这就是那座山峰，那艘飞船！"

这时候，寒流袭来了。那是致人死命的寒流。地上开始结冰。他们连连滑跤，背后的那条河流冻成了一条暗白色的冰龙。天外几滴残雨飞来，硬得像小石块儿。

西姆刚走到飞船的舱前，又跌倒了。他真的摸到了它！摸到了飞船！他听见莱特声音嘶哑，呜呜哭泣。这就是那艘飞船！古往今来，有谁曾经来到过它的身边？今天，他和莱特实现了这个伟大的创举！

金属，冷冰冰、永远不朽的金属！密封的船体上有一条小小的缝儿，西姆不顾一切，猛力推门。他感到肠胃结冰，手指麻木，眼睛也一半儿被冻住了。他猛撞，他大叫，他摸索着那扇金属的门。"开门！开门！"他努力摸索着，突然听见"咔嗒"一声，有什么东西被他撞开了……

现在，发生了一件意想不到的事情——他们被禁闭了。他跪倒在地，简直要闷死了。

他希望能从中得到拯救的那艘飞船现在正在减慢他的脉搏，破坏他的思维，置他于死命。一股对死亡的恐惧，朦朦胧胧地袭上西姆的心头。他心里明白，自己死到临头了！

他双眼盯住飞船的舱顶，来回扫视那些由复杂的机器和软管组成的控制系统。关于飞船的知识——飞船的作用和它的原理——一点儿一点儿渗进西姆的脑海。他瞧着这一切，疲乏涌上了心头。一切都慢了下来，慢了下来……

舱里有架机器，上面装着一只白光闪闪的刻度盘。

它是派什么用处的？

这个刻度盘是计算时间的！

刻度上标着几百万个小时！

真是不可思议！西姆眼睛睁得大大的，布满血丝，闪闪发光。人类哪里会用得着这么一台仪器呢？

西姆血液奔流，眼皮乱跳，他闭上眼睛。透过飞船的舷窗，他看见黑夜过去，白昼来临；白天过去，又是黑夜。天空中，星星在冷冰冰地闪烁跳跃。

他神志恍惚,心旌飘摇。他的思想在金属的飞船里乱撞,他从船体的结合部闻到了一股刺鼻的味道。他听见船壳夜里缩小,白天胀大,发出"嘎嘎"的声音。

"啊,又是一个黎明！今天,我已经完全长大成人了。"他想到这一点便咬紧牙关,命令自己,"我一定要站起来,我一定要动弹一下！我一定得享受享受生活的欢乐！"

但是,他还是动不了。他感到血液从一个心室流到另一个心室,慵倦地流动着,流遍他那麻木的躯体;他的肺部一起一伏。这时候,他看到了他的朋友。她年轻貌美,不减当年！四天过去了,她依然年轻……不,应该说:比他们登上飞船的时候还要更加年轻。她青春常在,风华正茂！

他简直不敢相信这一切。

他问的第一句话是:"咱们到底在这儿待了几天？"

她谨慎地回答:"我不清楚。"

"咱们还是那么年轻！"

"那是飞船救了咱们。它的金属外壳挡住了太阳,隔离了太阳的催人变老的射线。它保护了咱们。"

她把眼睛移开,若有所思:"如果咱们待在这儿,咱们将永远年轻,青春常在！"

"我明白。"他虚弱地站起身来,"但无论如何,我们不能自己留在这,我们还是要回去,回去把他们救出来！"

西姆观察着飞船,心情十分急迫。他对飞船的性能一无所知;但是当走到舱门前面,摆弄了那些机器一番之后,他开始懂得了其中的奥妙。现在是"万事俱备,只缺船员"了。一个人是没办法使整个飞船启动的。他伸出手去搁在一台形似猪嘴的圆桶状的机器上面。突然,他的手猛地缩了回来,就像是给火烫着了似的。

那台机器里有个形状像杯子一样的玩意儿,里面有一根杠杆。西姆把手伸进那只杯子。他们从舱顶望出去,可以看见远方的悬崖巉岩连绵不断。一道白光射出飞船,尖啸一声,划破长空。

西姆决定一个人回去,莱特待在飞船里,以防备意外的情况发生。

"我会回来的！"他大声地对莱特叫着。

西姆沿着热光,向前跑去。

…………

清晨,山洞里的人们看见一个长长的橙黄色人影,伴随着一道奇异的白光,凌空而来。人们有的交头接耳,议论纷纷;有的惊恐万状,呻吟啜泣。

终于,西姆到达了他度过童年时代的那座悬崖,只看见许多人聚集在那里。这些都是陌生人,没有一张熟悉的面孔。这时,他猛地意识到了想在这儿遇到熟人的念头,本身就是多么的荒诞可笑!

…………

入夜,两百来个人开始向飞船进军。洪水流进了新划成的河道,途中大约近百个人不是淹死就是在严寒中掉队失踪了;但是,剩下的人都跟着西姆跨过重重艰险,到达了飞船。

莱特正在翘首以待,她立刻打开舱门。

几个星期过去了。悬崖下,又是几代人死去了。飞船里,科学家和工人却在紧张地工作。他们熟悉了飞船的功能,研究了它的零件。

最后一天,二十多个操作人员各就各位,开始启动飞船。一场命运攸关的宇航,即将开始。

西姆的手指放到了控制电钮上。

莱特走过来,坐到他身旁的地上。她把头枕在他的膝盖上,眼睛眨了眨,神思恍惚。"我刚刚做了一场梦。"她凝视着远方说,"梦见我自己待在一个寒热两极分化的星球上,在一座悬崖的山洞里生活。那里,人们迅速衰老;从出生到死亡,不超过八天。"

"多么荒诞不经的一场噩梦啊!"西姆说,"人类绝不能在这种梦魇中生活下去!现在,你已经醒来了。"

他轻轻一按电钮。飞船启动,驶入太空。

西姆的话是对的。

噩梦终于结束了。

(改编自雷·布雷德伯里《冰霜与烈火》)

【连一连】

读完雷·布雷德伯里《冰霜与烈火》片段后,你有没有发现科幻故事的主要特点,请你连一连。

真善美　　　　　　　　科幻作文的灵魂

科技元素　　　　　　　科学幻想的基础

现实生活　　　　　　　科幻作文的追求

# 4. 最后一个人

地球上最后一个人独自坐在房间里,这时,忽然响起了敲门声……

## 【写一写】

上面是科幻作家弗里蒂克·布朗写的一篇被称为世界上最短的科学幻想小说,全文只有25个字,却给读者留下无限想象的空间。你觉得接下来会发生什么事情呢,请你大胆想象,合理续写。

_____

_____

_____

_____

_____

_____

_____

练笔

题目:_____

你看过电影《超能陆战队》吗? 大白是不是很厉害? 在科幻世界里,一切皆有可能。我们也来当一回编剧,尝试编写一个科幻故事吧!

**[板块一]故事在哪里发生**

1. 请你仔细阅读下列几则新闻,并说说自己的感受。

## 天文学家发现超级地球，距离我们才6光年！很近了

据外媒报道，天文学家于2018年11月发现了一个"超级地球"，它距离我们的星球只有6光年远，绕着一颗离太阳最近的孤星运行。这颗依据其母星"巴纳德星（Barnard's Star）"命名的系外行星——巴纳德星b（Barnard's Star b）的质量大约是地球的3.2倍，表面温度达到了−170℃（−274°F），这意味着想要在上面寻找外星生命似乎是一个不大可能的任务。

## 海底漏水了怎么办？科学家发现大量海水涌入地球内部

据英国《每日邮报》2019年11月19日报道，日前，美国华盛顿大学一项最新研究表明，伴随着海底地壳运动，数量惊人的海水正涌入地球内部。科学家通过布置在马里亚纳海沟的海底地震仪发现，大陆板块与大洋板块间俯冲带被灌入的海水量是预计的3倍。

这项研究已发表在《自然》上，该研究第一作者Chen Cai说："人们知道俯冲带能够吸入海水，但是不知道究竟有多少海水被吸入。""原先的研究是基于地壳运动来源研究，但是只能显示插入板块最顶层3~4英里的情况。对于板块厚度和水化合情况均不够精确，我们的研究试图弥补这些。如果海水可以渗透入板块，就可以停留在那里并被吸入更深层。"

## 这种晶盘可永久保存信息！190度环境下，还能保存138亿年

据国外媒体报道，英国南安普顿大学科学家2018年11月研制出一种神奇的纳米结构玻璃光盘。研究人员将这种光盘称为"超人记忆晶体"。这种永恒存储系统采用5D数字数据，可以存储数据长达数十亿年甚至上百亿年。

据科学家介绍，每一片"记忆晶体"的存储容量可达360T，而且这种光盘能够承受高达1000摄氏度的高温。在190摄氏度的环境下，这种存储介质可以保存138亿年，而在室温下，这种光盘则可以永久保存。目前，研究人员已经利用这种技术将《自由大宪章》和《世界人权宣言》等重要历史文献以5D数据的形式刻录进玻璃光盘中。

2. 透过新闻,我们可以知道科技发展迅猛、人类世界日新月异,那未来会有什么新奇的事情呢?你的科幻故事将在怎样的场景中上演呢?请你为故事设想一个场景吧。(以下图片可供参考)

宇宙飞船

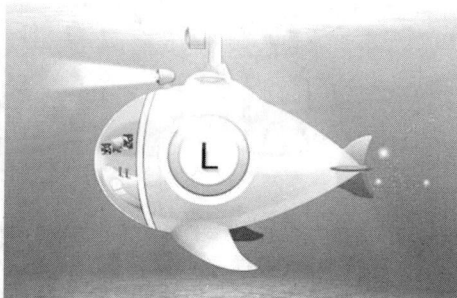

潜水艇

海底龙宫

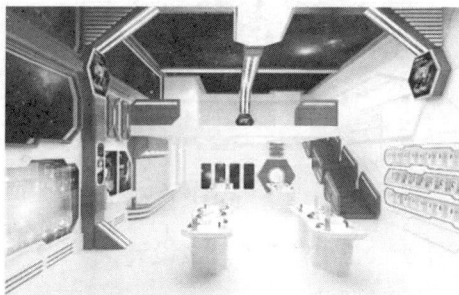

科技空间站

[板块二]主人公是谁

科幻故事的主人公都有独特的外貌、聪明的大脑、鲜明的性格和丰富的知识,比我们现代社会中的人聪明、能干,我们想不到的他们能想到,我们做不了的他们能做到。

你的主人公是绿皮肤、矮个子、绿眼睛的外星人,还是操纵现代化高科技武器的三头六臂的机器人?或者是宇航员、科学工作者?请你根据自己设想的故事场景,定出你的故事主人公。(以下图片可供参考)

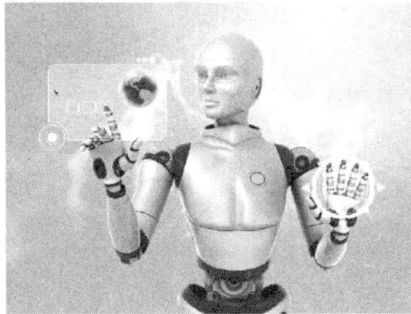

**[板块三]情节该怎么设计**

1.开篇制胜。

俗话说："题好一半文。"怎样的开头才能吸引人呢？以下两个故事的开头都非常精彩,请你读一读。

**悬念法**　嘘!

**引入角色法**　斯隆太太的左手只有三根手指,但当她用这只手在厨房的台面上敲击时,第四和第五根残指上磨得发亮的小骨头桩子就像指甲一般敲得台面咔咔作响。

（节选自大卫·尼克尔的《斯隆家的男人们》）

根据你所选择的故事场景和主人公,请你设计一个引人入胜的开头。

_____

_____

2.丰富生动的情节描述。

展示,而非告知!"告知"是简单的说明;"展示"具有互动性和参与性,它会把读者带到故事里去。下面两段话中,哪一段是告知?哪一段是展示?请你读完后思考并进行判断。

**文段一** 玛丽是个老太太。

**文段二** 玛丽颤巍巍地穿过房间,驼背的身体压在一根磨光的木杖上。木杖紧紧地攥在手里,那双手很粗糙了,肿胀的关节外面包着一层半透明的皮,上面布满了深褐色的斑点。

请你把以下这个"告知"的句子改写成"展示"片段:

这是一个科技感十足的房间。

_____

_____

_____

3.耐人寻味的结局。

这里有两个结局:一个是留下悬念,一个是圆满落幕。读完之后说一说这些结局好在哪里,并思考下自己创作的故事里应该有怎样的结局。

**文段一** "不识庐山真面目,只缘身在此山中啊!"古河也叹息了一声,"不要从我们的角度去评价他们的智慧,也许我们的文明,也在某个更大的扭曲时空之中呢——你难道不觉得,圆周率3.1416也是个非常古怪的数吗?"

我突然愣住了,久久说不出话来。

(选自刘洋《勾股:2.013》)

**文段二** 七年之后,就是历史上命名为黑色2038的年份,蓄势已久的各种病原体来了个大爆发,现行的防疫保健体系突然失灵。世界患病人数超过10亿,死亡2000万以上。

皇甫家的平衡医学在危急关头起了极为重要的作用。

在病魔肆虐时,世界上还有一块小小的绿洲。经受过全民性劣性刺激的科威特人有效地抗住了病魔的侵入,这块盛产珍珠和石油的小小国家仍是一片繁荣。

(选自王晋康《生死平衡》)

**[板块四]** 小主编，该你上场了

请根据上面的设想，开始你的创作吧！

 评改

## 一、评一评自己的习作

请你根据下面表格中的五个要素评价一下自己的习作,然后再请同学和老师进行评价。

| 评价要素<br>评价主体 | 想象新奇 | 虚实结合 | 开篇制胜 | 情节精彩 | 结局开放 |
|---|---|---|---|---|---|
| 自我评价 | ☆☆☆☆☆ | ☆☆☆☆☆ | ☆☆☆☆☆ | ☆☆☆☆☆ | ☆☆☆☆☆ |
| 同学评价 | ☆☆☆☆☆ | ☆☆☆☆☆ | ☆☆☆☆☆ | ☆☆☆☆☆ | ☆☆☆☆☆ |
| 老师评价 | ☆☆☆☆☆ | ☆☆☆☆☆ | ☆☆☆☆☆ | ☆☆☆☆☆ | ☆☆☆☆☆ |

## 二、评一评同学的作文

先看看老师是怎么点评的,接下来自己试着评一评。从片段开始,再到完整的文章,让我们学会欣赏同学的习作。

## 1. 外星人(节选)

深圳市福田区福南小学　李好

他们走过来,给我灌了一瓶不知名的药剂,我顿时觉得神清气爽,舒服极了。这时,一个"人"走过来,握着我的手,我发现我竟能接受他用意念传达给我的信息了!他"说":"我们来自宇宙之星,是你们地球人所谓的'外星人'。我们长得并不奇怪,只是跟你们不一样罢了。我们的脑袋越大,装的知识就越多,越好。我们的皮肤很有韧性,不论老少,这是我们的好处。我们的耳朵是你们地球人神话中的'顺风耳',能听清楚远处的声音;我们的眼睛也很好用,你们内心在想什么,我们都可以看到;我们的嘴巴几乎没有什么用,除了做普通的面部表情,我们不用它吃东西,我们可以常年不进食,到了规定的时间,我们的身体会吸收空气中的营养和水分来补充体能。你看到的石头是我们向地球发出的'邀请函',为了促进我们星球与地球的文化交流,我们从地球两百多个国家里抽到了你们国家,又在你们国家十几亿人中抽到了你,就把'邀请函'放在你的必经之路,然后把你带来了。可以说你很幸运!"

【老师点评】

李好同学对外星人的外貌进行了合理的想象,将中国古代神话中的"顺风耳"和读心术用在外星人身上,显得外星人与地球人类着实不一样,却又不显得很突兀;外星人的身体可自行吸收营养,它的嘴巴只剩下装饰功能,这些是李好的创新想象。外星人对地球并无恶意,纯粹为了交流,这也符合科幻小说的真善美主题。单从这一段文字描写,就可以看到他非凡的想象力和来源于生活的创造力。

## 2. 爱你的妈妈(节选)

深圳市福田区福南小学　何乐妍

"噔!噔!噔!"什么声音这么吵?林淮惊醒了:"不对!这是哪儿?!"正慌乱的时候他发现柜子上有一张纸,上面写着:林淮,妈妈的宝贝儿子!看到这张纸的时候不要紧张也不要慌,因为我的实验需要一个人来执行,所以妈妈选择了你。你现在在一个飞船里,未来两周,你需要飞到其他两个星球上去收集一些东西。妈妈等着你凯旋。

【学生点评】

_____

_____

_____

## 3. 生存还是毁灭

深圳市福田区福南小学　吴嘉杰

公元6666年,地球上所有矿物资源已经枯竭,水资源与大气资源也已严重稀缺。为了不让全人类灭亡,拯救者联盟决定派出由50人组成的探索团队,这50人出生前基因已被秘密编辑,寿命可达上亿年。

"我叫史蒂夫,我是宇宙探索队的一员,我们已经探索过了49个星球,但都没有结果。"

宇航记录1:7089年11月20日,我们来到了第15个星球,虽然这里已经被探测

出有大量富有未知矿物质的地下水，但这片阴暗的土地似乎危机四伏。由于物资不足，每个人的食物都要被精细分配到毫克。夜晚，一位饥肠辘辘的队员偷偷喝了这个星球上的水，等我们发现为时已晚，只见他肝肠寸断、七窍流血。当发现这个星球无法生存时，我们连夜撤离了这个星球。

宇航记录2:7492年1月3日，我们抵达第49个命名为"玫瑰"的星球。这片土地的生态环境十分像地球，有水、矿物、动物和植物。但奇怪的是，树上有随处可见人为的划痕，不知道是原住民还是动物所为。一周后，营地里逐渐出现了一些奇怪的现象，去探测星球气体密度的三名队员至今未归，每天派出的巡逻队员也踪迹全无。现在营地里只剩下23个人，大家都不敢脱离队伍，整个营地气氛紧张。终于，"它"又出手了，"嗖"的一声，我旁边的人应声倒地。大家如鸟兽散，拼命往四周跑。我一个鲤鱼打挺，拽上尸体，滚进了营地里。立马搜查尸体的脖子，果然，上面有蓝色的黏液。原来，这个星球上住的竟然是我们人类苦苦追寻却又极其害怕的纳美人。然而纳美人极其不欢迎地球人的到来。我们被迫离开。

⋯⋯⋯⋯⋯

宇航记录50:8017年6月13日，我们的飞船燃料即将耗尽，只好迫降到了一个冰球，真是踏破铁鞋无觅处，得来全不费功夫:这个星球简直就是地球的克隆，只不过这个"地球"目前还是恐龙时代。我挣扎着爬到星球定位器旁边，准备向总部发送信标。在即将按下按钮的那一刻，我迟疑了:人类就算来到了这个星球，依然不珍惜资源，这个星球的下场就会与地球一样，人类终将会灭亡。与其让人类过来毁灭这个星球，不如让人类成为历史，成为宇宙的匆匆过客。我思考片刻，把手中紧紧攥着的定位器用力一甩，定位器进入了银河系黑洞，渐行渐远⋯⋯

**【老师点评】**

从人类不爱护地球、地球资源枯竭导入，从而引发人类终极命运的探索之旅。本文的主题非常明确:我们必须爱护自己的家园，否则人类将无处安身。吴嘉杰同学的创新之处是，用日记的形式记录在太空寻找适宜人类居住的星球的过程，而且文章结局出人意料，发人深省。

## 4. 外太空一游

我乘坐着"苹果二号"飞行船，飞向那拥有着无限奥秘的外太空，那里有我的外星人网友小奇，她约我今天参观他们的星球，我毫不犹豫地答应了，出发，Let'go！

渐渐地，四周变暗了，飞行船提醒：您已到达 A7 星球，请尽快下船。我无比激动地跳下船。哇！这真是一个美丽的地方：四周环绕着水雾，路边种着星星树，车辆在空中行驶，空中马路异常宽阔。我给小奇发了个伊妹儿，小奇瞬间来到我身边。小奇有两只美丽的大眼睛，一条粉色的尾巴，红色的皮肤，十二根手指头，身高是我的两倍。小奇拉起我往大街跑。哇！大街上的人有着不同的肤色，尾巴长短不同，有的有三只眼睛，有的有两个鼻子，有的有三张嘴巴，他们看起来都非常友善。但是他们的身高都是我的两倍或者三倍。茫茫人群中的我，就像是在一片杏仁桉里种了一棵矮柳，这样说毫不夸张。

小奇拉着我跟这些人打了招呼。最高那个人叫矮子，最矮那个人叫长人，最胖那个叫瘦肉，最瘦那个叫胖子。小奇略懂地球的语言，她告诉我，这里的一切和地球是相反的：在地球，美味的食物叫可口，在这叫难吃；在地球的"香"在这是"臭"。地球人说臭豆腐臭，这儿说臭豆腐香。其实表达的意思一样，就是把词改成了反义词。

小奇带我去品尝风味特产。咦，这不是砖头吗？我一脸懵圈地看着"砖头"，小奇则端起"砖头"大快朵颐，一边吃一边称赞真"难吃"。我勉为其难硬起头皮抓起"砖头"咬了一口，咦？并没有想象中的那种土味，而是那种香香甜甜的奶油饼干味，还蛮"难吃"。其他的小吃有"石头""铁块""木板"等等，味道都"难吃"极了。

突然，有个人一脸蛮横，来到小吃摊主面前，拿走了一堆东西，又不付钱。小吃摊主气得干瞪眼，但却一句话都不敢说，我正要叫出来，小奇捂住了我的嘴巴，小声地对我说："嘘，别说话，那个人是'大好人'，整天吃霸王餐，你别说话，一会儿他要揍你的。"我问小奇："你们没有一个人报警吗？为什么不报警呢？"小奇害怕地说："没有一个人敢叫警察，要是被他知道，就会被活活打死，他可'温柔'了。你别说话，求求你了。"

我安慰小奇："没关系，无论如何，正义一定会战胜邪恶，请你相信我！"我快速拨打了 220 报警电话。很快，十位长得人高马大的警察过来了，"大好人"正想逃，十位警察飞奔过来，压住了他，哼，让他抢啊，最终他付出的代价就是进监狱。小奇感激地拉起我的手，其他人也围过来，他们都用感激的目光看着我，感激的话说也说不完。我告诉他们："大家不用谢我，'邪恶'一定会战胜'正义'。"大家鼓起掌来，我的脸红了。人们带着我参观他们的家，我还参观了许许多多的地方。

要回地球了，我恋恋不舍地和大家告别，登上了飞行船。再见，我的外星人好朋友，下次我会回来看望你们的！

_____

_____

_____

## 三、改一改自己的习作

经过自我评价、同学互评、老师评价,相信你对这个项目的习作内容已经有了新的思考。请你带着自己的思考,重新读一读自己的习作,然后认真改一改,我们期待你的佳作哟!

拓展

## 科幻故事开篇集锦

1. 当斯尼弗从枪套里抽出暗藏的凶器将我击倒在地,让我无法动弹时,我这辈子都没有这么惊讶过!

(节选自罗伯特森·戴维斯《谋杀和行走的灵魂》)

2. 人们一定还记得1866年海上发生的一件离奇的、神秘的、无法解释的怪事。且不说当时轰动沿海居民和世界舆论的各种传闻,这里只说一般航海人员特别激动的心情。欧美的进出口商人、船长和船主、各国的海军官佐以及这两大洲的各国政府都非常注意这件事。这事大体是这样:不久以前,好些大船在海上碰见了一个"庞然大物",一个很长的物体,形状很像纺锤,有时发出磷光,它的体积比鲸鱼大得多,行动起来也比鲸鱼快得多。

(节选自儒勒·凡尔纳《海底两万里》)

3. 时间旅者(方便起见,如此称呼)正向我们阐述一件深奥之事。他灰色的双眸炯炯有神,不时眨眼,素日里苍白的脸颊此刻红光焕发,神采奕奕。炉火烧得正旺,银制百合灯盏中透出白炽灯柔和的光芒,映在我们玻璃杯中泛起又消失的气泡上。我们坐在由他特制的椅子上,这椅子与其说是供人入座,不如说是拥人入怀。我们沉浸在晚餐后闲适的氛围中,任凭思绪恣意徜徉。他一边说着,一边用修长的食指比画重点,而我们则慵懒地坐在那里。他对这番新鲜的奇谈怪论(至少我们如此认为)所表现出的热忱和创见,着实令我们钦佩。

(节选自赫伯特·乔治·威尔斯《时间机器》)

4.“他能看见什么,能听见什么,我全都知道。我告诉你,他就是我们要找的人,至少,非常接近我们要找的人。”

“以前你对他哥哥也是这样评价的。”

“他哥哥测试不合格,是因为其他方面的原因,和能力无关。”

“他的姐姐也是如此。我很怀疑他会不会也一样。性格太软了点儿,很容易屈服于别人的意志。”

“但不会对他的敌人屈服。”

“那么我们怎么办? 让他时时刻刻处于敌人的包围中?”

“如果有必要的话,就得那样。”

“我还以为你喜欢那孩子呢。”

“如果他落到虫人手里,虫人会把我衬托得像个好心肠的大叔。”

“好吧,毕竟我们是在拯救世界。就他吧。”

管监视器的太太温柔地说:“安德鲁,我想你一定已经烦透了这个讨厌的监视器。有个好消息告诉你,今天我们就把它拿掉。相信我,一点都不疼。”

被叫作安德鲁的男孩点了点头。安德鲁是他的本名,但男孩的姐姐从小就叫他安德。安德(Ender)的意思是终结者。不疼? 当然是撒谎,他想。大人说不疼的时候肯定会疼,他很清楚。很多时候,谎言比真话更可靠,更值得信赖。

(节选自奥森·斯科特·卡德《安德的游戏》)

## 直面实际生活，走向真实世界

六年级下学期，是学生在小学阶段的最后一段时光。经过前面几年的学习，学生的习作知识、习作技能已经有了一定的积累与提升。这个年龄段的学生开始打量这个世界，开始思考社会问题，开始学会审辨式思维，开始把自己的所学所得与社会、与生活关联起来。在这样的文化积累与思维背景之下，我们需要建立学生作为一个社会的人的角色意识、参与意识与思考意识。对于习作课程来说，理所当然就承担了新的功能，那就是把习作与生活、与社会、与应用关联起来。于是，我们以"生活习作"为专题，进行一系列习作的练习，也让习作更好地与生活结合起来。

## 什么是生活习作

朱建人对生活习作的定义是："生活习作以真实的生活世界为写作对象，以现实生活需要为习作能力培养目标，从关照学生真实生活，拓展学生习作内容与习作形式入手，充分关注学生个性差异，努力激发学生写作内驱力，提高学生书面语言表达运用能力，发展学生思维，提升学生人格的一种习作理念及教学策略。"

生活习作，我们可以理解为，习作的内容必须紧紧围绕学生的学习、生活来写，不能脱离学生的体验、经历。学生用笔下的习作，来记录生活，升华生活。学生将习作生活化，就可以避免说假话、空话、套话，避免语言的空洞乏味；学生将生活习作化，就可以更好地思考、反思自己的成长。

学生习作的本源是生活。"生活本源"是指学生的习作来源于日常生活，习作教学必须引导学生从观察、体验日常生活入手，引导学生认识周围的世界，认识生活，热爱生活，做生活的主人。就是让学生深入生活，最大限度地拓展语文学习的空间、时间及学习内容，激发学习语文的兴趣，在学校、家庭、社会、自然生活中养成时时学语文、处处用语文的好习惯，从而提高学生的习作兴趣和水平。诚如叶圣陶先生所说："写文章不是生活的点缀和装饰，而就是生活本身。一般人都要识字，都要练习写作，而不是为了给自己捐上一个'读书人'或者'文学家'的头衔，只是为了使自己的生活更见丰富，更见充实。"

要想写好习作，必须关注生活，对生活进行仔细观察，同时善于思考和感悟生活。单纯的理论只能让学生凭空想象，现实生活需要学生真实的体验，这样写出来的文章内容才会有血有肉，真实感人。

## 为什么要实施生活习作教学

### 一、从课程标准来衡量

1."前言"的启示。

"时代的进步要求人们具有开阔的视野、开放的心态、创新的思维，对人们的语言文字运用能力和文化选择能力提出了更高的要求，也给语文教育的发展提出了新的课题。"这是最新课程标准在前言中的描述。

生活习作的训练，有助于学生拥有更开阔的视野和开放的心态，有利于提高学生对语言文字的运用能力。以写导游词为例，学生日常中可能写过不少的写景文章，但是，如果换一个角度，从导游的视角来写，他就必须明白，首先他对景物及相关的历史、风俗、人情要有更多的了解，才可能写出游客们所不知道的内容，这就促使学生需要读得更多，需要查找更多资料，以开阔自己的视野。学生在写导游词时，他还要思考，导游应该如何讲述才能更好地吸引游客，他可能还需要有一些创新的形式，比如将一些相关故事、诗词、流行语、网络热点等结合起来，这本身就是在培养学生的创新思维。

2."课程目标与内容"的启示。

课程目标第 8 点要求："能具体明确、文从字顺地表达自己的见闻、体验和想法。能根据需要，运用常见的表达方式写作，发展书面语言运用能力。"生活习作涉及内容面极广，对各种常见的实用文体的练习可以非常有效地提升学生文从字顺地表达自己见闻、体验、想法的能力，也有利于培养学生"根据需要，运用常见的表达方式写作"的能力。

3."实施建议"的启示。

课程标准"实施建议"中指出："提倡多读多写，改变机械、粗糙、烦琐的作业方式，让学生在语文实践中学习语文，学会学习。善于通过专题学习等方式，沟通课堂

内外,沟通听说读写,增加学生语文实践的机会。"学生通过生活习作的扎实训练,能够很好地落实"在语文实践中学习语文,学会语文"这一建议,这也是在不断地"增加学生语文实践的机会"。

**二、从核心素养的角度来思考**

1. 培养基本的语文素养。

"全面提高学生的语文素养"是最新课程标准的基本理念之一。课程标准指出,语文课程应"引导学生丰富语言积累,培养语感,发展思维,初步掌握学习语文的基本方法,养成良好的学习习惯,具有适应实际生活需要的识字写字能力、阅读能力、写作能力、口语交际能力,正确运用祖国语言文字"。

如何让学生的写作能力适应实际生活需要呢?这就意味着学生的写作不能脱离自己的学习、生活,必须与学生的学习、生活、成长紧密相连。习作的内容最好是学生亲身体验、实践过的。比如,班级要进行班干部选举,教师要求每一个学生都必须参加竞选。学生要分组进行合作交流,为竞选准备好竞选稿,而为了写好竞选稿,学生需要向同学、组员请教,需要查找一些资料;学生有了丰富的体验活动后,再进行真实的现场演讲;最后,根据现场的演讲内容及演讲稿的修改,形成自己最终的习作。学生的写作能力,就是通过实际生活需要——竞选演讲,通过活动、体验来提高的。

2. 培养语文实践能力。

语文课程是实践性的课程,学了语文是为了运用的。课程标准提出:"应着重培养学生的语文实践能力,而培养这种能力的主要途径也应是语文实践。语文课程是学生学习运用祖国语言文字的课程,学习资源和实践机会无处不在,无时不有。因而,应该让学生多读多写,日积月累,在大量的语文实践中体会、把握运用语文的规律。"习作教学是语文教学的重中之重,也可能是难中之难。教师只有提供足够多的写作实践机会,让学生多读多写,日积月累,才能真正做到让学生"在大量的语文实践中体会、把握运用语文的规律"。比如某人生病了,要请假,教师就可以引导学生写请假条;比如某个电影公映了,很多学生看过,可以引导学生写电影的故事梗概或影评;比如某个名人因某些事件上了热搜头条,可以引导学生写评论;比如校运会或读书节结束了,可以带领学生写活动总结……这样的写作源于生活需要,与实际运用相关联,不是为写作而写作。

### 三、从生活需要的角度来思考

**1. 生活习作化。**

学生的日常生活,时而丰富,时而单调,时而让人印象深刻,时而却平淡如水。教师如果能引导学生将生活中的点点滴滴都写成文字,尤其引导学生养成记录生活点滴的习惯,那将是学生成长中的一笔财富。不管是写一些实用性强的文体,还是写一些随笔、札记,只要学生愿意写,老师就要不断鼓励,将生活"习作化",那么,学生的书写能力也会不断提高。而学生所写下的一切,本身就是他们童年的美好记忆之一,也许当下的他们不会觉得有多少价值,但很多年后,却极有可能成为孩子们宝贵的财富。

**2. 用笔来思考。**

"学而不思则罔,思而不学则殆。"学生只有勤于动笔,才能更好地促进自己的思考,才能让自己的思维更有条理。尤其学生在写的过程中,可以学会文从字顺地表达,让自己的思路更清晰,更深刻。比如日常生活可见的作弊现象,就可以引导学生用笔思考,写下自己对作弊的看法;比如新闻中一些名人的丑闻如吸毒等,也可以让学生在查阅相关资料并讨论后,用笔写下自己的观点;再如某些热播影视剧或综艺,老师可以截取某个片段,让学生去思考讨论人物的行为、语言等,再结合自己的理解进行评价……引导学生大量地写作生活习作,可以让学生逐渐养成用笔思考的习惯,让他们更好地成为一个理性的公民。

**3. 为未来奠基。**

学生在今后的中学或大学生活乃至未来的工作中,可能会承担不同的角色,不同的角色可能面对不同的写作任务。比如他们可能会在大学时加入学生会,需要组织活动,就需要写活动策划方案,如果他们在小学阶段,就参与过活动的策划,也撰写过活动方案,那么,他们在未来遇到这样的任务时,就能驾轻就熟。也许他们未来在工作中需要写工作总结,如果他在学生时代就进行过这样的写作训练,当他在现实生活中再次遇到类似任务时,也就可以轻松应对。他们甚至可以自豪自信地说:"小意思,我小学时就写过了。"

一言以蔽之,生活习作的训练,意义重大,不可或缺。

# 怎样实施生活习作教学

## 一、探究目标

在"生活习作"这一主题，我们设计了 8 个探究项目，分别是：

1. 特约评论员

2. 带你看世界

3. 超级演说家

4. 金牌策划人

5. 请听我建言

6. 我是主持人

7. 毕业不散场

8. 生命的历程

以上 8 个项目对应着 8 个具体的探究目标：

1. 学习撰写书评与影评。

书评，即介绍并评论书籍的文章，是以书为对象，实事求是地、有见识地分析书的形式和内容是应用写作的一种重要文体。影评，即对一部电影的具体内容和影片在构思、结构、技术、人物等方面最为闪亮之处摆出自己的观点，从而进一步论证的一种文体。对学生而言，学习撰写书评和影评，就是学习评价蕴含在书籍、银幕中的审美价值、认识价值、社会意义、镜头语言等的过程，这也是训练他们提高对文学作品、艺术作品的鉴赏能力。

2. 学习撰写解说词。

导游解说词是口头解释、说明景点状态的文体。导游或介绍人通过对景点或景物的描述、渲染，感染游客，使其了解景区中经典的景点和历史背景，帮助游客在观看中加深感受，为其视觉感受做补充。导游解说词一般分为三部分：开场白、对景点的介绍、结束语。学习撰写解说词能训练学生运用口头语言，生动地对实物和形象进行描绘，同时锻炼其观察能力、表述能力。

3. 学习撰写演讲稿。

演讲稿又叫演说词，它是在大会上或其他公开场合发表个人的观点、见解和主张的文稿。它是一种带有宣传性和鼓动性的应用文体，经常使用各种修辞手法和艺术手法，具有较强的感染力。当今时代重表达、重沟通，锻炼学生适应时代，迎接挑战，参与竞争，在公众场合大胆表达自己的观点，学会撰写演讲稿，显得尤为重要。

4. 学习撰写活动方案。

活动方案是对某一次活动的书面计划。它是组织者在活动前对活动的意义、目的、可行性、流程、人员配置等方面的具体规划。活动方案不仅要全面,还要具备可行性、合理性,切忌天马行空。学生通过学习撰写活动方案这一生活习作,可培养他们思维的逻辑性、条理性,锻炼他们组织策划的能力。

5. 学习撰写建议书。

建议书是人们在日常生活、工作中,向别人倡议需要做什么事,希望怎样去做的一种实用文体。它是当今社会成员参与公共事务、交往、办事的重要工具,也是学生学习、生活以及应付将来工作必须掌握的基本文体之一。学习撰写建议书,可以培养学生作为社会人应具备的社会责任感和参与感,训练他们合理地分析问题、解决问题的思维和能力。

6. 学习撰写主持稿。

主持稿是主持人在活动、节目进行过程中串联各项活动、节目的串联词,主持词一般由开场白、中间部分与结束语组成。写好主持词,对会议、活动或节目的开展取得预期效果具有十分重要的作用。主持词的最大特点就是富有个性。根据会议、活动、节目的性质和内容的不同,主持词所采用的形式和风格也不相同。学生在学校、社会中会遇到各种类型的活动,因此,学会撰写主持稿是非常有必要的。

7. 学习撰写发言稿。

发言稿是会议或活动参与者为了在某个特殊场合围绕着主题讲话而事先准备好的文稿。因是事先准备好的文稿,发言稿往往有集中、有效地围绕议题把话题讲好的优点,可避免走题、跑题,节约时间。当今时代,需要学生有独立思考的能力,更需要学生具备能清晰、准确发表个人观点的能力,这便是学习撰写发言稿这一生活习作的出发点。此外,写好一篇言简意赅、文从字顺、容易为人所接受的发言稿更可训练学生围绕中心观点组织材料的能力。

8. 回顾人生历程,全面认识自己。

每一个人的一生都是独一无二的,都有各自绚烂而独特的轨迹。写自传就是记述自己的生平事迹,回顾自己的人生的重要历程,梳理过往难忘的经历,就是在回顾自己的成长和变化。写自传的过程有时是一个寻找、发现自我的过程,你要顺着一根线,把自己给追回来,加以审视,加以分析,最终真正地认识自己,找到和认识真实而鲜活的自己。通过回顾人生经历,可训练学生具备初步收集、整理相关信息的能力。

## 二、支架策略

在实施以上探究目标的过程中,我们主要采取了以下支架策略:

1. 从主题、情节、人物、语言着手,明确主题,形成观点。

给某部文学作品或影视作品写评论时,除了引导学生掌握书评、影评的文体结构,最关键的还是要言之有物,引导学生关注作品,围绕主题、情节、人物、语言等方面,明确自己评论的主题,形成鲜明的观点。

以撰写经典名著《西游记》的书评为例,教学中可组织一场《西游记》班级沙龙活动,让学生交流讨论对《西游记》原著的看法,选取一定的角度表达自己的观点。学生再依据观点,用具体的细节做支撑,完成对某一作品的评价。

2. 从开场白、景点介绍、结束语三方面进行指导,体现口语化特点。

在解说词的教学过程中,学生需要掌握导游解说词的基本结构,即开场白、景点介绍、结束语三大部分,并了解导游解说词这一应用文体是生活中面向游人进行口头解说的,有别于书面表达。

3. 了解竞选演说稿的基本结构,明确参与竞选的态度。

学习撰写一篇演讲稿,首先,要引导学生了解竞选演讲稿的基本结构,训练学生学会围绕着演讲的主题内容对演讲稿的结构进行设计。以《请投我一票吧》作为竞选演讲稿的训练内容为例,演讲稿的结构应为:个人基本条件—优势所在—不足之处—任职后的打算。还需要引导学生在演讲稿中争取得到评选者的支持的同时,表明竞选成败的态度。

4. 了解活动策划方案的基本框架,注意活动的周全性、可行性、合理性。

在活动策划方案的教学过程中,学生需要先了解策划方案分为哪几个部分,如活动背景、活动名称、活动的受众、活动时间、活动地点、组织单位、活动主要负责人等,再列出活动的前期准备以及详细的活动流程,同时注意活动的可行性、合理性以及活动的注意事项。

以《开启毕业之旅》为本项目的训练内容为例,学生在撰写前应站在统筹者的高度,全面思考筹划一场毕业之旅的各方面事项。先拟定好旅程的基本框架,再从实际出发,根据班级同学的情况,填充框架,合理规划出行和集合的时间、地点,旅途中行程的选择、相关负责人的安排,更要思考应急方案,以免旅途中出现突发事件时无法应对。

5. 了解建议书的一般格式,在建议中培养社会责任感。

在学习撰写建议书这一项目单元里,教学中需要学生了解建议书的一般格式。以《关于_____的建议书》的训练内容为例,学生可调动生活、学习经历,思考自己在某一方面或作为某一角色需要改善之处,以此为主题写建议书。在内容上需包含本次建议的目的、概括其建议内容、分条罗列建议的具体操作方法和号召所提建议被采纳这四部分,并遵循建议书的固定格式,如开头顶格写清楚建议书是写给谁的,正文另起一行,开头空两格,写目的和简要概括具体操作方法,建议的具体操作方法另起新段落标明序号分条写出,等等。通过这样一次开放性的应用文写作教学,不仅使学生掌握了建议书写作的格式,还培养了他们的社会责任感。

6. 了解主持词的语言特点和一般要求。

在主持稿的教学中,要引导学生了解主持词的语言特点和一般要求。不同性质、类型的活动需要不同风格的主持稿,因此,主持词的语言风格必须根据活动的性质、主持的对象、活动的受众而定。教师可出示几个活动主持词的样本,引导学生从中总结出规律性的特点,如表达对来宾的欢迎与问候,语言要热情洋溢,围绕活动时间、活动背景或活动主题展开等。

7. 收集具体事例和相关名言、诗词。

在发言稿写作的教学中,应引导学生学会在文本中引入搜集到的具体事例和相关的名言、诗词,增强主题和观点的表现力以及文章的文化底蕴,使文章既情真意切,又具备感染力。

以《难忘恩师》这一毕业典礼上的发言稿为例。教师可以情景、音乐导入,渲染出毕业将近,师生、同窗面临分离的惆怅之感。为表达对老师辛勤栽培的感谢,还需要组织学生回忆小学生涯中与某位老师美好而难忘的故事,以具体的实例表达对恩师的感谢。此外,还应引导学生适当地引入名言、诗词,增强发言稿的文化内涵。

8. 开展综合实践活动。

在六年级的最后时光里,学生以写《我的自传》来总结自己从有记忆开始到小学六年级的精彩时光。过程中,可以引导学生综合运用所学的各种写作方法、修辞手法等,将自己印象深刻的成长经历分门别类地写下来。而学有余力的同学,甚至可以写自传体小说或将自己曾经写过的作品整理成一本自己的作品集。在教学中,可以提醒学生向长辈、亲人寻求帮助,帮忙回忆写作者从小到大的往事,再选择自己感兴趣的经历真实地记录下来。此外,记述的重点经历不能写成流水账,除了写感受深的内容,还要适当穿插个人对往事的想法,表现成长的主题。

附：

## 项目化习作进阶课程"生活习作"内容纲要

| 序号 | 项目名称 | 探究目标 | 支架策略 | 项目作品 |
|------|---------|---------|---------|---------|
| 项目1 | 特约评论员 | 学习撰写书评与影评 | 借助沙龙活动,引导关注主题、情节、人物、语言……明确主题,形成观点 | 《＜西游记＞书评》 |
| 项目2 | 带你看世界 | 学习撰写解说词 | 从开场白、景点介绍、结束语三方面进行指导,体现口语化特点 | 《风景这边独好》 |
| 项目3 | 超级演说家 | 学习撰写演讲稿 | 了解竞选演说稿的基本结构,明确参与竞选的态度 | 《请投我一票吧》 |
| 项目4 | 金牌策划人 | 学习撰写活动方案 | 了解活动策划方案的基本框架,注意活动的周全性、可行性、合理性 | 《开启毕业之旅》 |
| 项目5 | 请听我建言 | 学习撰写建议书 | 了解建议书的一般格式,在建议中培养社会责任感 | 《关于＿＿＿＿＿＿的建议书》 |
| 项目6 | 我是主持人 | 学习撰写主持稿 | 了解主持词的语言特点和一般要求 | 《"六一"联欢会主持词》 |
| 项目7 | 毕业不散场 | 学习撰写发言稿 | 收集具体事例和相关名言、诗词 | 《难忘恩师》 |
| 项目8 | 生命的历程 | 回顾人生历程,全面认识自己 | 综合性学习 | 《我的自传》 |

## 项目3 超级演说家

### 导引

"I have a dream",这是美国黑人民权运动领袖马丁·路德·金站在华盛顿林肯纪念堂前发出的振聋发聩的声音。他的这次演讲慷慨激昂,让自由之声在每个人心中响起,对美国乃至世界产生了巨大的影响,这就是演讲的力量。

不仅仅是领袖,我们每个人,在很多场合都需要发表演讲。在这个项目的学习中,我们将要学习如何撰写演讲稿。让我们一起去努力尝试吧!

### 积累

## 1. 表达的力量

#### 鲁 豫

我知道你们可能还不太习惯我这样子,我自己也不太习惯,我们慢慢慢慢适应一下,导演说《我是演说家》一开始,你说说表达的力量吧!

我想先跟你们说一个我的秘密,我是主持人,主持人要说话,但其实我是一个特别内向的人,我不太愿意说话。可是你不要弄错了,我不愿意说话,我不愿意表达,并不是因为我觉得说话太简单了,语言根本就没有分量。恰恰相反,我知道语言有多难,语言多有力量,我觉得我们每个人,都经历过那样的阶段,当你突然觉得你的人生濒临绝境的时候,有那么一句话,把你狠狠地推向深渊;但是,同样我们会有那样的经历,在我们落入深渊的那一刻,会有那么一句话帮助你,安然落地,而这就是语言的力量。语言像是一把锋利无比的刀子,有的时候是杀人的武器,但有的时候它是救人的工具,即便是这样,我还是相信语言的力量,表达是有意义的。

有一个我的小朋友,曾经问过我,他说,鲁豫姐,有没有这样一句话,在你人生特别艰难的时候,能够帮助你安然度过? 我想了想好像是有的,我经常去会对我自己、

对别人说,我说我相信,我们这一生不管是谁,我们所承受的悲欢离合、喜怒哀乐的总量是相同的,这句话对我有催眠的作用,特别有意义。当我很难的时候,我就对自己说,其实没什么,我这一辈子不会比任何人更倒霉,但是有时候那个不好的过程太长了,我会想天呐,什么时候才是那个底?我想要否到什么时候,极到什么时候,那个泰才回来。但是这个时候,我就要相信,只要死磕,好的那一刻总会到来。

所以我相信,语言是有意义的,表达是有力量的。语言是一把锋利的刀子,可以扎出血来,很多时候你不经意伤害我的话,会让我害怕、恐惧,但是我们都不要害怕,都不要恐惧,都不要被别人的语言所绑架,所恐吓。我们还是要听从自己内心的声音,过自己想要过的那种生活。

表达是有意义的,表达是有力量的,要表达你的爱、你的喜欢,去温暖感动我们爱的人、喜欢的人。要表达你的愤怒和讨厌,要鞭挞那些丑恶的,让善良的人不感到寒意,要表达我们所知道的,让更多的人都知道,要表达我们所质疑的,让我们彼此更加坦诚。表达更需要智慧,你要运用语言的力量,在适当的时候,运用四两拨千斤的道理,去改变我们周遭的环境和社会,表达只属于那些真诚的、有勇气的、敢作敢当的人。

我希望我们一起在这个舞台上,表达自己,说出你想说的,让我们一起:敢说! 敢做! 敢自我! 谢谢大家!

**【画一画】**

上文是著名节目主持人鲁豫在第一季《我是演说家》节目中的演讲稿。哪些地方触动了你的内心,引起了你的共鸣?请你认真地读一读,然后把给你启发的句子画上横线,和好朋友一起分享一下自己的感悟。

## 2. 变"不可能"为"不,可能!"

文柳英

亲爱的同学们:

大家好!

新年伊始,大家的心中肯定萌生了不少美好的梦想吧。那么,首先,我要祝贺你,因为有梦想的人生才是精彩的人生。其次,我要肯定地说,只要努力,我们就可以美梦成真。

说到这儿,也许有人会摇头不屑地说:你别哄我们了,许多美梦都是不可能实现的,要不然怎么会是"美梦"呢。不!朋友,我要理直气壮地告诉你:世界上的事情,没有绝对的不可能。我们要做的是变"不可能"为"不,可能!"。

自古希腊以来,人们一直试图达到4分钟跑完1英里的目标。为了达到这个目标,人们进行了种种努力和尝试,比如让狮子在后面追赶奔跑者,让奔跑者喝真正的虎奶增强力量,等等,但是都没有实现过这个目标。于是,众多的医生、教练和运动员断言:人类要想在4分钟内跑完1英里的目标是绝对不可能实现的,因为,人类的骨骼结构不对头,肺活量不够,肌肉不够健壮,风的阻力又太大。诸如此类,理由实在太多。然而,总有人不信邪,他率先用行动否定了这一断言。这个人就是英国的罗杰·班尼斯特。1954年5月6日,25岁的他在牛津的田径赛道上,以3分59秒4的成绩,成为第一个在4分钟之内跑完1英里的人。

更令人惊叹的是,一马当先引来了万马奔腾——那个被许多医生、教练和运动员断言"不可能"的事情,在此后一年的时间里,有300多名运动员在4分钟内跑完了1英里的路程。

训练方法并没有重大突破,人类的骨骼结构也没有突然改变,数十年前被认为是根本不可能的事情,为什么竟然变成了可能?是因为有人没有放弃努力,是因为有了榜样的力量,是因为成功就是变"不可能"为"不,可能"!

朋友们,美梦终会有成真的一天,只要你有矢志不渝的变"不可能"为"不,可能"的豪情壮志,一切就皆有可能。所以,我要对怀揣梦想准备起航的同学们庄严地宣告:同学们,在新的一年里,勇敢地起程吧,不管前进的路上有多少流言蜚语,有多少困难挫折,有多少泥泞坎坷,让我们用永不言弃的行动,将一切"不可能"的软弱之音演绎成铿锵有力的"不,一切皆有可能"的豪迈之音!

谢谢大家!

(选自《演讲与口才·学生读本》)

【说一说】

这篇演讲稿的题目你喜欢吗?说说为什么?

### 3. 一滴清水的珍贵

林义杰

我今天想要演讲的主题是"一滴清水的珍贵"。

据联合国统计,非洲每分钟都有一个小孩子因为水的问题而死亡,这意味着:在我们很轻松地转开水龙头得到这一盆清水的时候，有很多人必须要用生命去换取它。

我对水有那么深的感悟来自一个孩子。有一天，我跑在五十度的撒哈拉沙漠的时候，看到了一个小男孩枯坐在撒哈拉沙漠的正中央，旁边没有任何的东西，只有一个一个破旧不堪的塑胶桶，里面装着污水。我走向前，因为我很好奇。原来这个小男孩在等他的父母亲，他父母亲必须去70公里之外的地方取水回来给他喝。来回140公里，我们想一下这个路程大概要三天的时间，那也就意味着这个小男孩必须要喝三天这些污水来生存。我没有想太多，我们留下三公升的水给他，而且我自己还给了他一盏夜灯，我希望这个小男孩晚上的时候在撒哈拉沙漠不会感到害怕和寂寞。有些人问，为什么小男孩他们不住在水源地的旁边呢？因为在沙漠水源地旁边有很多的蚊虫会传染疾病，在沙漠里面也没有医生，更没有医疗设备，当然也没有可以救命的药丸，所以当地的居民宁愿选择住在几百公里以外的水源地范围。后来，这个蹲在撒哈拉沙漠中的小男孩的父母回来了吗，还是父母回来之后这个小男孩已经不在了？我们不得而知。

对我来讲，对你们来说，有没有感觉到原来一滴清水如此珍贵，而且让人期待无比？你们知道吗，这个地球上还有十亿的人口还没有清洁用水可以使用，可是我们人类还大量地在破坏、开发淡水资源。如果我们再不珍惜现在的每一滴水，很有可能我们未来的子孙就像这小男孩一样蹲坐在沙漠里面等着父母回来。

我愿意用我的双脚，在短暂人生的长跑过程中带着摄像机的镜头，带着各位的目光去关注这些缺水的区域，我希望我的演说还可以讲给更多人听，还可以去影响更多的人，我希望我们大家一起珍惜现有的每一滴水。

**【想一想】**

这是电视节目《超级演说家》中的一次演讲，你认为作者的演讲有说服力吗？为什么？读完以后，对你有什么启发？


# 4. 我有一个梦想

[美]马丁·路德·金　许立中／译

一百年前，一位伟大的美国人签署了《解放黑奴宣言》，今天我们就是在他的雕像前集会。这一庄严宣言犹如灯塔的光芒，给千百万在那摧残生命的不义之火中遭受煎熬的黑奴带来了希望。它的到来犹如欢乐的黎明，结束了束缚黑人的漫漫长夜。

然而一百年后的今天，我们必须正视黑人还没有得到自由这一悲惨的事实。一

百年后的今天,在种族隔离的镣铐和种族歧视的枷锁下,黑人的生活备受压榨;一百年后的今天,黑人仍生活在物质充裕的海洋中一个穷困的孤岛上;一百年后的今天,黑人仍然畏缩在美国社会的角落里,并且,意识到自己是故土家园中的流亡者。今天我们在这里集会,就是要把这种骇人听闻的情况公之于众。

就某种意义而言,今天我们是为了要求兑现诺言而汇集到我们国家的首都来的。我们共和国的缔造者草拟宪法和独立宣言时,曾以气壮山河的词句向每一个美国人许下了诺言,他们承诺给予所有的人以不可剥夺的生存、自由和追求幸福的权利。

就有色公民而论,美国显然没有实践她的诺言。美国没有履行这项神圣的义务,只是给黑人开了一张空头支票,支票上盖上"资金不足"的戳子后便退了回来。但是我们不相信正义的银行已经破产,我们不相信,在这个国家巨大的机会之库里已没有足够的储备。因此今天我们要求将支票兑现——这张支票将给予我们宝贵的自由和正义的保障。

我们来到这个圣地也是为了提醒美国,现在是非常急迫的时刻。现在绝非奢谈冷静下来或服用渐进主义的镇静剂的时候。现在是实现民主的诺言的时候;现在是从种族隔离的荒凉阴暗的深谷攀登种族平等的光明大道的时候;现在是向上帝所有的儿女开放机会之门的时候;现在是把我们的国家从种族不平等的流沙中拯救出来,置于兄弟情谊的磐石上的时候。

如果美国忽视时间的迫切性和低估黑人的决心,那么,这对美国来说,将是致命伤。自由和平等的爽朗秋天如不到来,黑人义愤填膺的酷暑就不会过去。1963年并不意味着斗争的结束,而是开始。有人希望,黑人只要撒撒气就会满足,而实际上,如果国家安之若素,毫无反应,这些人必会大失所望。黑人得不到公民的权利,美国就不可能有安宁或平静;正义的光明的一天不到来,叛乱的旋风就将继续动摇这个国家的基础。

但是对于等候在正义之宫门口的心急如焚的人们,有些话我是必须说的。在争取合法地位的过程中,我们不要采取错误的做法。我们不要为了满足对自由的渴望而抱着敌对和仇恨之杯痛饮。我们斗争时必须举止得体,纪律严明。我们不能容许我们的具有崭新内容的抗议蜕变为暴力行动。我们要不断地升华到以精神力量对付物质力量的崇高境界中去。

现在黑人社会充满着了不起的新的战斗精神,但是我们却不能因此而不信任所有的白人。因为我们的许多白人兄弟已经认识到,他们的命运与我们的命运是紧密相连的,他们今天参加游行集会就是明证;他们的自由与我们的自由是息息相关的。

我们不能单独行动。

当我们行动时,我们必须保证向前进。我们不能倒退。现在有人问热心民权运动的人:"你们什么时候才能满足?"

我们的回答是:

只要黑人仍然遭受警察难以形容的野蛮迫害,我们就绝不会满足。

只要我们在外奔波而疲乏的身躯不能在公路旁的汽车旅馆和城里的旅馆找到住宿之所,我们就绝不会满足。

只要黑人的基本活动范围只是从少数民族聚居的小贫民区转移到大贫民区,我们就绝不会满足。

只要密西西比仍然有一个黑人不能参加选举,只要纽约有一个黑人认为他投票无济于事,我们就绝不会满足。

不!我们现在并不满足,我们将来也不满足,除非正义和公正犹如江海之波涛,汹涌澎湃,滚滚而来。

我并非没有注意到,参加今天集会的人中,有些受尽苦难和折磨,有些刚刚走出窄小的牢房,有些由于寻求自由,曾在居住地惨遭迫害,并在警察暴行的旋风中摇摇欲坠。你们是人为痛苦的长期受难者。坚持下去吧,要坚决相信,忍受不应得的痛苦是一种赎罪。

让我们回到密西西比去,回到亚拉巴马去,回到南卡罗来纳去,回到佐治亚去,回到路易斯安那去,回到我们北方城市中的贫民区和少数民族居住区去。要心中有数,这种状况是能够也必将改变的。我们不要陷入绝望而不能自拔。

朋友们,今天我对你们说:在此时此刻,我们虽然遭受种种困难和挫折,我仍然有一个梦想。这个梦想是深深扎根于美国的梦想中的。

我梦想有一天,这个国家会站立起来,真正实现其信条的真谛——我们认为这些真理是不言而喻的:人人生而平等。

我梦想有一天,在佐治亚的红山上,昔日奴隶的儿子将能够和昔日奴隶主的儿子坐在一起,共叙兄弟情谊。

我梦想有一天,甚至连密西西比州这个正义匿迹,压迫成风、如同沙漠般的地方,也将变成自由和正义的绿洲。

我梦想有一天,我的四个孩子将在一个不是以他们的肤色,而是以他们的品格优劣来评价他们的国度里生活。

我今天有一个梦想。

我梦想有一天,亚拉巴马州能够有所转变,尽管该州州长现在仍然满口异议,反对联邦法令,但有朝一日,那里的黑人男孩和女孩将能与白人男孩和女孩情同骨肉,携手并进。

我今天有一个梦想。

我梦想有一天,幽谷上升,高山下降,坎坷曲折之路变成坦途,圣光显露,满照人间。

这就是我们的希望。我怀着这种信念回到南方。有了这个信念,我们将能从绝望的岩壁劈出一块希望之石;有了这个信念,我们将能把这个国家刺耳的争吵声,变成一支洋溢手足之情的优美交响曲。

有了这个信念,我们将能一起工作,一起祈祷,一起斗争,一起坐牢,一起维护自由。因为我们知道,终有一天,我们是会自由的。

在自由到来的那一天,上帝的所有儿女们将以新的含义高唱这支歌:"我的祖国,美丽的自由之乡,我为您歌唱。您是父辈逝去的地方,您是最初移民的骄傲,让自由之声响彻每个山冈。"

如果美国要成为一个伟大的国家,这个梦想必须实现。让自由之声从新罕布什尔州的巍峨峰巅响起来!让自由之声从纽约州的崇山峻岭响起来!让自由之声从宾夕法尼亚州阿勒格尼山的顶峰响起来!

…………

【画一画】

1963 年 8 月 28 日马丁·路德·金在华盛顿林肯纪念馆的台阶上发表了著名演讲《我有一个梦想》,标志着 20 世纪黑人民权运动进入高潮,对美国乃至世界产生了巨大的影响。这篇演讲词表达的观点非常明确,而且文采斐然。作者大量运用排比和反复等修辞手法,用排山倒海的气势和一泻千里的激情,增强了演讲的感染力和表达效果。请找出触动你心灵的句子,认真读一读。

练笔

### 请投我一票吧!

新一轮学校大队委的竞选已经开始了,作为候选人之一,要想脱颖而出,就必须有一篇逻辑严谨、条理清晰、内容丰富的演讲稿。赶紧准备起来吧!

**[板块一]精心的准备**

首先你要解决这些问题:说给谁听? 竞选优势在哪里? 工作计划是什么? 根据自身实际情况来收集资料,完成思维导图。(只填写关键词)

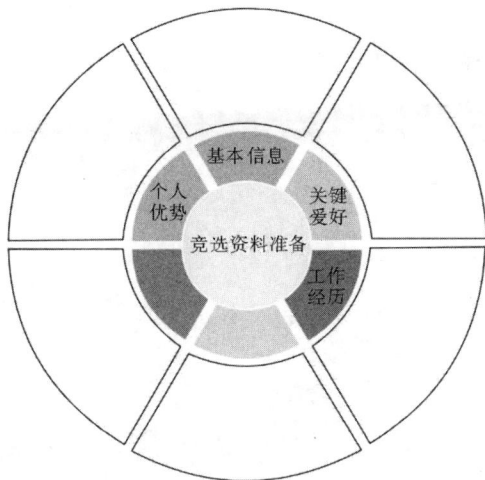

```
基本信息
个人优势        关键爱好
竞选资料准备
        工作经历
```

**[板块二]精彩的开场**

好的开端是成功的一半! 结合你平时的风格,确定一个独具个人魅力的开场吧。

尊敬的老师、亲爱的同学们:

大家好! _____

_____

_____

_____

**[板块三]投票的理由**

演讲的主体部分要结合具体的材料来把观点表述清楚。这次演讲的主题是"投我一票吧",围绕这个主题,你要重点思考:如何把自己的竞选优势和工作计划说清楚,争取让人对你的工作充满期待。

1.说清楚自己的竞选优势的妙招有很多,结合自己的需要选一选吧。

☐ 妙招一:语言简洁、通俗易懂

☐ 妙招二:巧用问句、多用短句

☐ 妙招三:善用修辞、精用名言

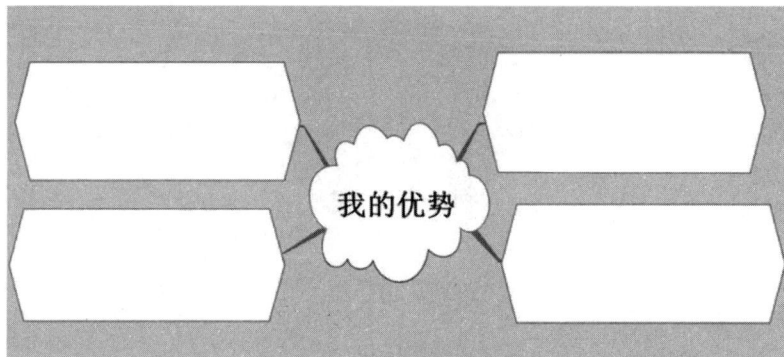

2.提出工作计划和方案是竞选演讲中至关重要的环节,这部分的内容要直面问题,开拓创新,让人感觉具体实在、条理清晰。针对你所竞选的岗位,你有什么工作计划呢? 结合下面的思维导图,展开论述吧。

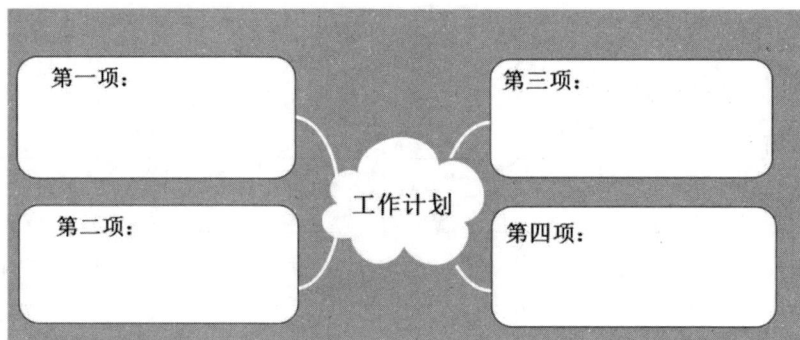

[板块四]诚恳地表态

一篇成功的竞选演讲稿,结尾或让人振奋激扬,或让人心悦诚服……你可以在结尾表明自己的决心,你也可以在结尾表明自己的态度:如果竞选成功,你怎么做? 如果不成功,你又会用一种什么样的态度来面对? 争取用你的信心和诚意赢得他人的依赖和支持。

**[板块五]秀出我的精彩**

前面你已经为这篇竞选稿做了大量的工作,现在整理一下思路,把它写具体吧。要明白,竞选稿是通过自信地说"我行"来展示个人优势,从而达到竞选成功的目的。写完后记得多练习,在练习中修改,达到熟能生巧、自信表达的程度。

（此处为空白方格稿纸）

**评改**

### 一、评一评自己的习作

根据下面表格中的四个要素评价一下自己的习作，然后再请同学和老师进行评价。

| 评价要素　　　评价主体 | 个人优势明显 | 工作计划严密 | 语言有说服力 | 态度谦和真诚 |
|---|---|---|---|---|
| 自我评价 | ☆☆☆☆☆ | ☆☆☆☆☆ | ☆☆☆☆☆ | ☆☆☆☆☆ |
| 同学评价 | ☆☆☆☆☆ | ☆☆☆☆☆ | ☆☆☆☆☆ | ☆☆☆☆☆ |
| 老师评价 | ☆☆☆☆☆ | ☆☆☆☆☆ | ☆☆☆☆☆ | ☆☆☆☆☆ |

## 二、评一评同学的习作

先看看老师是怎么点评的，接下来自己试着评一评。从片段开始，再到完整的文章，让我们学会欣赏同学的习作。

## 1. 投我一票吧（节选）

深圳市福田区福南小学　徐小徐

大家好，我叫徐小徐，是深圳市福田区福南小学六年级的一名学生。今天我想竞选的是少先队副大队长的职务。

我是一个什么样的人？在同学眼里我是爱说爱笑的开朗女生，在老师眼里我是喜欢阅读、热爱思考、自信的学生，在家长眼里我是独立有主见的孩子。幼儿园时我能认1700个汉字，曾在2012年全国"莎莎故事赛"中获奖；6岁那年，我第一次远离家人，参加了深圳电视台主办的"花朵少年小主持人"夏令营活动；7岁那年，参加深圳广电集团的少儿春晚增强了我的自信，之后我多次主持了班里的中秋节、元旦联欢会……现在的我，每周两天学习奥数和英语，每周一天学习美术绘画，每天参加学校的专业歌唱训练。我还在持续努力着，我想走得更远，飞得更高。

【老师点评】

徐小徐同学在简单介绍自己后，通过排比句把三个不同群体——同学、教师、家长对自己的评价一一陈述出来，同时也是在介绍自己的性格、爱好。之后他引用自身的经历展示自己的多才多艺和不断进取的品质，将自己的优点告诉观众，这样观众会对演讲者留下好的印象，才可能选择把票投给演讲者。

## 2. 竞选稿（节选）

深圳市福田区福南小学　匡鑫鹏

敬爱的领导、老师，亲爱的同学们：

大家好！

我是六年级六班的匡鑫鹏。时光飞逝，转眼又是一年，去年竞选的场景仿若还在眼前，今天我又站在这个舞台上，迎来了新一届的大队委竞选，本次我要竞选的是少先队副大队长的职务。

一年来，在大队辅导员老师的精心指导下、在同学们的热心帮助下，我顺利地完成了少先队大队委宣传委员的各项工作。作为主持人，我先后主持过开学典礼、升旗仪式、语文主题月汇报演出、心理健康活动周开幕仪式；作为值日生，我坚持每周五检查早午读纪律，为"安静校园"贡献自己的力量；作为礼仪标兵，我也能在"开笔礼"这样的大型活动上承担礼仪工作。与此同时，我在少先队组织的怀抱里茁壮成长，包括毛主席诞辰日纪念活动、清明节前夕莲花山上缅怀小平爷爷，这一切更让我坚定了"不忘初心，薪火相传"的信念。一年来，我在德智体各方面也都取得了较好的发展，学习成绩优异，兴趣爱好广泛，特长能力突出。

**【学生点评】**

_____

_____

_____

_____

_____

## 3. 竞选大队委演讲稿

深圳市福田区福南小学　陈俊慧

大家好！我是六四班的陈俊慧，我今年十二岁，性格活泼开朗，爱好阅读、书法、主持、运动，等等，我想可能大家的身边都会有像我这样的朋友。

我今天很开心，能有幸参加大队委竞选。首先要感谢我亲爱的老师和同学们的信任，谢谢你们给我一个展示自我的机会。

我是一个活泼开朗的阳光女孩，我自信乐观、热爱学习、全面发展、尊敬师长、乐于帮助同学。从一年级到三年级我一直担任班里的体育委员，四年级通过演讲被选为班里的生活委员，之后也一直担任这个职务。我积极参加班里的各项活动。我还有一个业余爱好是主持节目，在班里的"六一"活动都能看见我主持的风采。今天站在这舞台上的，个个都是精英能手，但我有信心赢得这场胜利。

假如我是大队委,我会积极参加大队的各项活动,认真做好大队的每一项工作。我会严于律己,时刻鞭策自己,用一颗有责任的心热情地为同学们服务。我会发扬优点,克服缺点,用实际行动为少先队活动增添辉煌的一页。

如果落选了,我也不后悔,因为我曾经来过,就当作是一种锻炼,以后我会更加地努力。

我的竞选口号:勇敢地迈出第一步,相信自己。

我的竞选宣言:虽然我不一定是最好的,但一定是最努力的大队委,请老师和同学们为实现我的大队梦投上你们神圣的一票!挑战自我使我快乐,能帮助同学我更快乐!谢谢!

**【老师点评】**

陈俊慧同学开门见山,用通俗易懂的语言把自己的性格爱好告诉观众,以"你身边也会有像我这样的朋友"来拉近演讲者与观众的距离,从而使观众对演讲者产生好感。接着,说清楚自己的竞选优势——愿意为同学服务。再用三个"我会"的排比句,向观众表达了自己竞选成功后会做好本职工作的决心,也表明自己不成功也不会气馁。她的语言精练简洁,行文很顺畅。

## 4. 竞选学校少先队大队宣传委员演讲稿

深圳市福田区福南小学 朱一依

敬爱的老师、亲爱的同学们:

大家好!

我是六年级6班的朱一依,今天,能参加学校大队委宣传委员的竞选,我感到十分荣幸!首先我要感谢老师和同学们的信任,给我这个锻炼的好机会。

身为副班长的我,性格开朗、活泼可爱,是老师的小助手,也是同学们的好朋友。我具有良好的学习习惯:爱看书、善动脑、敢发言,是一名品学兼优的好学生,先后被评为福田区"三好学生""福南之星""魅力少年"。我兴趣广泛,篮球、舞蹈、书法、英语,一样也不落下,并且能持之以恒。我还是学校舞蹈队、合唱队的主力成员,多次代表学校到电视台、音乐厅表演。这学期,我还登上中央电视台,参加了"快乐宝贝爱唱歌"比赛,并获得最佳表演奖。

假如我竞选成功,我将以"奉献校园,服务同学"为宗旨,以饱满的热情和积极的心态,多想出一些好点子,积极做好学校宣传工作,丰富同学们的校园生活。

把花种在地里,得一季芬芳;把花种在心里,得一世芬芳。我将一直怀着感恩的心,做一个正直、勤奋、向上的人,用自己的实际行动为校园添光彩。今天我以福南为骄傲,明天福南将以我为骄傲!

我的演讲完毕,谢谢大家!

【学生点评】

_____

_____

_____

_____

### 三、改一改自己的习作

想一想你的竞选演讲是否突出个人优势,是否制定出严密的工作计划,语言能否打动听众。快来读一读自己的习作,认真修改一下吧。

拓展

## 电影里的演讲

演讲是一门口才特技,当这一门特技走入镜头,就成为电影中最精彩的一幕。以下几部电影中的角色来自各行各业,演讲风格也各不相同,但是都能帮助我们更深刻地感受和理解演讲的力量。快去找来看一看,并试着从中找到适合自己的演讲风格吧!

1.《勇敢的心》——华莱士的战前演讲。

这段战前演讲真是振奋人心。华莱士的呐喊具备穿透银幕的力量,直抵观众内心深处,让所有渴望自由的灵魂热血沸腾,重新上路。

2.《叫我第一名》——布莱德的获奖演讲。

患有先天性妥瑞氏症的布莱德,坚持梦想,努力成为一名优秀教师。他在年度教师的获奖演讲的内容十分具有借鉴意义。

3.《华尔街之狼》——乔丹·贝尔福特在动员大会上鼓舞员工的演讲。

影片讲述的是华尔街传奇人物乔丹·贝尔福特的故事。有人曾说乔丹·贝尔福特是最厉害的演说家,强大的逻辑、自信的姿态是他演讲成功的秘诀。

4.《国王的演讲》——国王战胜先天口吃，顺利在二战前发表鼓舞人心的演讲。

英国国王乔治六世在妻子的坚持与大夫的帮助下，通过训练，克服了在公众前讲话口吃的毛病，终于在国难当头，政局危机下，发表慷慨激昂的著名演讲，鼓舞了当时二战中的英国军民。